与最聪明的人共同进化

HERE COMES EVERYBODY

湛庐 CHEERS

CHEERS
湛庐

魏斯曼的演讲大师课

PRESENTING TO WIN 3E

说的艺术 （第3版）

[美]
杰瑞·魏斯曼
JERRY
WEISSMAN
著

粟之敦
译

浙江教育出版社·杭州

测一测

你了解如何打造完美演讲吗?

扫码加入书架
领取阅读激励

扫码获取
全部测试题及答案,
一起了解完美演讲
所需的工具与技巧

- 在设计演讲时,我们需要将慢思考(考虑逻辑、遣词造句、幻灯片风格等)与快思考(演讲的主题和内容)严格分离吗?(单选题)

  A. 需要

  B. 不需要

- 以下哪种经典的开场白方式可以起到解释复杂概念的作用?(单选题)

  A. 提问式开场白

  B. 引证式开场白

  C. 类比式开场白

  D. 格言式开场白

- 演讲者使用以下哪种内容衔接方式可以有效地号召观众实际采取行动?(单选题)

  A. 逻辑过渡

  B. 重复开场白

  C. 阶段性小结

  D. 强调自己的目标或目的

扫描左侧二维码查看本书更多测试题

JERRY WEISSMAN

杰瑞·魏斯曼
享誉世界的商务沟通大师

- 享誉世界的商务沟通大师，全球领先的演讲教练，知名演讲培训公司 SUASIVE 创始人。
- 全球企业成功上市的幕后推手，被《福布斯》杂志誉为"通财者"和"奇迹魔法师"。
- 系列著作被全球知名企业管理者和销售经理奉为宝典，也被《财富》杂志评为"商业必读书"。

知名演讲培训公司 SUASIVE 创始人

Jerry
Weissman

魏斯曼的职业生涯始于美国哥伦比亚广播公司（CBS）纽约电视台，他作为公共事务和新闻节目的制片人兼导演，在那里掌握了每一个演讲细节的技巧：清晰而有说服力的内容、精心设计的图表、自然的表达，以及回答提问的艺术。

1988 年，魏斯曼将这些技巧带到硅谷。很快，他就把自己打造成硅谷 CEO（首席执行官）们 IPO（首次公开募股）路演的教练，教他们从投资者的角度讲述自己的商业故事并以此帮助这些 CEO 们为他们的公司筹集了数千亿美元。积累了一批优秀的 IPO 客户后，他很快将重点扩大到指导上市公司和私人控股公司准备和发表各种类型的商业演讲。同年，他创立了自己的公司 Power Presentations（权威演讲），使命是创造有说服力的演讲并产生影响。为了对这一使命进行强化，2018 年，他将公司重新命名为"Suasive"。

魏斯曼最早指导的公司是思科（Cisco），当时这家年轻的硅谷网络技术公司准备进行IPO。思科团队每天要做好几次同样的路演，但效果并不显著，因为时任CEO的约翰·莫里奇（John Morgridge）在演讲时只专注于讲述数据资料而不注重演讲方式和技巧。由于思科的创新网络技术非常复杂，他很难向这些不懂技术的投资者阐述，因此魏斯曼为他编写了一套对潜在投资者来说浅显易懂而有意义的内容，并指导他以镇静、自信和热情的方式来演讲。

思科最初预计的股价是每股13.5～15.5美元，但经过魏斯曼的帮助，路演期间公司受到热烈欢迎，最终以每股18美元的单价售出280万股。时任思科董事会主席的唐·瓦伦丁（Don Valentine）将至少2～3美元的增长归功于魏斯曼的指导。

2016年，云通信平台服务公司特利欧（Twilio）的创始人、CEO兼董事长杰夫劳森也曾表示，他们能在路演中展现出公司的吸引力，魏斯曼的培训功不可没。

如今，魏斯曼已经指导过600多家准备IPO路演的公司高管团队，包括直觉软件（Intuitsoft）、亿贝（eBay）、奈飞（Netflix）、雅虎（Yahoo）、杜比实验室（Dolby）、铃盛（RingCentral）、特利欧、特鲁利亚（Trulia）、拓蓝（Talend）、无比视（MobileEye）、祖睿（Zuora）等，他帮助这些公司以清晰、自信和最大限度的说服力发表具有高风险的演讲。同时，他的演讲技巧也帮助微软、英特尔、奥多比（Adobe）、爱立信、益博睿（Experian）等公司的经理、销售员、工程师和财务主管售卖他们的产品或服务、发起合作伙伴关系、寻求项目批准或筹集资金。

2

全球商业领袖信赖的演讲教练

《财富》
"商业必读书"作者

除了指导公司准备 IPO，魏斯曼在写作方面的成就更是卓越，他的多部著作已被译成 11 种语言出版，被全球知名企业的管理者和销售经理奉为宝典，也被《财富》杂志评为"商业必读书"。

魏斯曼认为，每个人一生中总有某个时刻，会不得不做一次具有高风险的演讲或者做重要的发言。演讲的目的和作用与开会、交谈、通话、面试等其他人际沟通方式一样，对普通人的职业生涯也会产生影响。魏斯曼将演讲技巧与科学、艺术、音乐、文学和体育结合在一起，形成了一套全面的方法论。随着时间的推移，在不同地域、文化条件下这套方法都取得了成功。人们可以掌握并运用这套方法来使自己成为一名有实力的演讲者。

思科副总裁休·博斯特罗姆（Sue Bostrom）曾说，魏斯曼的书不可不读，它提供了一套最基本的技巧，不管你面对多难的问题，都可以做好反客为主的准备。魏斯曼所著关于内容演示和公众演讲的书籍：《魏斯曼的演讲大师课：说的艺术》《魏斯曼的演讲大师课：答的艺术》《魏斯曼的演讲大师课：臻于完美的演讲》《说服：全球顶尖企业的商务沟通之道》《对答如流：如何回答棘手问题》等均在中国出版，广受读者喜爱。

作者相关演讲洽谈，请联系
BD@cheerspublishing.com

更多相关资讯，请关注

湛庐文化微信订阅号

湛庐 CHEERS 特别制作

魏斯曼的演讲大师课四部曲

　　十多年前，"魏斯曼的演讲大师课"系列书的中文版出版，湛庐曾邀请我前来北京，参与宣传工作。那是我第一次来到中国，很遗憾也是目前唯一的一次。那是一段难忘的旅程。我感受到了北京这座城市的繁华，也很高兴能和湛庐优秀的员工合作。这套书能得到重新翻译与再版，我倍感荣幸和开心。

　　与第一版相比，这一系列图书在再版时所遵循的基本原则没有改变，但我们对案例进行了调整，删除了一些政界案例。新版中的大部分案例都来自商界。这种调整基于两方面的考虑。一方面，读者需要具有针对性和实操性的内容。他们在理解政界案例时通常存在一定的地域限制，而商界案例的适用范围更广。另一方面，随着科技、交通和贸易的发展，距离的限制被打破，跨文化和跨国境的沟通越来越有挑战性。

这套书将为读者呈现高效演讲所需的各种核心技巧。这些技巧相互交织，你中有我，我中有你。比如，有些演讲者能够简明扼要、条理清楚且精彩生动地讲述自己的故事，却因为"夺命 PPT"而功亏一篑。有些演讲者能够生动地讲述自己的故事，也能通过简洁的 PPT 来助自己一臂之力，但在演讲过程中表现得紧张焦虑，最终也功亏一篑。有些演讲者能够生动地讲述自己的故事，也能通过简洁的 PPT 来助自己一臂之力，而且在演讲过程中沉着冷静、自信洋溢，但等到提问环节，面对棘手的问题处理不当，他们最终还是会功亏一篑。

本次再版的"魏斯曼的演讲大师课"系列书共有 4 本，将在以下关键技巧领域带给读者帮助：

- 《魏斯曼的演讲大师课①：说的艺术（第 3 版）》将帮助大家逐步打造精彩的演讲内容，树立合适的 PPT 展示风格。
- 《魏斯曼的演讲大师课②：答的艺术（第 3 版）》提供了 4 个步骤，帮助大家应对各种问题。这 4 个步骤分别是在开放发言权时积极倾听、用缓冲重掌发言权、回答问题以及提供额外价值。这 4 步构成了一个闭环。
- 《魏斯曼的演讲大师课 3：臻于完美的演讲》一书提供了 65 个案例，向读者展示所有演讲技巧的实战情况。本书有一个章节针对多种特殊情况进行了专门的探讨，例如小组讨论、演讲节奏、发音清晰度和口音等。
- 《魏斯曼的演讲大师课 4》聚焦演讲中最重要的事，将帮助大家缓解焦虑，通过 3 种简单的方法来加强与观众之间的交流，改善自己的肢体语言和声音。

这一系列图书已经被翻译成多国语言出版，比如西班牙语、葡萄牙语、日语、韩语、俄语、瑞典语、波兰语和克罗地亚语，这让我颇为自豪。书中展现的演讲技巧可能会颠覆人们的既有观点，这是因为大家可能已经在潜移默化中接受了传统的演讲创作方法，就连刚刚进入商界的新人也不例外。这种传统方法可以追溯到 20 世纪初期，也就是演讲的"黑暗时期"。

当时，公司一些同事会围在摇晃的画架旁，使用画架上夹着的大白板纸来交流看法。在这种情况下，大白板纸成了人们关注的焦点，所有参与者都能够看到纸上记录的内容，分享自己的观点。大白板纸承担了记录观点的功能，上面的内容可以被整理出来分发给未能参与会议的人。以前使用黑板讨论问题时，大家在黑板上书写的内容会时不时被擦去。相比之下，大白板纸的应用算是一项明显的进步，这种纸因此很快成为商界人士首选的展示媒介。在早期，大白板纸主要发挥两种功能：人们可以在开会时使用大白板纸作为演示文稿来展示讨论内容，还可以在会议结束后将纸上的记录作为文档来复制和分发讨论内容。这种做法被称为"一物多用"，也就是"让一种媒介发挥多种功能"。

这完全是一种错误的做法。一物多用实质上是肯定了"鱼与熊掌能兼得"，可实际上这种做法只会导致演讲变得四不像。演示文稿不是文档。文稿是在演讲过程中给观众看的，而文档是在演讲之后给观众读的。

要提高效率，首先必须清楚划分演示文稿和文档这两种功能。这个观点源于我在纽约哥伦比亚广播公司十多年的电影制作和导演的经历。在哥伦比亚广播公司，负责讲故事的是主持人，而非美工。可在其他新闻公司制作的影片中，主持人的图像旁往往环绕着各种形式的文字和数字，这些文字和数字甚至会喧宾夺主。

为了能进一步贯彻划分演示文稿和文档的做法，我对其进行了溯源：

- **故事：** 2 000 多年前，亚里士多德在其著作《修辞学》中清晰地阐述了说服的方法论。在如今这个快节奏的社会里，数字沟通大行其道，亚里士多德的演讲原则常常被人们忽视。我将这些原则又搬了出来，并把它们放在了核心位置上。

- **PPT 设计：** 很早以前，电影摄影师就开始使用图像来调动观众们的情绪和反应。商界人士不需要学习如何制作电影，但可以在设计 PPT 时借用电影拍摄的基本技巧，了解如何来调动观众的情绪。

- **演讲技巧：** 说服技巧建立在对话技巧之上，我们可以再将它扩大应用到个人对群体的交流中。使用这种方法不仅可以让演讲者侃侃而谈，也更能让观众产生共鸣。

- **问与答：** 在电视节目中，记者会通过尖锐的问题制造冲突，提升节目效果。在演讲中，观众也会提出一些尖锐的问题，这是因为他们想确保响应演讲者号召的做法是正确的。这就像顾客在购买产品或服务之前也会提出自己的疑问。了解问题的架构和产生的逻辑之后，演讲者就能懂得如何有效地回答和应对了。

以上都是 Suasive 演讲培训课程的内容。30 多年前，我在硅谷推出了这项课程。这些年来，我已经指导过 600 余场 IPO 路演和数千场其他类型的演讲。这些演讲有些是为了融资，有些是为了发布产品、建立合作，还有些是为了筹募用于慈善事业的资金。

本系列的 4 本书都立足于 Suasive 方法论、我指导过的公司的案例，以及我对现代商业演讲的研究。尽管我的演讲技巧与商界的传统方法存在天壤之别，但它们的优越性早已得到证实。

接下来，让我通过磐石基金（Pantheon Ventures）的案例向大家展示我的演讲技巧的效果。磐石基金是一家私募股权投资公司，公司中一位和客户直接打交道的专业投资人员参加了我的 Suasive 培训课程。课程结束的第二天，她带着自己学到的新技巧飞往芝加哥，参加她所在的公司与某公共养老基金组织共同举办的会议。她的演讲大获成功，她筹得了 1.6 亿美元！

我衷心希望读者能从本系列书中学习演讲的技巧，掌握说的艺术，用演讲制胜。

把每一次演讲都当作一场 IPO 路演

我曾经在洛杉矶工作和生活过，洛杉矶位于美国的加利福尼亚州，与硅谷分守加州的南北两端。在我职业生涯的前半段，我都在电视行业工作，大部分时间在纽约的哥伦比亚广播公司担任公共事务和新闻节目的制片人兼导演，但同时也是自由职业纪录片编剧和简装书小说家。在此期间，我曾有幸与传媒界最具创新思维的人合作，并学到很多东西，尤其是讲故事的艺术。大家只要对电视行业稍有了解就会知道，一个人在这个行业里起起伏伏是常态，而我经历的低谷又比一般人多。直到有一天，我接到本·罗森（Ben Rosen）的电话。

在斯坦福大学读研究生时，我遇到了罗森。当时我们两人都在攻读硕士学位，他在电气工程专业，而我在演讲、戏剧与电视专业。大家可能会好奇，工程师和人文艺术家会有什么交集？当时，我们都拜倒在同一位年轻女子的石榴裙之下。这个故事留待以后再说。

多年后，我接到那通电话时，罗森已经成为一名成功的风投家，并担任着康柏电脑公司（Compaq Computer）的董事长。罗森一如既往地直入主题："我一整天都在听首席执行官们的演讲，他们希望我能投资他们的企业。你肯定难以相信，他们的演讲内容大多非常烦琐，枯燥乏味。这些演讲让我没办法对他们产生信心。你应该到硅谷来，教教这些人怎么讲故事。"我对这个建议颇感兴趣，不过也心存疑惑。毕竟我对商界了解很少，对科技更是一无所知。

"这就是重点！"罗森打了个响指，大声说道，"你参与、协助过很多电视节目的制作，让广大的观众能看懂那些节目。如果你把这些方法搬到硅谷，在硅谷的商业和科技行业让广大观众理解这些商业和科技项目，你就可以获得无限商机。在起步阶段，我会助你一臂之力。"

于是，我在 1988 年创立了 Power Presentations，致力于打造具有说服力的成功演讲。2018 年，为了更好地体现公司的使命，我将公司更名为 Suasive。在过去 30 余年里，这套方法的强大和有效已经得到证实。请允许我和大家分享一下这套方法。

到思科去做演讲教练

罗森说到做到，给我引荐了很多有影响力的人物。他们大多是罗森在风投公司的同事，借用风投行业的话来说，他们都是风投家。其中一位是来自红杉资本（Sequoia Capital）的唐·瓦伦丁（Don Valentine）。唐·瓦伦丁是一位传奇的风投家，是苹果、雅达利（Atari）、甲骨文以及后来的美国艺电公司（Electronic Arts）、思科（Cisco）、雅虎和谷歌的早期投资人。我在硅谷担任演讲教练的第一个月里，罗森曾邀请我一起吃午饭，他告诉我，我的演讲指导可以在红杉资本投资的一家公司发挥大作用。

"思科即将上市，我们一致认为该公司上市后的表现会相当出色，"瓦伦丁说，"但思科公司有一项技术非常深奥，我们很难将它解释得通俗易懂，以便投资人理解。我们预计该公司的股价会在 13.5 到 15.5 美元，如果首次公开募股（IPO）路演非常成功，或许还能再涨几美元。我打算把你引荐给思科的首席执行官，建议他邀请你协助他进行演讲。"

担任思科首席执行官的是约翰·莫格里奇（John Morgridge）。我与他和他领导的高管团队合作，力争让思科复杂的网络技术能被投资人理解（我将在第 5 章中详细介绍这段经历）。最终，我们向投资人清晰明了地传达了公司的信息。在思科上市的当天，其股票开盘价为每股 18 美元，收盘价冲到每股 22 美元，这种涨幅是当时的人闻所未闻的。思科很快成为热门的投资对象，被媒体争相报道。《旧金山纪事报》对思科的上市情况进行了这样的报道：

> （时任思科董事会主席的）唐·瓦伦丁称，思科公司预计其股票上市价格为每股 13.5 至 15.5 美元。"但公司的路演获得了非常积极的回响"，公司成功地以每股 18 美元的价格售出 280 万股股票。他认为，在股价涨幅中"至少有 2 到 3 美元"应归功于魏斯曼的指导。

在那之后，我又参与了 600 余场 IPO 路演，其中就包括财捷集团（Intuit）、eBay、奈飞、雅虎、杜比实验室（Dolby Labs）、铃盛（RingCentral）、

Twilio、Trulia、拓蓝（Talend）、无比视（MobileEye）、祖睿（Zuora）、搜诺思（Sonos）和来福车（Lyft）等公司的路演。在这期间，我也同样为其他数千家私营企业和即将上市的公司设计演讲，以推动他们的业务发展。微软、英特尔、Adobe、爱立信和益博睿（Experian）等公司都在上市前与我有过合作。

对商业人士来说，IPO 路演可能是最重要的演讲。路演取得成功犹如彩票中奖。投资者是一群很难打交道的人，他们知识渊博但刁钻苛刻。路演的风险也很大，股价上下一美元的波动可能就意味着公司市值数百万美元的波动。如果我们再多想想就会发现，我们在商业世界里遇到的每一位观众都很难打交道，每一次演讲都事关重大，都是通往最终成功的铺路石。

因此，在同客户合作时，我会把每一次演讲都当作 IPO 路演来对待。不管是非公开融资推介、新品发布演讲、主题演讲、陪审团前的总结陈词、分析师电话会议、股东会议还是预算审批会，我都无一例外认真对待。大家要进行演讲的场合可能远不止这些。演讲场合可能是对内的，也可能是对外的；可能是为了签下重要的合同、争取重要的盟友，也可能是为了促成重大的交易，甚至可能是为非营利性事业筹资。

所有演讲都有一个共同的目标：说服他人。说服他人是一种重要的艺术。这种艺术应用广泛，所有商业人士都必须对此有所准备。说服他人也是一种经典的艺术，旨在让目标观众能按照演讲者的预想出价，对演讲做出积极的响应。

商业人士需要一种全新的信息传递方式

《媒介即按摩》（*The Medium is the Massage*）是马歇尔·麦克卢

汉所写的一本里程碑式的著作，大家可以去查阅一下。随着时间的流逝，伴随着互联网的广泛使用和强大的自我验证能力，公众在提及这本书时已经将书的标题称作《媒介即信息》（*The Medium is the Message*）。在这位知名作家的网站上，他的儿子对书名是这样解释的：

> 事实上，这个标题当时是拼写错误所致。排版工人在排字时有所疏忽，将封面上的标题误写为"Massage"，也就是大家现在看到的那样。原本的标题是"媒介即信息"（The Medium is the Message），但排字工人打错了字。麦克卢汉看到这个排字错误后惊叹地说："不用改，就这样！这个名称太棒了，这正是我想表达的意思！"

麦克卢汉说得太对了。"message"（信息）是相对被动的。相比之下，"massage"（按摩）这个词语所隐含的意思要更加积极主动。"按摩"是指媒介在传递信息时扮演着改造者的角色。借用麦克卢汉的话来说，正是"媒介塑造和控制了人类交往与行动的规模和形式"。这两个词之间的区别完美地体现了演讲的作用，即演讲是传递商业信息的媒介。

从电视行业转入商界后，我发现自己不仅仅要在信息方面给予大家帮助，还需要在传递信息的方式上帮助大家。正如朋友罗森所观察到的那样，商界通过演讲向观众传递信息的方式"烦琐又枯燥"。可以这么说，演讲者并没有对信息进行"按摩"。

罗森的话再次得到了验证。搬到硅谷创业一个月后，我飞往拉斯维加斯参加计算机经销商博览会（COMDEX）。博览会每年召开一次，规模相当庞大，展位有数百个，参观者的数量超过 10 万，分会场也会举办数十场演讲会。在拉斯维加斯参会的那几天里，我大部分时间都待在分会场内，参加那些介绍最新科技产品的演讲会，并对这些演讲会进行观察。

我发现，在这些演讲会上，信息的传递都无一例外相当被动，而观众们也同样很被动。演讲者都只是在陈述产品的特征，他们的演讲显得冗长而枯燥。演讲者暗示着观众"听到或看到感兴趣的东西时请直接打断我"。这些信息传递过程就像是通往死胡同的单行道，而并非双行道。这种信息传递压根无法实现麦克卢汉关于"人类交往和行动"的目标。

就电视传媒而言，图像和观点也是通过卫星电视、有线电视和无线电视等方式进行单向传播的。但广播公司会通过收视率、批评意见、赞助商、观众来信、电话回访、电子邮件甚至法律法规等途径来大规模了解观众的反馈意见。双方的交流形成了一个回路。

当电视观众对节目不满时，电视台会停播相关节目。在商业世界中，当观众无法完全理解演讲者所传递的信息、看不到演讲带给他们的"维惠"① 时，他们会拒绝投资或取消订单。

在本书和 Suasive® 培训项目中，我们将介绍一套久经考验的技巧，这些技巧旨在帮助演讲者成功进行演讲。

---

① "What's in it for you?" 的首字母缩略词 "WIIFY" 的音译，同时有维护观众利益和实惠的意思。——编者注

你要如何讲述自己的故事

这本是个古老的故事。

——赫尔曼·胡普费尔德，《任时光流逝》

亚里士多德的演讲原则

我曾在硅谷指导思科的 IPO 路演。此后 30 余年里，我有幸在全球诸多科技中心提供同样的指导服务。这些科技中心的名称与硅谷颇为相似，比如美国纽约的硅巷、达拉斯硅草原、西雅图硅森林和盐湖城硅坡，还有伦敦的硅广场、巴黎的硅中心和以色列的硅溪。在这些热门地区，我自身的演讲技巧又有了精进。但在班加罗尔的硅高原，我却对一些旧知识有了新的领悟。

2015 年 1 月，我第一次来到班加罗尔。那天正好是印度的共和国日，这是庆祝印度宪法诞生的纪念日。在这个美好的节日里，班加罗尔到处张灯结彩，旗杆、灯柱、天线杆、吊索、窗户和一座座大楼上都悬挂着与印度国旗配色一致的彩旗、飘带和横幅，红色、白色和绿色均相当惹眼。除了这缤纷炫丽的装饰，人群中还弥漫着一种激动和兴奋的情绪。这座城市到处张贴着热烈欢迎时任美国总统奥巴马的大型海报。奥巴马总统在节日当天抵达班加罗尔，参与共和国日的庆祝活动。在入住酒店时，我还发现酒店正在举行印度传统婚礼。酒店里人山人海，大家身着色彩艳丽的纱丽和腰布。在这群兴高采烈的庆祝者中间，还时不时"冒"出许多戴亮粉色头巾的人。

第二天，我和客户开始合作开展工作。整座城市的喧嚣和热情没有丝毫减退，这种情况在此后的日子里一直持续。班加罗尔人潮涌动、人声鼎沸，人群在不断流动（不是交通运输导致的）。这些都源于繁荣发展的高科技产业。大家在这里相识，都忙着谈生意。

在活跃的人群中，瓦尼·科拉（Vani Kola）尤为积极。她是一位风投家，其公司卡拉里资本（Kalaari Capital）重点关注初创的科技公司。我多年前曾在硅谷遇到过科拉。她当时在自己初创的公司北部轨道公司（Nth Orbit）担任首席执行官。她目前生活在班加罗尔，通过像葡萄藤一样盘根错节的关系网间接得知我当时也在班加罗尔，于是打电话邀请我参加一场行业活动。卡拉里资本投资了许多公司，科拉为这些公司的首席执行官组织了一场行业活动，地点选在了该市怀特菲尔德区的一家酒店里。

落落大方的科拉请我在晚餐后和大家谈谈演讲技巧。我先做了一番简短的介绍，然后众人开始自由提问。第一个问题来自一位年轻的创业者。这位创业者表情严肃地问道："据您观察，自您进入商界多年以来，商业演讲有哪些变化？您在这个过程中曾经不得不做出哪些改变？"

这个问题让我一下子愣住了。这么多年来，我曾经回答过很多问题："我要如何控制自己的情绪？""我要怎样处理自己的手部动作？""如何来传递信息？""如何来简化我的 PPT？""怎样才能让我的故事更加简明扼要？""我要如何回答那些尖锐的问题？"这些问题都是针对实务提出的，并不涉及理论。这些问题也都是针对演讲者的，并不涉及我本人。

我的脑海中快速闪过演讲技术的最新发展，比如线上会议、视频电话会议、云协作、工程投影仪和头戴式无线耳机等技术和工具的出现。但演讲技术的发展历史还可以往前追溯。演讲技术的历史在我脑海里快速回放，越来越快，越追溯越久远。我看到了遥控器和嵌入视频，看到了古老的 35 毫米 PPT 和被淘汰的高射投影仪与透明胶片。我对历史的回溯还在继续，直到我回想到演讲技术的起点，即亚里士多德的演讲原则。

"这本是个古老的故事，"我回答说，"关键在于你要如何来讲述自己的故事。"我这句话借用了经典影片《卡萨布兰卡》著名主题曲中的歌词。那位表情严肃的年轻创业者笑了。

"关键就在于说服，"我继续说道，"你们演讲的目的是说服观众按照你们的意愿去做，比如投资你们的公司、购买你们的股票、购买你们的产品或服务、合作成立公司或是向你们的非营利性项目捐款。不管是你们的 PPT、你们的身体语言、你们的声音还是漂亮的视频和音频，这些其实都不是重点。如果故事不精彩，所有的这些都只是空架子，只是徒劳的喧嚣。而当我们谈到如何设计具有说服力的故事时，就要说到亚里士多德了。"

我曾在斯坦福大学攻读文学硕士学位。当时，亚里士多德的作品是我们专业的必读书目。我曾经学习过《引言》(Exordium)、《叙事》(Narratio)、《结语》(Peroratio)、《人格》(Ethos)、《情感》(Pathos)、《逻辑》（*Logos*）和《目的论》（*Teleology*）。但从哈佛大学毕业后，我进入了电视行业。在纽约哥伦比亚广播公司的那 10 年里，亚里士多德的作品已经被我搁置在了一旁。

多年后，亚里士多德的演讲原则突然又出现在我的面前，而且占据了极其重要的位置。同瓦伦丁一起吃的那顿午餐改变了我的人生轨迹。当时，他告诉我，思科公司遇到了无法向投资者解释复杂科技业务的难题，但这个难题不仅仅在高科技公司中存在。他最后得出结论："问题就在于大家都不懂得如何来讲述故事。而更大的麻烦在于，他们又都没意识到自己存在这个问题。"

在着手协助思科和硅谷的其他公司设计他们的故事时，我很快就意识到，亚里士多德的那些原则一直在我的大脑里运行着。这些原则现在只是变成了不一样的术语和新的流程，但其核心原则没有改变。林肯慷慨激昂的演讲，丘吉尔振奋人心的致辞，罗斯福让人深受安慰的炉边谈话，以及令人尊敬的马丁·路德·金让人心潮澎湃的演讲，无不遵循了那些原则。我合作过的公司越来越多。在这个过程中，这些原则的表述也一直发生着变化。最终，我利用这些原则归纳出了自己的演讲指导方法，后来又撰写了这本书。本书在 2003 年首次出版，2009 年时再版，现在有了第三版。

故事第一，PPT 第二

写作的第一要义就是修改。自本书再版以来，我在这十几年里又指导了数千场演讲，积累了一定的经验教训。在这个过程中，我也收获了许多新的研究案例。这些都被纳入了本书的第三版。为此，我简化了故事创作流程中的一些步骤，也对其他部分流程进行了补充。唯一不变的就是故事创作的基本技巧，这些技巧都立足于亚里士多德的基本原则。我也用商界和其他行业的新案例替换了第一版和第二版中的政界案例。毕竟这本书的目标读者是那些必须进行自我推销并说服他人的商界人士，以及所有必须站出来发表演讲的人。

本书的最初两版中也包括了 PPT 设计的相关内容，这部分内容被放在第三部分进行探讨，但我在副标题中没有提及这部分内容，这是刻意为之的，因为我重点关注的始终是故事本身。但 PPT 是商业演讲中不可替代的一部分，这促使我在本版的副标题中增加了 PPT 设计，并且对文中相应的章节进行了更新。不过，我的基本设计原则没变，这个原则建立在人类感知的科学基础之上，即建立在眼睛和大脑处理图像的方式之上。

我也会更深入地分享我在哥伦比亚广播公司工作时的经历。在哥伦比亚广播公司任职时，我曾在高科技控制室里工作，那里有大量的调色板、色度键、电子音乐合成器以及由计算机驱动的动画大屏。这些功能目前大都可以通过付费软件实现。不过，任何一个最近观看过商业演讲的人都可以作证，多数演讲者只是利用这些强大的功能来制作 Instagram 或 TikTok 视频。我也将在本书中介绍哥伦比亚广播公司在运用这些复杂的电子功能时所遵循的一套简单原则：进行电影拍摄和制作时的构图、剪辑和运镜技巧。

为了阐述演讲者在设计 PPT 时需要考虑的因素，我将在本书中提供部分客户的 PPT 实例。我也将介绍使用当前版本的演示文稿软件制作而成的最佳 PPT 动画案例。这些软件包括微软的 PowerPoint、苹果的 Keynote 以及谷歌的 Slides。本书也将介绍与 Zoom、思科、微软、铃盛和谷歌等线上演讲平台有关的最新经验。

这些设计技巧自然很重要，但 PPT 的存在只是为了辅助和支撑我们阐述的内容。本书一再强调的核心思想依然是故事第一。正如我在班加罗尔回答那位年轻的创业者时所说的："这本是个古老的故事……"

PRESENTING
TO WIN

THE ART OF TELLING
YOUR STORY AND
DESIGNING YOUR SLIDES

引 言

巧用工具，让故事发挥更大影响力

所谓疯狂，就是不厌其烦地重复做同一件事情，并希
望每次能有不一样的结果。

自第一版出版以来，这本书被翻译成 12 种语言，销量超过 12 万本，深深影响了读者。这让我颇感自豪。但与此同时，我也惊讶地发现，本书并没有给演讲领域带来同样深远的影响。我接到了很多来自全球各地的电子邮件、信函和电话，读者们对这本书非常满意。Suasive 培训项目也迎来了源源不断的参与者，我们会指导他们学习我在本书中所探讨的技巧。可我发现在阅读本书或参加项目学习之后，大多数演讲者仍然会不由自主地沿用传统的错误做法，他们认为应该将演讲的重点放在 PPT 上。这种想法有悖于本书思想。

我恳请大家将重点从 PPT 转移到故事本身。可惜，这个看上去简单的请求并没有得到多少响应。演讲仍然被普遍定义为播放一堆 PPT。从信息科技领域到生命科学领域，从金融业到制造业，从房地产业到制药业，从传媒业到消费品业，从新品发布会到行业会议，从董事会到销售宣传会，尤其是从风投演讲到 IPO 路演，"演讲就是播放 PPT" 的观点也被各个行业的各个领域视为标准。这种观点最根深蒂固的当属金融行业了。在金融行业，投资人无一例外地要求演讲者提前发送他们的 PPT、在产品推销过程中使用 PPT 并将 PPT 留给公司其他投资人来参考。演讲者为应对业务的紧急性，迫切地想要节约时间和精力，就会被迫接受要求，准备一份 PPT，同时用于演示和分发。

让文档与 PPT 各司其职

将文档功能和 PPT 功能合二为一的做法被称为"一物多用",也被称为"买一送一",也就是"花一样的钱买两样东西"。这是一种常见的营销策略。但当两样东西的功能被合并时,每项功能都会被削弱。文档部分通常会变成项目列表,这导致文档内容变得不完整。而演示部分又变得过于详细,导致故事本身和观众都变成了次要的。这种一物多用的方式往往会导致整个文件不伦不类。演示文稿不是文档文件。演示文稿是演讲者在演讲过程中用于展示的,而文档文件是便于观众在演讲前后进行阅读的。演示文稿本来的作用是提供视觉辅助,现在反而成了视觉障碍。

这是否意味着我建议大家完全放弃使用 PPT 呢?不是这样的。从小学课堂到董事会的会议室,PPT 已经成为大家的首选。我绝不可能建议大家彻底放弃 PPT。PPT 可以发挥多个重要的作用。它能对内容进行说明,对信息进行强化,也能对演讲者进行提示。所以,不管从哪个角度来说,我们都可以充分发挥 PPT 的这些功能。

如果需要文本文件,请使用文档处理软件创建和编辑文档。如果需要演示文稿,请使用演示文稿软件创建和处理演示文稿。微软提供了用于编辑文档的 WORD 和用于编辑演示文稿的 PowerPoint。尽管这两个产品被打包一起放入 Office 软件中,但它们是截然不同的,两者永远无法合二为一。

本书第三版中介绍了部分 PPT 的设计技巧,请大家使用这些技巧对 PPT 进行合理利用。这是一种请求,并非要求。大家在使用后会发现,这些技巧都遵循一个总原则:**PPT 仅仅为演讲者提供辅助作用,故事第一,PPT 第二。**

迈克尔·鲍尔(Michael Ball)是卡内西亚健康公司(Canexia

Health）的首席执行官。他创立的这家初创公司为医疗实验室提供癌症基因检测技术。鲍尔拥有丰富的经验，善于领导初创公司通过收购和 IPO 来将公司发展壮大，使之成为跨国企业。在卡内西亚健康公司打算通过 B 轮融资筹措 2 000 万美元时，为了避免出现任何纰漏，鲍尔邀请我协助他和公司高层领导团队来打磨他们的演讲。

鲍尔此前曾经面向金融界人士进行过无数次推销。所以，在我们第一次开会时，他打算一开始就给我展示他针对投资人做的演示文稿。对此，我请他先不要去管那些 PPT，先把重点放在他要讲述的故事上。他借用了本书在后文介绍的方法，不到两个小时就草拟好了自己的第一版提纲。为了验证故事的逻辑性，他使用了一个长句向工作小组介绍该提纲，在此过程中，他没用任何 PPT：

> 我们首先会介绍市场中现存的问题，以确定我们公司能够提供的解决方案在市场上是有需求的。
>
> 然后，我们将说明，市场足以支撑公司发展到较大规模，投资者将获得丰厚的回报。
>
> 此后，我们将介绍商业模式，即我们将如何进入该市场，成功抓住市场机会。
>
> 接下来，我们将介绍这一商业模式的优势，由此证明我们正在实施的这种模式是可重复的，并能为我们创造价值。
>
> 最后，我们将进行总结，在介绍公司在科学和商业两大领域上的专长后，进一步强调我们有潜力获得成功。

听完后，我打开鲍尔的 PPT，发现该 PPT 前面的设计思路和他的新大纲基本一致，但直到第八张 PPT 才开始涉及市场潜力方面的内容，而所有投资者主要的兴趣点就在公司的市场潜力上。在阐述故事时从市场着手，这种做法更能迎合投资者的兴趣。所以，在设计演讲时需要先考虑故事而不是幻灯片。只有这样，故事才能发挥更大的影响力。

演讲者说话的内容与方式，比他展示的东西更重要

我如此强调故事，是因为故事的重要性远远超过 PPT。这里所说的故事不仅指内容的结构层次，还包括叙述时的语言衔接、对内容附加价值的创造以及语言的权威性等。如果演讲者只展示 PPT，观众不可能做出积极的响应，演讲者也将无法如愿得到自己想要的结果，无法卖出产品、建立合作关系或获得项目审批。国家这艘巨舰也不可能靠着 PPT 就能扬帆起航。让我们看看那些曾经让我们心潮澎湃的精彩演说，不管是主旨演讲、悼词、布道、国情咨文、就职演说、毕业典礼致辞还是教练在球员更衣室里的动员讲话，没有哪个会用到 PPT。因此，演讲者说话的内容和方式比他们展示的东西更重要。在演讲过程中，演讲者才是焦点，这也是故事第一所带来的必然结果。

正因如此，本书花了很大的精力来帮助读者讲述自己的故事，我甚至将如何讲述故事的内容单独撰写成另一本书《出色的演讲者：说服他人的技巧、风格和战略》（ *The Power Presenter: Techniques, Style, and Strategy to Be Suasive* ）。在讲述故事时需要注意身体语言、眼神交流和声音等要素。在所有演讲中还有另一个同样重要的因素，即回答观众的问题。我将用《魏斯曼的演讲大师课②：答的艺术（第 3 版）》（ *In the Line of Fire: How to Handle Tough Questions* ）[1]这本书来专门探讨这个内容。我希望读者们能认真阅读《魏斯曼的演讲大师课》四部曲。大家在读后将会

---

[1] 《魏斯曼的演讲大师课②：答的艺术（第 3 版）》揭示出，在演讲中，最重要的不是演讲者的答案，而是如何回答。该书中文简体字版已由湛庐引进、浙江教育出版社出版。——编者注

明白，这4部书都紧扣故事的完整性这一主题。

基准资本公司（Benchmark）的一般合伙人比尔·格利（Bill Gurley）是硅谷最杰出的风投家之一。他曾经投资过易趣、优步、Snap、Dropbox、Instagram、Yelp和Zillow。格利也在其撰写的博客"出类拔萃"（Above the Crowd）中，就如何发展公司这一话题为创业者提供了深刻且中肯的建议，其中就包括讲故事的重要性：

> 投资人不仅会评估公司的故事，也会评估你们讲述故事的能力……你们希望能引领观众通过层层论据证明为什么公司会拥有灿烂的发展前景。你们的目标就是让风险投资人能够明白你们"完成了论证"（Q.E.D.）[1]。

格利的这番话正是本书的核心思想和价值所在。不管大家目前从事哪一行业，身处公司的哪一层级，本书的核心思想和价值对于你来说都适用。或许在某天，大家会带领自己的公司上市，我希望本书的技巧能为你们赢得数百万美元。不过，在那之前，先看看格利的另一条建议：

> 你们将会在重大场合中反复讲述公司的故事。因此，风投家们会非常重视你们讲故事的能力。优秀的故事讲述者会拥有极大的竞争优势，这种优势甚至大到让其他人感觉有失公允。

从创立公司到带领公司上市，这一路需要攀爬很多阶梯。所以请大家在这一过程中合理应用本书中所介绍的说服技巧。本书的主题就是演讲，但演讲并不仅仅局限于字面含义，还包括沟通、说服、销售、故事讲述，以及能让所有观众响应号召、采取行动的论证过程。

---

[1] Q.E.D. 是拉丁语 "quod erat demonstrandum" 的缩写，意即 "这被论证了，论证完毕"。

PRESENTING TO WIN

第一部分

说服的艺术

PRESENTING TO WIN

THE ART OF TELLING YOUR STORY AND DESIGNING YOUR SLIDES

第1章

从观众出发

> 在古雅典政治家埃斯基涅斯演讲之后，观众会说："他讲得多精彩啊！"但是古雅典政治家、雄辩家德摩斯梯尼演讲完之后，观众群情激昂："走，我们去发起进攻。"
>
> ——大卫·奥格威，《一个广告人的自白》

大卫·奥格威（David Ogilvy）创立了著名的奥美广告公司，并因这份显赫的成就被同行尊称为"广告之父"。奥格威深谙销售之道，善于像古雅典雄辩家德摩斯梯尼那样激励客户"发起进攻"。

编剧大卫·马梅特（David Mamet）也同样精通销售之道。他的剧作《拜金一族》（*Glengarry Glen Ross*）曾荣获普利策奖，并在百老汇多次演出，还被好莱坞改编为一部明星云集的电影。《拜金一族》能保持如此强大的吸引力，原因就在于它所讲述的故事向大家展现了房地产销售行业的残酷，这在观众中引起了巨大的共鸣。大家的关注点远远不止于房产销售，更打动人的是剧中的主角一直在重复的那句销售人员信奉的理念："一定要成交。"（Always be closing.）这句话让人们心有戚戚焉。

《华尔街日报》前出版人路易斯·戈登·克罗维茨（L. Gordon Crovitz）就提出，不只房地产行业的从业者需要销售：

> 每个人都在进行这样或那样的销售。家长向孩子推销蔬菜，记者向编辑推销最新的报道创意，大学校长向潜在捐赠人讲述学校资金捉襟见肘的窘状。

销售培训是商业世界里必不可少的一部分，但培训内容并不复杂。大量培训师的观点、课程和课件都紧跟销售培训鼻祖金克拉（Zig Ziglar）的步伐，他的书永远是最畅销的。在金克拉的 30 本畅销书中，有一本书的标题非常贴切地反映了这种情况：《金克拉赢家销售书》（*Secrets of Closing the Sale*）。

奥格威、马梅特、克罗维茨和金克拉都在附和亚里士多德的观点。亚里士多德的《修辞学》（*Rhetoric*）一书从本质上说是第一部销售宝典。"修辞学"这个词语在英文中的含义是 persuasion（说服）。曾担任《大英百科全书》编委会主任的莫提默·艾德勒（Mortimer Adler）曾专门研究《修辞学》这本经典著作。在《如何听如何说》（*How to Speak How to Listen*）一书中，艾德勒提及他应邀到加利福尼亚广告俱乐部发表演讲的事：

> 他们提前询问我演讲的标题。我表示，标题就是"亚里士多德谈销售技巧"。

然而，以上这些人都未能将关注点从"销售"转向与之密切相关的"演讲"。商界人士大多日理万机，没有时间去揣摩如何讲述自己的故事。那些功成名就的人也不例外。他们总是一门心思钻研竞争战略、产品发布、财务分析、市场营销计划和并购等商业事务。这些重要的商业事务充斥着他们的每一天。就像吃饭、喝水和呼吸一样，商业梦想也是他们日常生活的一部分。他们可以看到每棵树木，唯独看不见整片森林。他们极少将琐碎的日常工作放在一旁，抽身去打造自己的故事或生动地表达自己的想法。他们既不懂得如何讲述故事，又都没意识到自己存在这个问题。这句重要的批评意见可以被分解成演讲的五宗罪。

警惕演讲"五宗罪"

找出演讲的五宗罪的最佳方法就是去思考观众会有什么样的疑问。我了解这一点是因为我在观看演讲时脑海中就会出现这些疑问。自从我开始参加计算机经销商博览会上马拉松式的演讲，这些疑问就常常在我脑海中浮现：

1. **观点、目的或意图不明确。**你是否会在听完整个演讲后问自己："演讲者想要表达什么？"
2. **内容对观众而言毫无价值或毫无意义。**你是否会不断对自己说："我为什么要在乎他讲的东西？"
3. **没有明晰的结构或脉络。**你是否会听着听着就理不清演讲者的逻辑？
4. **太过详细，或过于专业。**你是否会在听演讲时质疑："这是什么意思？"
5. **时间拖得过长。**你是否曾经在他人演讲时想要提前离场？

演讲者在演讲过程中还可能会犯很多其他方面的错误，比如展现自以为是的幽默、堆砌陈词滥调、贬低他人、使用粗俗语言、表达消极的思想、传递模糊信息或者发表不坚定的主张等。但这些错误并不如上述五宗罪那么常见。此外，就故事结构而言，这些错误并不关键。

我将会举个例子帮助大家具体理解演讲的五宗罪。假设我们两人正在聊天，我突然问："你知道我昨天晚上吃了什么吗？"你可能明白，我只是想和你分享一下昨天晚上吃的东西，但你也可能会奇怪地看着我："这和我有什么关系？"

你为什么要去关心我昨天晚上吃了什么？除非你刚刚提过："这里所有的餐馆我都吃腻了，你最近去新餐馆了吗？有什么推荐的吗？"这时，如果我接着说："让我告诉你我昨天晚上吃了什么吧。"你或许会关心一下我说的内容。

现在，假设我在介绍昨天的晚餐时，先介绍餐后甜点，然后讲到沙拉，接着又跳到芝士冷盘，最后才说到主菜。你可能没法跟上我的思路。而如果我按照上菜顺序一一道来，你或许能轻松地理解我所表达的意思。

如果我在介绍每道菜的时候详细分析各种肉类和蔬菜属于什么门、什么纲、什么目、什么属和什么种，这种做法就显得过于专业和琐碎了。而如果我只用一些形容词和名词来介绍，你就能懂我的意思了。

最后，如果我昨天吃晚餐只花了两个小时，却花了 5 个小时来介绍，你八成会觉得我的介绍过于冗长。而如果我仅用两分钟就介绍完，你就会对整件事情有一个简单的了解。

虽然这五宗罪各自独立、互不相关，但它们都有一个共性：照搬资料，也就是没有目的或没有计划性地将过多复杂且毫无意义的信息不加组织地"倒"出来。但这种做法会让观众觉得"这事儿太没劲了"。

那演讲者为什么还要这样做呢？原因就在于许多演讲者都持有一种错误的观点：为了让观众听懂演讲，自己必须将信息全盘托出。

我在 24 岁时也曾有过这种错误的认识。当时的我刚刚从斯坦福大学毕业，在返回纽约后找了一份工作，与广播界名人琼·谢泼德（Jean Shepherd）共事。谢泼德是纽约 WOR 广播电台午夜谈话节目的主持人，创作了经典的节日影片《圣诞故事》（*A Christmas Story*）。影片中人物的一系列意识流独白为他赢得了一众狂热粉丝。某天，谢泼德找到我，突然对我说："如果好莱坞准备将杰瑞·魏斯曼的故事改编成电影，你觉得他们能真正表现出魏斯曼的风采吗？"我的第一反应是嗤之以鼻："绝对不可能，魏斯曼的故事是讲不完的。"

爱说话的人总是想把一切都一股脑地讲给你听。我曾听过一个笑话：如果你问一位爱说话的人几点钟了，他会告诉你要怎么打造一个钟表王国瑞士！

当演讲者照搬资料时，观众都是倒霉的受害者。但有时候，这些受害者也会站起来反抗，他们会打断演讲者，提出自己的疑问。可惜，这样做会导致演讲进一步脱离正轨。观众的打断更多是出于自我保护，并非无礼。正如卡修斯（Cassius）在《凯撒大帝》（*Julius Caesar*）中所说的：

> 亲爱的布鲁塔斯，错误并不在于命运，而在于我们自己。

本书旨在告诉大家如何来避免这五宗罪。让我们从第一宗罪开始：观点不明确。

说明就是从 A 点到 B 点

我们每天都要在各种情况下去说服他人，并且每次都会遇到独特的挑战和机遇。**在演讲时，演讲者面临的挑战是他们要如何在从演讲的开始（A 点）一直到阐述自己的目标（B 点）的过程中打动观众。**演讲者说服观众的过程就是改变观众态度的过程。B 点就是演讲者号召观众采取行动的时候。关键就在这儿！

不管是正式演讲、主题报告、推销演讲还是面对陪审团所做的总结陈词，观众在进入会议室时的状态（A 点）归纳起来无非以下 3 种：

- **一无所知**。完全不了解演讲者和演讲者的业务："我们为什么要来参加？我不知道。老板没时间，就安排我来了。"

- **半信半疑。** 高度怀疑演讲者和演讲者的业务水平："嗯？这家公司没什么吸引力，我不信他讲的内容，我只看最终结果，我不喜欢冒险。"
- **抵制抗拒。** 很不看好演讲者和演讲者的业务："这家公司要和业内翘楚竞争，根本不可能赢。我们还是礼貌地听一听，然后再打发他们走吧。"①

为了让观众能从头到尾坚持认真听，演讲者必须让一无所知的观众了解他们的故事，让半信半疑的观众深信他们的观点，让抵制抗拒的观众能有所行动。**演讲者要让观众理解自己的故事、深信自己的观点并且如自己所愿采取行动，才能最终实现演讲目标。** 观众如果不能理解演讲者的故事并相信演讲者所传递的观点，就不可能如演讲者所愿地采取行动。

产品发布会的观众群由潜在顾客组成。在我指导演讲者筹备产品发布会时，我们首先要明确演讲者希望观众在发布会结束后做些什么。B 点也就是这些顾客答应试用或直接下单的时刻。

在我指导高管为其 IPO 路演做准备时，我们首先要确认公司高管希望潜在投资人最终做何反应。比如，到 B 点时，这些投资人能承诺认购股票发行总量的 10%。这个承诺可能意味着公司将获得数千万美元的投资。

魏斯曼演讲实例 ·········

世界领先的网络存储解决方案供应商 Network Appliance 的 B 点设计

Network Appliance（现在已经更名为 NetApp）是一家数据管理公司。在

---

① 还有第四种状态，即观众迫切想听听你要说什么，然后被打动并给出报价。但只有我们的妈妈们才会这么做。

公司进行 IPO 路演时，首席执行官丹·沃门霍芬（Dan Warmenhoven）一开场就说：

> （我们公司的）名字代表什么？什么叫设备（appliance）？烤面包机就是一种设备。烤面包机只做一件事，但它的确把这件事做到位了，那就是烤面包。
>
> 网络上的数据管理相当复杂。截至目前，我们一直使用多功能的设备来管理数据，这些设备负责很多工作，但在有些方面表现不佳。我们公司生产的设备就如同烤面包机，只负责一件事，而且要把这件事做到位。这个设备专门用来管理网络上的数据，我们称该设备为"文件服务器"（File Server）。

如果沃门霍芬的开场白仅到此为止，作为投资者的观众也已经能够了解该公司的业务了。但他继续补充：

> 网络上的数据正爆炸式增长，而我们的文件服务器致力于成为这种增长中至关重要的一部分。Network Appliance 也致力于借此发展壮大。我们力邀大家加入我们，共同发展。

沃门霍芬用最后一句话号召大家采取行动。请注意，他并没有直接邀请投资人购买股票，因为那种做法略显冒昧：毕竟这些投资人的工作就是购买股票，他们的头衔通常也带有"投资"二字。

沃门霍芬邀请他们加入 Network Appliance，共同去一个蓬勃发展的市场里乘风破浪。他正是这样引领他的观众们从 A 点进入 B 点的。

B 点是每场演讲的结束时刻，**也是演讲者号召大家采取行动的时候。**在接下来的章节里，读者们将会看到，我们如何以最终目的为起点设计自身的故事。在有了清晰的目的地后再出发，我们将能更加轻松地规划旅程。这一理念由来已久，亚里士多德称它为目的论：即在研究事物时首先要考虑其目的。

当今的许多商业顾问也在倡导目的论。在史蒂芬·柯维（Stephen R. Covey）所著的《高效能人士的七个习惯》（*The Seven Habits of Highly Effective People*）一书中，第二个习惯就是："以终为始"。这句话就是亚里士多德目的论的现代版。

现在鲜有高管会去研究亚里士多德，但柯维的书却被数百万人传阅。不管怎样，以终为始这个重要理念值得大家好好思考和运用。大家可以利用这一理念解答演讲者应该如何思考自己的故事这一问题。正因如此，目标不明确才成了五宗罪中的第一宗罪。

如果你是销售人员，希望顾客下单购买产品或服务，那就直接请他们下单。如果你是公司经理，希望团队成员支持自己的新计划，那么请准确地告诉他们你希望他们怎么做。如果你是一位有雄心壮志的员工，希望经理提拔自己，那么请直接提出要求。如果你是古希腊的雄辩家德摩斯梯尼，希望召集自己在雅典的追随者反抗马其顿人的入侵，那么就呼吁大家："走，我们去发起进攻！"

古话说得好："懦夫难得美人心。"想要观众响应自己的号召采取行动，**演讲者就必须给他们充足的理由，而且这个理由必须从观众的角度出发。**在下一章里，我们将学习如何打动观众。

TIPS

魏斯曼
完美演讲

警惕演讲的"五宗罪"

1. 确立明确的观点、目的或意图。

2. 讲述对观众而言有价值的内容。

3. 搭建明晰的结构或脉络。

4. 不使用过于专业的术语。

5. 切忌把演讲时间拖得太长。

PRESENTING
TO WIN

THE ART OF TELLING
YOUR STORY AND
DESIGNING YOUR SLIDES

第 2 章

"维惠" 的力量

玛丽莲·艾夫，我已对你袒露心扉，毫无保留。

爱你的韦斯

——卡伦·休斯，《白宫生涯》

卡伦·休斯（Karen Hughes）曾担任小布什的公关顾问，目前在跨国公关公司博雅公共关系公司（Burson-Marsteller）担任全球董事会副主席。她在看到任何信息时都会习惯性地从专业角度加以评估。她在自传中回忆，某次在沙滩散步时看到一架小型直升机拖着一条横幅在天空中盘旋，横幅上是一句可怜兮兮的表白："玛丽莲·艾夫（Marilyn Ive），我已对你袒露心扉，毫无保留——爱你的韦斯"。她对该横幅评价道：

> 我很想给韦斯一点儿建议：这条横幅显然是为了打动艾夫，可是他在横幅中只提到了自己：他做了什么事情，以及自己有什么样的感受。横幅中的那句话本该以艾夫为主角。

休斯给韦斯的建议可谓一针见血。很显然，韦斯犯了在处理人际关系时常见的一宗罪，即："这一切都是为了你！"韦斯的故事让我想起了另一段轶事。某位歌剧演员表演结束后在化妆室遇到了她的歌迷。这位演员不停讲述自己的唱腔多么美妙、舞台表演多么生动、姿态多么优美、服装多么艳丽。在滔滔不绝地说了半小时后，这位演员终于问歌迷："好了，我讲了这么多，请问您怎么评价我的表演？"

休斯建议韦斯在表达时将重点放在观众身上，这一建议也同样适用于销售人员。销售经理会不断提醒自己手下的销售人员：推销时重点不在产品的功能，而在顾客能从产品中获得哪些便利。对演讲者来说，他们在对观众长篇大论时，也需要不断强调"如果诸位听到或看到任何感兴趣的内容，请直接打断我"。

休斯在新闻界的同事们同样赞成在表达时要将重点放在观众身上这一观点。记者们会尽量避免使用"我"这个字。当必须阐述某段新闻的细节时，他们作为唯一的观察者，会自称"记者"，而不是"我"。

引发观众共鸣

在号召观众采取行动时，也就是演讲到达 B 点的时候，为了能争取到观众的积极响应，演讲者必须为他们提供一个从观众角度出发的理由，而不能从演讲者的角度出发来号召观众。

这个理念遵循了"观众共鸣"（Audience Advocacy）的原则：**演讲者在阐述产品、服务或计划所带来的利益时，除了关注自身的利益，还必须强调观众的利益。**演讲者必须对观众做充分的了解，清楚观众的需求、欲望、担忧、恐惧和关注点。演讲者要研究观众是哪些人、了解哪些信息。演讲者可以向同事请教，甚至可以请同事扮演观众，帮助自己排练。

在培训课程上指导客户时，我会扮演观众的角色。观众可能是潜在的投资人，可能是潜在的顾客，也可能是潜在的合伙人。在准备培训资料时，我也会考虑客户的观点。大家在准备演讲时也必须这样做，请站在观众的角度来思考。

观众共鸣的理念源于亚里士多德曾使用的"pathos"一词，这个词在希腊语中意为"情感"：

当演讲能调动观众的情感时，观众被说服便是水到渠成的事。

大家要理解何为观众共鸣，最佳的方式就是区分清楚"特色"和"利益"。特色是指演讲者本人、演讲者所在的公司、演讲者销售的产品或服务及其所倡导的理念等事实情况。利益则是这些事实情况给观众带来的帮助。还记得吗？在演讲的五宗罪中，第二宗罪就是故事内容对观众而言毫无价值或毫无意义。

在面对潜在投资人演讲时，首席执行官可能会针对公司主打产品的特色侃侃而谈，并在最后总结："这个产品就像是个更出色的'捕鼠器'，吸引顾客自是'手到擒来'。"但相比于这个"捕鼠器"的质量，投资人更关心市场规模。首席执行官必须抛开"捕鼠器"的特色，阐述投资人能获得的利益："全世界的公司都在争先恐后地与我们合作。"**想要说服他人，我们就必须把对特色的描述转化为对利益的描述。**

"你能从中得到什么"

为了将对特色的描述转化为对观众利益的描述，我们要思考一个修辞学上的问题："你（观众）能从中得到什么？"大家常常会听到他人提出疑问："我能从中得到什么？"如果将这句话稍加改变，把主语变为"你"，这句话就成了"你能从中得到什么？""你"会是获益的一方。这样，演讲者思考的角度就从"我"（演讲者）变成"你"（观众）了。

如果我们在网络上搜索"有说服力的词语"，会出现数百万条搜索结果，其中很多都与耶鲁大学的一份研究有关。该研究列举了英语中最具说服力的12个词语，其中"you"（你）位居榜首。这份研究从未得到耶鲁大学的证实，但就如同互联网上的其他都市传说一样，这份研究也已经有了很大的影响力。

"你能从中得到什么？"这句话的英文可以缩写为 WIIFY®。我们可以将这个词简称为"维惠"。

重视观众的利益

在培训课程上，当我听到演讲者在演讲中未能明确介绍观众将获得的利益时，我就会打断他们，请他们用下面这句话作为演讲的开场白：

> 这一点对大家来说非常重要，因为……

这句话后面的内容就应该是对维惠的介绍。有时，我会要求演讲者采用以下问句开场，进行自问自答：

> 这对你们来说意味着什么呢？

问出这句话后，演讲者再从维惠的角度来回答自己提出的问题，又或者这样自问自答：

> 为什么我要对大家讲述这些内容呢？

接着，演讲者再从维惠的角度来回答这个问题。他们也可以这样自问自答：

大家为什么要关心这些内容呢？

演讲者只要列举维惠就能回答这个问题。有时候，在多次打断演讲者后，我会简单地问一句：

所以呢？

不管是在哪种情况下，我的提醒都能让大家从维惠的角度来展开演讲，但往往也会得到演讲者心照不宣的一笑。

当首席执行官在面对潜在投资人进行 IPO 路演时，他们可以从以下角度来阐述维惠：

我们的运营效率可以创造可观的利润。

公司猎头在向他们心仪的年轻应聘者发出工作邀请时，可以从这个角度来说明维惠：

本公司可以提供丰厚的薪酬、多样的挑战以及诸多晋升机会。

市场营销咨询公司的合伙人在向潜在客户介绍新的商业提案时，可以采用以下方式来介绍维惠，通过具体阐述自己的专业技术以及这些技术能够给潜在客户带来的利益来对方打动：

我们的专业技术能帮助贵公司推行促销计划、提升市场份额。

阐述观众的利益

Brooktree 面向电子产品制造商生产和销售定制集成电路。在吉姆·比克斯比（Jim Bixby）担任首席执行官期间，他曾邀请我协助筹备公司的 IPO 路演。在一次排练中，我负责扮演富达投资（Fidelity）的资金经理。在演讲过程中，比克斯比在介绍产品时举起一本装订好的又大又厚的手册，看着我说："这是我们的产品目录。行业内能生产出这么多定制集成电路产品的公司仅我们一家。"

比克斯比放下产品目录手册，准备继续对下一项内容进行介绍。这时，我举起手，提出了一个与维惠相关的问题："我为什么要在乎贵公司产品目录手册的薄厚呢？"

比克斯比笑着再次举起那本产品目录手册，回答："正是因为有这么丰富的产品，我们才能保证自己的收益不受任何产品周期性变化的影响。"厚厚的产品目录手册能带来众多好处，而第一个好处就是针对顾客的。顾客想要多样的选择，投资人想要投资有所保障。"保证我们的收益"就是投资人能获得的好处。**演讲者要面对不同的观众有针对性地去解释维惠。**

魏斯曼演讲实例 ————————

Class V 集团和思可信公司对维惠的运用

没有人比莉丝·拜尔（Lise Buyer）更了解投资人想要什么。她和合伙人莱斯莉·弗朗（Leslie Pfrang）是 Class V 集团（Class V Group.）的负责人，两人曾在德意志银行（Deutsche Bank）、普信集团（T. Rowe Price）、瑞士信贷集团（Credit Suisse）和谷歌等大型公司从事机构投资、金融投资、风险投资、IPO 项目管理、证券法和会计等相关工作，她们的事业都相当成功。两人后来决定强强联手，创立自己的公司。Class V 集团在成立之初只服务于 IPO 市场，这家公司主要就如何应对复杂的上市流程提供咨询服务，他们的服务包括指导公司如何聘请合适的银行家、如何填写 S-1 文件以及如何带着合适的故事在合适的时间与合适的投资人会面等。其中，"合适的故事"正是我们讨论的主题。我曾有幸同拜尔和弗朗合作，协助其他公司实现从向顾客推销到向投资人推销的转变。

拜尔和我曾在硅谷同某家科技软件公司的首席执行官和首席财务官一起筹划公司的 IPO 路演。同此前打断比克斯比一样，我又多次打断该公司的首席执行官，请他针对公司潜在的投资人观众阐述维惠。拜尔对这种情况已经习以为常，该公司首席执行官几乎没有犹豫，马上就表示公司可以为所有投资人带来两个基本维惠，即高投资回报率（ROI）和低风险。这就是经典的风险回报比。用更直白的话来说，它能减少投资人的恐惧并满足他们的贪婪。在阐述维惠时，演讲者必须缓解观众对风险的恐惧，并提高观众获得回报的潜在概率。

我接着问该公司的团队，他们是否能列举更多对投资者的维惠。公司的首席财务官说："协同作用！"他接着解释道："投资者通常会同时投资多家公司并持有相关股份。其投资对象中的一部分可能会是我们的顾客或合伙人。我们的成功可以助力他们投资的其他公司获得成功。"

"超级棒的维惠，"我说，"还有吗？"

其他维惠开始争先恐后地从首席执行官和首席财务官两人嘴里蹦出来："不断增长的大型市场、高利润率、低运营成本、循环收益……"

"这些都太棒了，"我说，"但它们本质上都是风险回报比的不同说法。还有其他维惠吗？"

那两位高管已经才思枯竭，但他们依然绞尽脑汁默默地思考。拜尔不能再坐视不管了。她的脸上露出了狡黠的笑容："如果那些投资人是早年的产品或公司推销者，他们会在乡村酒店里，边喝着高档的黑皮诺酒边讨论这些内容。"乡村酒店是硅谷一家人气很旺的酒吧，风投家和投行经理们常常聚集于此。拜尔认为讲述维惠是演讲者"吹嘘的权利"。不可否认，这可以带来令人感到罪恶的快感。

我也曾对时任思可信公司（MobileIron）首席执行官的鲍勃·廷克（Bob Tinker）讲述过 Brooktree 的故事。思可信公司是一家市值增速可观的初创公司，为手机提供安全和管理服务。我曾与这家公司合作筹划 IPO 路演。廷克多年前白手起家，一步一步打造了自己的公司。在公司的发展过程中，他曾无数次向顾客推销他们能够获得的好处，以及思可信公司所提供的移动性管理设备的重要性。在之后与我进行的数次讨论中，廷克意识到自己很早就已经懂得要针对顾客阐述维惠。但和大多数创始人的情况一样，这几乎是一种下意识的行为。

现在，廷克已经接受维惠的理念，准备好迎接正式的 IPO 路演了。路演针对的是公共市场中的投资者。他意识到自己必须针对新的观众有意识地去思考维惠。"维惠这个理念帮助我树立了新的思维方式。"他说，"现在，当我在台上演讲时，我的部分灵魂就坐在台下当观众，我的灵魂会不断对我所说的内容和我的表现进行评估。我会不断问自己，这些内容对观众有用吗？这些内容足以影响他们吗？这些内容对他们来说值得花时间去听吗？"

对廷克来说，维惠这个理念的价值并不只体现在路演上。在思可信公司上市多年之后，廷克应邀参加斯坦福大学知名的创业思想领袖研讨会并做演讲。廷克袒露内心说："事实证明，我在准备研讨会时，要比我筹备路演时更紧张。我过去习惯于讨论我们的市场、我们的业务和我们的产品。但这次，我要介绍我的个人发展历程和经验教训。这些内容更多涉及我自身。我的演讲要如何做到生动有趣呢？如何显得不是在说教呢？这些问题都让我很纠结。"

廷克表示，在准备创业思想领袖研讨会的演讲时，维惠方法让他取得了突破。他逐渐明白，在 10 年前，他自己就是那个坐在观众席上的年轻创业者。"意识到这一点后，我对如何阐述维惠有了一定的思路。"廷克回忆说，"在第一次创业时，大家的内心其实都非常惶恐，因为我们不清楚自己还有哪些东西不知道。我还记得自己当初的感受。如果还能回到第一次担任首席执行官的时候，我会对自己说些什么呢？"廷克对维惠的这番思考后来成了他的演讲主题"给自己的信：5件重要的事"（见图2-1）。廷克接着说："寻找维惠的方法不仅仅促使我去思考观众的利益，还让整个演讲都具备了深刻的意义。寻找维惠是演讲的根本，它就像是一个过滤器，只留下对观众有用的内容。它让演讲变得更具亲和力。"（见图2-2）

图 2-1　廷克在斯坦福大学创业思想领袖研讨会上的演讲 PPT1

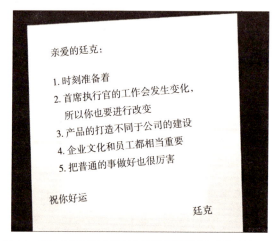

图 2-2　廷克在斯坦福大学创业思想领袖研讨会上的演讲 PPT2

廷克给自己写信的行为类似于美国总统进行就职演说时的传统做法，即在总统就职日上给即将上任的自己写一封信。廷克只是将这种做法搬到了商界。

廷克从维惠的角度去思考和设计自己的演讲，这让学生观众受益匪浅，他自己同样也从中获益颇多。他将演讲内容扩充后撰写了两本畅销书，分别是《向远而生：如何创业》（*Survival to Thrival: Building the Enterprise Startup*）和《主动改变，还是被迫改变》（*Change or Be Changed*）。

任何年龄的人都可以使用维惠法。

14岁的凯德·柯林斯（Cade Collins）来自美国田纳西州的马里维尔市。亲戚想送他一只黑色的拉布拉多犬，他满心欢喜，但同时也知道爸爸妈妈不会同意他接受。凯德决定借助 PPT 做一场演讲，努力说服父母。《纽约时报》的一篇专题文章报道了孩子们面向父母的演讲，凯德的演讲就在其中。他在演讲中充分地展示了他独特的文字能力和对维惠法的出色使用：

> 妈妈，我曾听您说过："我们可以养狗，但搬家的压力太大了。"我有个答案可以让您参考。研究表明，人在养宠物狗时，身体会释放出"让人愉悦"的激素，例如血清素、催乳素和催产素，这些激素都可以缓解人的压力。

文章结尾处写道：

> 柯林斯夫妇是怎么回答的呢？你们觉得呢？

不管观众是父母、学生、投资人、顾客、合作伙伴还是经理人，演讲者都应该站在观众的角度，像观众一样思考，然后阐述观众的维惠。

大家可能和我的众多客户一样会有疑问："难道演讲中所展现的好处不是很明显吗？观众自己不能理解和领悟吗？"是的，观众可能会自己去理解和领悟,但演讲者为什么要冒这个风险呢？为观众将演讲中的要点串联起来，给观众从 A 点到 B 点的理由，这就是亚里士多德所说的"情感"，也正是观众被说服的关键。

老话说："钱越多越好，人越瘦越美。"我把这句话改成了："维惠越多越好。"

"你"是谁

我们培训项目的一位参与者（暂且叫他马克）在某公司担任首席执行官。该公司生产制造牙髓手术设备。马克曾经任职于另一家牙科设备公司，是公司的顶级销售员。在就任新公司的首席执行官后，马克筹划带领公司上市。我像往常一样，安排了一次 IPO 路演的排练来对马克进行指导，并在排练中假扮富达资本中一位重要的基金经理。

马克清晰地阐述了其公司的优势，着重强调了产品的高质量。为此，他举例介绍了公司最新款牙髓手术设备的特色。马克举起一台真实的设备，看着我说："有了这台设备，你可以提升根管治疗的质量，让治疗的速度更快，让病人的痛苦更少。"

我举手打断马克："我不要做根管治疗。"

"嗯……"他笑了笑，想了一下，然后再次拿起设备说："我国有成千上万名牙髓病专家，全球还有更多这一领域的专家，他们都希望能够更好地开展根管治疗。为此，他们将从本公司购买这台优质的设备。"马克弄清楚了"你"（观众）究竟是谁。

一家生命科学公司硅基量子公司（Quantum-Si）的首席执行官也在演讲前清楚地了解了他们的观众是谁。这家公司为客户提供用于数字诊断的二代蛋白质测序技术，他们的初代产品主要销售给全球数万家商业诊断实验室。在 IPO 路演过程中，公司首席执行官约翰·斯塔克（John Stark）向大家介绍了其新产品阿托（Atto）。阿托是一款家用产品，目标客户是全球数十亿的消费者。如果演讲者明白"你"（观众）是谁，那么其公司客户量就会倍增。

奈飞现在是知名的内容平台和制作公司。其创始人、首席执行官里德·哈斯廷斯（Reed Hastings）在 2002 年春季带领公司上市。我在 1996 年曾经与哈斯廷斯有过合作，当时他是 Pure Atria Software 的负责人。在奈飞计划上市时，哈斯廷斯将公司路演的演讲稿通过邮件发送给我，他用讲稿最前面的几张 PPT 介绍了公司最初的业务。公司最初只提供 DVD 在线订阅服务（见图 2-3）。

图 2-3　奈飞 IPO 路演 PPT

哈斯廷斯在参加我们的培训课程时，我同往常一样扮演奈飞招股大会的潜在投资人。

我说："哈斯廷斯，你的演讲让我迫不及待想订阅服务，成为奈飞的忠实用户。但你今天的目的不是让我成为公司用户，因为我可以自己在线注册。今天，请把我当作投资人。"

哈斯廷斯笑着回答："请问您有什么建议呢？"

"我觉得可以将'你'（观众）量化。"我对哈斯廷斯的 PPT 进行了修改（见图 2-4）。

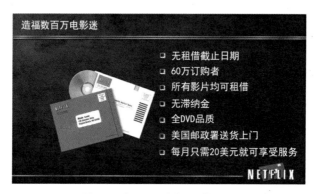

图 2-4　奈飞 IPO 路演 PPT 修改版

PPT 的侧重点立刻就从奈飞对消费者有吸引力的产品变为了对投资人有吸引力的市场机会。

哈斯廷斯开心地笑着说："改为数千万电影迷，这样可以吗？"

"太棒了，"我附和道，"你觉得改成'单单美国市场就有数千万电影迷'怎么样？"

哈斯廷斯接受了这个修改建议，依据建议对演讲稿进行了完善，然后出发前去路演。一个月后，奈飞上市，该公司共发行 550 万股股票，但收到了 5 000 万股的认购申请，认购量达到发行量的 10 倍。奈飞现在不只提供 DVD，已经发展成为一家电影和电视剧的大型制作商和发行商。

充分发挥"你"字的力量

不管是进行重大的 IPO 路演，还是撰写普通的电子邮件，"你"字都能发挥重要的作用。无论是撰写书稿，起草文章，还是编辑微博、电子邮件和短信，我都会运用"你"字原则。

在发送任何用于沟通的文字之前，我都会对文稿进行检查，看看是否还有哪些地方可以再多补充几个"你"字。例如，在与业务部门的人见面后，我会给他写一封跟进邮件：

非常高兴能在会议上碰面，也期待未来可以携手共事。

在运用"你"字原则后，这封邮件就会改头换面：

非常高兴能在会议上与你碰面，期待未来可以与你携手共事。

大家可以尝试一下"你"字原则。**在起草演讲、博客、备忘录、报告、文件或电子邮件时，"你"字原则可以拉近演讲者的文字与读者之间的距离，增强文字的效果。**大家有没有注意到，单单在本章中，"你"字就出现了 70 余次。

TIPS

魏斯曼
完美演讲

重视维惠的力量

1. 把对产品特色的描述转化为对观众利益的描述。
2. 面对不同观众有针对性地解释维惠。
3. 活用"你"字原则,增强文字效果,拉近与观众的距离。

PRESENTING
TO WIN

THE ART OF TELLING
YOUR STORY AND
DESIGNING YOUR SLIDES

第 3 章
头脑风暴发掘无限可能

> 我发现，在等到有完整明晰的想法后，再去将它们付诸实践，是种错误且危险的做法……只有在想法模糊不明时，我才更容易摸索着找到自己所需的资源……这个过程就如同孩子在母亲的子宫里慢慢长大，始终是处于一片黑暗中的。
>
> ——费德里科·费里尼

费德里科·费里尼（Federico Fellini）是位有着传奇色彩的意大利电影导演，《甜蜜的生活》（*La Dolce Vita*）、《八部半》（*8½*）和《罗马，不设防的城市》（*Roma*）等经典影片都是他导演的作品。他描绘的电影创作过程与演讲创作过程截然相反。

商业人士常常要承担庞大的工作量，同时背负着最终期限带来的巨大压力。他们默认一种传统做法，即让公司营销部门去模仿和参考其他公司的 PPT，或将 PPT 交由第三方设计。他们在使用时只需将这些 PPT 的顺序稍加调整。

而结果就是，他们每次做演讲本质上都只是在重复展示相同的 PPT。观众听不到与 PPT 内容相关的故事，难以跟上演讲者的思路，就必定会打断演讲者，甚至干脆不再听下去。这是一种沟通失败，根源就在于演讲者使用的演示流程有悖于人类思考的自然过程。

在本书的前几版中，我称这些人类思考的自然过程为左右脑思维过程。但在撰写本书之前，我拜读了一本颇具深度的新书。这本书采用了不同的术语来深入分析这一自然过程。我将这些新术语也糅合到自己的故事创作技巧中，以帮助读者更高效地创作自己的故事。

快思考与慢思考

2011 年，诺贝尔奖得主丹尼尔·卡尼曼（Daniel Kahneman）[①] 出版了畅销书《思考，快与慢》（*Thinking, Fast and Slow*）。他在书中生动地阐述了人类大脑是如何分为两个阶段开展工作的，而且这两个阶段存在本质的不同。让我简要地总结一下卡尼曼教授的观点，他的观点也与我的方法论息息相关。

快思考是指人类大脑在面对新任务时自然而然做出的反应。这个反应会让人思绪纷飞、想法如潮。而**慢思考**则是仔细分析和推敲的过程。人在进行慢思考时会想："我首先要做这件事，然后再做那件事。"这是在对每项工作进行排序。

快思考与大脑右半球的功能密切相关。右脑控制着直觉反应，进行的是非线性思考，会根据先入为主的概念、偏见和天马行空的联想等随机生成各种想法。慢思考则与大脑左半球控制的线性思维有关，是一种分析型的思考。左脑负责控制大脑的逻辑思维，例如结构、形式、顺序、等级和次序等。

即兴喜剧就是一种典型的快思考形式。已故喜剧家、演员罗宾·威廉姆斯（Robin Williams）在这个方面堪称大师。某评论家这样评论他的表演：

> 这是一种随性而为的联想过程，这个过程非常有趣，可以让思维无拘无束地随意跳跃……自由进行联想。这种直觉上的思维跳跃可以让观众目瞪口呆。作家将威廉姆斯的喜剧比作一场全方位的感

---

① 丹尼尔·卡尼曼是诺贝尔经济学奖得主、行为经济学之父。其经典著作《噪声》通过系统研究，用两个公式揭开了"判断出错"的本质。该书的中文简体字版已由湛庐引进并策划，由浙江教育出版社在 2021 年出版。——编者注

官风暴、一场即兴演奏的爵士乐或一组跃动的计算机程序。不过，相比于他思维的跳跃程度，计算机程序会显得太过笨拙。

威廉姆斯天赋异禀，浑身散发出让人折服的幽默感。其实，所有人的大脑都可以进行同样直觉性的、抽象的思维跳跃。

快思考的随机性

为了能证实快思考的随机性，让我们来做一个小练习。先在身边选择一个无生命的物体，比如一个咖啡杯、一支笔、一个水瓶或一盒纸巾（手机不是无生命的物体，不能作为备选）。然后不要说话，眼睛紧紧盯着你选择的物体，持续大概 15 到 20 秒。

你的脑海里浮现了些什么？很可能是一系列相互之间毫无关联的想法。多数参与者告诉我们，他们在脑海中浮想联翩，天马行空：从该物体的设计到功能，从购买地点到使用方法。他们的想法各种各样，甚至有时会与该物体毫不相关。

这就是随机思维。当我们收到任务要准备一次演讲时，我们就会在大脑中进行这种思考：

我有多长时间可以用来做准备？我要从哪些地方抽出时间来完成这项任务？我这一天正好要同一位新客户碰面，这一周还要交战略计划，可以从哪里获得最新数据支撑我的演讲？市场部是否能来帮我制作新 PPT？

于是，大多数演讲者为了赶工作，干脆把 PPT 直接"洗牌"，依据上述想法将 PPT 换一个新顺序后直接使用。但他们会忽视一点，即自己脑中随机冒出来的那些想法并没有特定的逻辑顺序，这样会导致他们最终做成的PPT没有明晰的故事思路。

口语和书面语之间的差别充分体现了快思考和慢思考的不同。人们在交谈中的遣词造句都是随性而为的，经常会出现逻辑跳跃的情况，也不会遵循语法或句法规则。在查阅采访或证词的转录文本记录时，我们会发现里面充斥着省略号和"嗯""呃""那个"等填充词。请注意，填充词的使用频率与说话人的教育、经验、智力或者表达能力等完全无关，使用填充词是大脑的自然反应，是快思考的表现。

先做快思考，后做慢思考

投行分析师个个能力超群。他们的工作要求他们必须成为特定行业的专家，能客观冷静地进行决策，毕竟他们的决策可能会导致一个公司数百万美元市值的波动。他们会投入许多时间来了解和熟悉某个行业和从业者的情况，连细枝末节也不放过。在参加上市公司的季度财报电话会议时，他们必须在这紧张时刻里抓住机会，随时把自己在会前收集的行业信息搬出来，向公司高管们提问。让我们来看看德国电信的子公司 T-Mobile 的一次季度财报电话会议。有位分析师在这次会议上提出疑问：

根据年中的息税折旧摊销前利润（EBITDA）推算，本年度利润的增长率预计可达到 4%，但 2019 年的增长率为 8%。这是因为公司在预测时比较保守，还是因为 T-Mobile 公司的总裁兼首席执行官迈克·西弗特（Mike Sievert）在电话会议上所提到的超级周期导致成本增加？如果真的是因为超级周期，请问它的具体影响是什么？在资本支出方面，网络资本支出似乎同比略有下滑。我们认为，如果不考虑其他方面的影响，你们需要逐步增加在小基站上的投入，并投资扩大容量。所以请问，您制定这些财务数字时是否没有考虑未来其他方面的影响？这些数字是否符合您的预期？谢谢！

在微软的季度财报电话会议上，一位分析师向首席执行官萨提亚·纳德拉（Satya Nadella）提出了下面这个问题：

纳德拉，我有个问题想请教你。你刚才精彩地介绍了公司如何成功扩大自身的产品组合。微软向市场推出了如此丰富的产品组合，帮助顾客安然度过危机，也帮助他们成功应对组织运营方式所面临的众多变革。能否请您详细介绍一下微软在其中发挥了多大的作用，以及这种作用对公司的创收有多大帮助？对客户的这种帮助现在有多少能真正地转变为营收，又有多少是为了长远的顾客关系建设而做的？你们继续这么做，是为了从长远上扩大产品的用户群，巩固公司与顾客的关系，期待这一做法在未来能带来回报吗？

人们在说话时大多都会信口漫谈，想到什么说什么。但有了转录软件和转录服务，终端用户就能通过评论功能对自己之前说的话进行补充解释，对语焉不详的词语加以标注，并将"嗯""呃"等填充词语删除。

相比之下，书面语则是由慢思考来管理的。人们在动手起草信函、备忘录或报告时，会预先充分考虑逻辑、语法和标点符号。在写作时，人们不会让自己的思维随意跳跃，而是按照观点顺序有条有理地进行写作，并且在整个过程中不断仔细修改和调整相关的语法和逻辑。

大家在写作时可能有过这种体验：身体僵硬地坐在电脑前，匆匆忙忙地用键盘敲出一封邮件、备忘录或信函，然后"修改"内容。但再回看自己刚才敲下来的文本时，你可能会发现自己漏掉了某个重要的词语、事实或想法，又或是把毫不相关的细节也写在了其中。

在采用慢思考的方式设计演讲时，我们会考虑演讲的逻辑、顺序和遣词造句或 PPT 的颜色、风格、字体和设计等。如果快思考的思维方式这时来"捣乱"，你的大脑里会不时冒出各种想法，整个思考过程就会变得杂乱无章。这时，我们就必须让快思考先完成它的工作，然后再运用慢思考整理思绪。

为了在思考过程中能有效分隔快思考和慢思考，我们首先要进行的是快思考。你可以使用下文的指南、练习和示例辅助进行快思考。只有当你已经"才思枯竭"时，再开始进行慢思考，才能运用好逻辑思维。因此，在创作的过程中，我们必须严格分离慢思考和快思考。

用建构框架明确基本信息

在设计演讲时，你是否同时还想着演讲当天的其他工作安排或者那一周要提交的战略计划呢？这些想法不时就会在大脑中冒出来，但它们与演讲并没有太大关系。

准备演讲的第一步就是要让自己精神集中，把所有心思都放在演讲上，心无旁骛。在明确自己的任务后，我们需要给自己的思想"画个框"。就像每种体育运动都会设定其竞技场的边界线一样，我们在起草自己的故事时，第一步也是要给思想设定边界。如果没有边界线，我们可能会把所有东西都塞到故事里，最后，故事就会变成乱糟糟的四不像。

所以，我们首先要像画家在空白的画布上画画时一样，给自己的故事设置一个"画框"。这样，我们就能拥有一块干干净净的空白画布。此后，我们可以先对演讲内容之外的因素进行定义，以便填充演讲稿的内容。框架的左边是我们希望通过演讲达到的目标，也就是 B 点（见图 3-1）。右边则是我们对目标观众的分析：他们是谁，他们已经了解了哪些信息，他们还需要了解哪些信息，最后一点是重中之重，他们能从演讲中获得哪些维惠。我们需要在 Suasive 建构框架中填写这些基本信息。

图 3-1　Suasive 建构框架

这些基本要素的定义必须清晰且具体。**每场演讲都必然是由特定类型的演讲者在特定的场合，针对特定的观众讲述特定的故事，来实现特定的目的。**

我的客户大多是一些希望能对初创公司进行融资推销的首席执行官。他们大都希望能向尽可能多的风投公司推介自己。这些风投公司的办公室光鲜亮丽，多数都集中在门洛帕克市沙丘路沿线。初创公司的首席执行官为了能达到自己的目的，要么在沙丘路的各家风投公司之间穿梭演讲，要么通过线上会议推销自己。

每次在进行演讲指导时，我都会先请参与者明确回答，他们具体想要针对哪家风投公司推销自己。而他们的答案无一例外，都是"所有风投公司"。对此，我会继续问道："你们打算向红杉资本进行演讲吗？"如果得到肯定的回答，我会追问："你们会把红杉资本作为第一轮的投资人吗？"

如果他们回答"是"，我会接着问："你们还打算向格雷洛克公司（Greylock）进行演讲吗？"在得到肯定回答后，我将进一步问："你们会把格雷洛克公司作为第一轮的投资人吗？"如果他们回答"不是"，我就会下结论："你们不能针对格雷洛克公司和红杉资本进行同样的演讲。"

上述结论是否意味着我们必须从头开始设计全新的演讲呢？答案是否定的。我们仍然可以使用原演讲中的大部分内容，但必须面对不同的观众有针对性地修改演讲内容。在根据我制作的流程精心设计了演讲之后，后续调整演讲稿所需的时间将会大大缩短。在商界的这 30 余年里，我根据这一流程设计演讲的第一稿时一般只需大约两小时。这套流程适用于解释最复杂的生物科技概念，也同样可用于讲述最简单的零售故事。等到设计第二稿时，该流程可以帮助大家将修改时间缩短到 15 分钟左右，此后修改演讲稿所需的时间会更短。

久而久之，大家就能够直接借鉴过去演讲中的部分内容，快速设计出其他演讲。**设计演讲的关键在于使用建构框架（Frame Form）来明确基本信息**。商界普遍认为，同一份演讲稿可以用于公司的各种推销活动，而建构框架打破了这个谬论。每份演讲必须针对特定观众，是独一无二的。

在了解了演讲的背景、明确了演讲的重点后，我们就可以开始设计具体内容了。这时候，就需要调用快思考来捕捉"泉涌般的才思"。头脑风暴由此开始。

用头脑风暴高效处理想法

头脑风暴是众多大学课程中的重要部分。北卡罗来纳大学教堂山分校（University of North Carolina at Chapel Hill）的写作中心称，头脑风暴是"自由写作"，他们建议学生在进行头脑风暴时要保持开放的心态：

允许自己一开始时思路混乱。

这种思路混乱的状态正是费里尼在介绍其创作过程时提到的"想法模糊不明"的状态。这种状态往往出现在创作开始时。北卡罗来纳大学的项目组建议，大家就是要在这种思路混乱的状态下开始进行头脑风暴：

就让你的思维随意地流动和发散，顺着自己的思路，想到什么就写什么，把想法都记录下来。不要去想自己写的内容质量如何，也不用担心风格或其他细节，例如语法或标点符号等。

下面让我们来看看如何在设计故事时使用头脑风暴的方法。在头脑风暴时，我们可以遵从北卡罗来纳大学的建议，从"想到什么就记录什么"开始。我们可以将各种想法记录在告示贴、便笺簿、白板或电子白板上，也可以记录在计算机上。市面上现在有多种多样的头脑风暴软件可供使用，建议大家选择其中一款来记录自己的想法。请大家不要使用文字处理器，因为文字处理器会将你输入的内容进行堆叠排列，这种处理方式与我们的目的相反。在哥伦比亚广播公司工作期间，我们没有电子白板，也没有告示贴。那个时候，我们会把想法写在 12.5cm×7.6cm 大小的索引卡上，然后用图钉把这些索引卡钉在软木板上。

如果从前人们在不使用图片的情况下只用文字记录想法，那么他们当时肯定也不能使用 PPT。人们开始考虑如何使用 PPT 时，就会提前分心去思考 PPT 的风格，比如颜色、大小和位置等，而不再考虑更加实质性的事项。这一步的目的是让大家充分进行快思考，让思绪随意流动。你只需把你的想法记录下来，这些想法必须全部客观地展现在大家前面。

演讲者进行头脑风暴就像艺术家在画布上画画。画家在下笔之前，会在调色板上涂抹各种颜料，以便选择。进行头脑风暴要遵循 5 大原则。

原则 1：不要把各种想法堆叠排列

很多人在进行头脑风暴时，喜欢将词语竖向堆叠排列在白板上，并使用一长串破折号作为项目符号。这个步骤看上去无伤大雅，可实际上大家在做这一步时会忍不住思考这些想法的先后顺序："应该按重要性进行升序排列，还是进行降序排列？"对想法进行堆叠排列属于慢思考阶段的工作，而慢思考会阻碍人在快思考时思绪的随意流动。

为了避免堆叠排列各种想法，请将一个想法记录在建构框架的左边或右边后，将下一个想法记录在建构框架另一边的空白区域。在培训课程上，当我看到有参与者将词语堆叠排列在一起时，我会请他们将想法分散记录在建构框架中。在参与者照做之后，大家的思绪就会开始自由流动，新想法通常也会变得层出不穷。

大家应该注意到了，建构框架是横向的，这也是我有意为之的。人们通常更喜欢大视野，原因很简单：我们的眼睛位于头部正面的两侧。好莱坞的电影制作人们早在 20 世纪 50 年代就发现了这个简单的道理，推出了宽银幕电影、全景电影和其他大画面的电影，替代了早期的盒状屏幕电影。

在头脑风暴时，使用竖向的建构框架会让人感觉自己像是在对想法进行堆叠排列，而采用横向的建构框架则有助于推动思绪的随意流动。

原则 2：不要把想法分级排列

演讲者在分级排列想法时会赋予想法一定的等级秩序。"首先是这一点，其次……"，"这一点应该放到前面"或者"这一点应该放在最后"，这些做法是在对想法进行线性排序，而线性排序属于慢思考。在人进行快思考时，各种想法是随机出现的，是非线性的。这些想法的出现方式会与慢思考发生冲突，人思绪的流动会因此受到阻碍。同时处理多个任务通常只会导致每项任务的完成质量都不尽如人意。

原则3：每个想法只需使用两到三个词语来描述

如果使用较长的句子记录想法，我们的大脑就会开始思考标点符号和语法等具体问题，而这些思考都属于慢思考。因此，我们可以只使用简单的词语来表示想法，用小圆圈把这些词圈起来，并将所有随机出现的想法记录在建构框架的中心位置（见图3-2）。

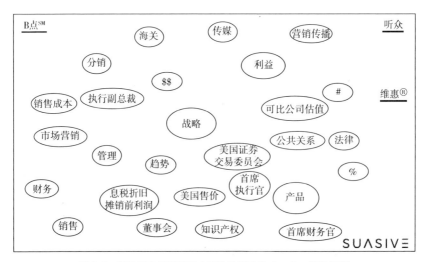

图3-2 记录了在头脑风暴中产生的想法的 Suasive 建构框架

原则4：不要纠结于措辞

如果在记录想法的过程中停下来思考措辞，思绪的自由流动就会被打断。因此，我们可以后续再对措辞稍加调整。当我们开始纠结是否要使用某个词语表示某一想法时，可以先列出两到三个近义词，然后继续提出新想法。我们的思绪必须始终保持流动。

原则 5：不要进行审视和判断

演讲者在头脑风暴中提出的想法没有好坏之分。就算某个想法听起来与主题毫不相干或微不足道，也请记录下来。我们会在后面再评估这些想法与主题的相关性。谁也不想在抛弃糟粕时把精华一起丢掉。但是，和堆叠排列或分级排列一样，当我们停下来对想法进行审视时，就需要进行逻辑分析，思绪的自由流动会被打断。在进行头脑风暴时，我们必须将所有想法都视为备选对象，而非入围对象。

不管是小说家、记者、编剧、职业撰稿人还是历史学家，大多数专业作家都会在写作前让自己的思绪随意流动。他们会先针对主题进行调研，并在思考后攒下大量记录灵感的笔记。在此之前，他们绝对不会写一个字。

约翰·麦克菲（John McPhee）曾斩获普利策大奖，著有 30 多本书，他目前在普林斯顿大学担任新闻学教授。他对写作的过程了如指掌。在《写作这门手艺》（*Draft No. 4*）一书中，麦克菲提到，自己曾花 8 个多月的时间为《纽约客》杂志撰写一篇文章：

> 我按照计划读完了所有书和科学论文，还读了一篇博士学位论文。我已经为这篇文章积攒了足够的素材，但我依然不知道要如何开始写作。

颇具讽刺意味的是，在进行战略规划、产品开发或问题解决方案的讨论时，商业人士都乐于进行自由的创造性思考。但在设计演讲以及撰写报告、演讲稿或备忘录时，他们却不愿意再使用同样的思考流程。商业人士的日常行为都是结果导向型的，他们需要以最快的速度实现目标。两点之间线段最短，为了追求这条最短的线段，他们会忽视大脑在快思考时爆发的各种想法。所以，请大家一定要通过头脑风暴来捕捉这些想法。

全景式视角

头脑风暴最大的优点在于它为演讲者打算讲述的故事提供了一个全景式的视角。想想看，我们在组装从宜家购买的新家具前，是否会把所有的零部件先在地上铺开？厨师在烹饪之前，是否会把所有的佐料和炊具都摆好？厨师不会希望自己在炒菜炒到一半时发现没有盐。在编写自己的故事前，我们要把所有的素材都摆出来，这样才能确保自己不会缺少必要的"佐料"。

魏斯曼演讲实例 ————————

Adobe 公司在产品发布演讲前的头脑风暴

我在硅谷工作时，罗森曾引荐我和知名的软件公司 Adobe 合作。该公司当时打算推出新产品 Acrobat，我有幸和公司的高管团队合作，共同筹划产品的发布演讲。高管团队中有公司创始人、董事长兼首席执行官约翰·沃诺克（John Warnock），也有联合创始人、合伙人兼总裁查克·格施克（Chuck Geschke）。

一如既往，我们从一块白板开始构思演讲。Adobe 公司当时的新总部位于山景城。我走到会议室里的一块大白板前，开始收集会议参与者给出的信息。大家在回答我的问题时，我会在白板上记录下他们的答案。

我们首先讨论确定了在 B 点需要达到的目标，接着分析定义了观众和维惠，随后就到了头脑风暴环节。团队成员不断大声表述他们的想法，我则在白板上快速记录：推广日程安排、分销计划、合作伙伴、市场、Acrobat的产品优点以及其他种种想法。不久，整个白板上布满了各种想法。

大家发言的速度开始减慢。这时，我在环顾了会议室的四周后说："请停一下，我们来看看白板上的所有想法。我们是否还需要补充一些内容？是否需要进行修改？或者是否要调整一些内容？"

大家沉默不语，思考了一阵。突然，会议室里响起了"啪"的一声。格施克用手拍了一下额头，不好意思地咧嘴笑着说："我们忘记说 Acrobat 的功能了。"

在属于快思考的头脑风暴完成后，我们就可以进入慢思考，对各种想法加以整理和组织了。多数结果导向型的商业人士会希望跳过快思考，直接从这一步开始。

用罗马石柱提炼核心想法

在快思考过程中被记录下来的想法都未经任何处理。**整理信息的第一步就是要分析这些想法，并寻找它们彼此之间的关联。**北卡罗来纳大学的写作项目也向大家展示了如何开展这一步工作：

在头脑风暴过后，我们可以开始对信息进行整理，创造秩序……我们可以将各个独立的词语按照关联性进行分组，绘制"地图"或"网络"。

面对大量看上去迥异的想法，我们需要寻找这些想法之间的关联。在建立关联之后，这些想法便会形成一个"蜘蛛网"。随着想法不断得到整合，它们会组成多个群组。对故事进行提炼要遵循 4 大原则。

提炼核心想法的 4 大原则

原则 1：选择质量较高的想法

在进行头脑风暴后，我们需要检查所有想法，选择其中质量较高的，判断观众是否必须了解这些内容。最终，和多数故事一样，我们的故事也只会采纳 2 到 6 个高质量想法。我们采纳的想法最多不能超过 6 个，如果超过 6 个，不管是对演讲者还是对观众来说，这个故事的难度都会超出大家的承受能力。让我们先选定一个高质量的想法，开始使用这套故事提炼流程。

原则 2：寻找与高质量想法相关的想法

在选定一个高质量的想法后，再继续寻找和它相关的其他想法。例如，如果我们最初选择的想法是"战略"，那么"我们想要实现什么样的目标？""我们打算如何实施这一目标？""目标将由谁来负责实施？"以及"我们打算从什么时候开始实施？"等内容都与"战略"存在一定关联（见图 3-3）。

关于相关想法，大家可以从已记录在建构框架的想法中挑选，也可以重新提出。

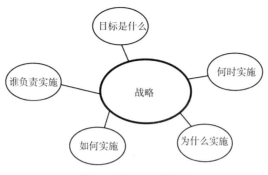

图 3-3　战略和相关想法

原则 3：从观众的角度出发提炼想法

在选择相关想法时，请从观众的角度加以考量。观众是否必须了解这一想法？我们是否只从演讲者角度进行了选择？

原则 4：选择有助于演讲到达 B 点或体现维惠的想法

高质量想法要有助于演讲到达 B 点，为观众提供维惠。在围绕高质量想法寻找相关想法时，可以在这些想法之间画上关联线（见图 3-4）。

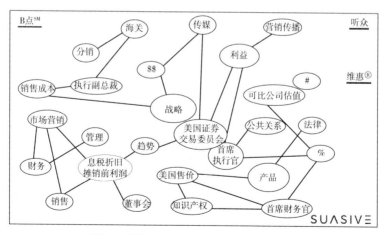

图 3-4　添加了关联线后的 Suasive 建构框架

这些关联线最初看上去像一张蜘蛛网，也像一碗意面。但在不断添加关联线之后，我们会发现这些想法围绕各主题分成了多个群组（见图 3-5）。分组归类后的图也被称为子母图、柱形图、主题图或罗马石柱图。

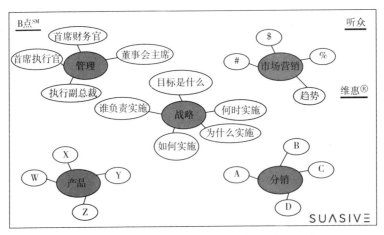

图 3-5　分组归类后的 Suasive 建构框架

罗马石柱：提炼要点

如果你现在去罗马参观古罗马广场的遗址，导游很可能会介绍罗马帝国在公元前 100 年左右的辉煌历史，也很可能会提到古罗马著名政治家、雄辩家马尔库斯·图利乌斯·西塞罗（Marcus Tullius Cicero）和他的同僚们。

这些雄辩家曾经在古罗马广场上滔滔不绝地演讲几个小时，并且不用借助任何稿子来提示自己，因为那时纸张还没有被发明出来。为了记住演讲内容，这些雄辩家就把古罗马广场的大理石柱子当作"提词器"。在发表精彩演说的过程中，他们会围着古罗马广场边走边讲，然后在某个大理石柱子旁停下来，就自己的演讲主题展开详细探讨。每个柱子都代表一组想法的要点，想法和要点之间可以是从属关系，也可以是存在关联的平行关系（见图 3-6）。

图 3-6　罗马石柱

现在，使用罗马石柱当提词器的方法已经演变成了流传甚广的"罗马房间法"（Roman Room Method）。当今有书籍、课程和视频会指导大家通过关联法将需要记忆的内容与物品挂钩，借此帮助记忆。

我不是让大家对自己的故事死记硬背。恰恰相反，我绝不提倡死记硬背。如果在演讲时采取死记硬背的方法，演讲者一旦漏掉某个词语，就会不由自主地紧张，导致卡壳。**演讲者可以用罗马石柱法提炼演讲要点，借助这些要点对自己的故事进行简化，厘清故事的结构和脉络。**

魏斯曼演讲实例

博览软件公司用罗马石柱法提炼演讲要点

Fullpower-AI 的创始人、首席执行官菲利普·卡恩（Philippe Kahn）是博览软件公司（Borland Software）的联合创始人，并在公司上市期间担任这一公司的首席执行官。在公司的第一次 IPO 路演筹备会议上，我们起草了一份演讲稿。散会后，菲利普审核了演讲稿并对内容进行了修改。当我们为了排练演讲再次碰面时，他在胳膊下夹着一个本子进来了。本子上完整记录了演讲的全部内容。他大声地把本子上的所有内容读了一遍，语调毫无变化。

我打断了他，请他用 4 个词语总结每段话，并将这 4 个词当作小标题，然后再试讲一遍。现在他手中只有简短的提示性标题，菲利普要时不时地重新组织自己要表述的概念，但他的思维相当敏捷，毕竟他是公司的创建人，他对自己的这段故事了然于心。

在这次试讲之后，我请他将这 4 个标题浓缩成一个词语，然后再试讲一遍。这一次，因为所有的概念都已经被提炼出来，所以他的演说变得更加流畅。

在第三次试讲时，我请卡恩将记有小标题的纸放到一边，再试一次。这一次虽然没有用任何物品来做提示，但他还是非常顺畅地讲述了整段故事。他的整个演讲激情洋溢，充满信念感。**对要点进行提炼能使演讲者的思路更清晰。**

自由联想，不容"跳过"

有时，我们可能会忍不住跳过整个头脑风暴的过程，直接进入分组归类的阶段。我们可能会想："为什么不直接从分组归类开始呢？我马上就可以列举出 4 到 5 个重要观点，这样就可以节约大量的时间了。"这是结果驱动的习惯在作祟，这种习惯促使我们在做事时直入主题。但人类大脑并不是按照这种方式开展工作的。我们不能跳过自由联想这个完全不受逻辑掌控的过程。

首先大家要无拘无束地表达自己的想法，不要在乎顺序和形式。我想借鉴美国陆军士兵在进行基础训练时常用的一句话：先提出想法，再整理想法。①

　　在准备演讲时，需要先考虑内容的重点，再考虑语言的连贯性。 在准备演讲的过程中可以照搬资料，但这一步不能留待演讲中再进行。在演讲前，我们可以先照搬资料，然后对资料加以提炼，组织自己的罗马石柱。之后，我们就可以把这些提炼过的资料按照一定顺序加以组织，让其具有严谨的结构和完整的意义。这是慢思考的最后一步，也是下一章的讨论要点。

魏斯曼
完美演讲

头脑风暴的 5 大原则

1. 不要把各种想法堆叠排列。
2. 不要把想法分级排列。
3. 每个想法只需使用两到三个词语来描述。
4. 不要纠结于措辞。
5. 不要进行审视和判断。

提炼想法的 4 大原则

1. 选择质量较高的想法。
2. 寻找与高质量想法相关的想法。
3. 从观众的角度出发提炼想法。
4. 选择有助于演讲到达 B 点或体现维惠的想法。

---

① 这句话的英文表达是"Splat and Polish"，改编自美国士兵常说的"Spit and Polish"一语。后者译为"极度注重外表和秩序"。——编者注

PRESENTING TO WIN

THE ART OF TELLING YOUR STORY AND DESIGNING YOUR SLIDES

第 4 章

组织贯穿始终的故事线

> 我们可以想写什么就写什么，但每个作品都必须有系统性的大纲……我们在下笔之前必须设计好蓝图。
>
> ——约翰·麦克菲，《写作这门手艺》

我们在前文中提到过的知名新闻学教授、普利策奖得主、作家约翰·麦克菲曾就读于普林斯顿高中，他当时的英语老师是奥利芙·麦基（Olive McKee）。麦克菲一直高度称赞麦基老师提出的关于文章结构的写作原则。这一原则有着悠久的历史，可以追溯到原始社会，甚至是神话传说时期。

阿里阿德涅（Ariadne）和忒修斯（Theseus）都是古希腊神话故事中的人物。传说在忒修斯自愿进入迷宫刺杀牛首人身怪时，暗恋他的阿里阿德涅偷偷给了他一团红线。忒修斯在进入迷宫后边走边放线团，以便他在杀死牛首人身怪后能顺着线团走出迷宫。现在，"红线"的含义演变成了让错综复杂的碎片变得井井有条的方法。在法国，红线被称为"le fil rouge"，在德国，则被叫作"der rote Faden"。但不管是在哪个国家，这个词语都表示将不同元素串联在一起的组织原则。

在文字出现以前，人们是靠口耳相传一代一代传递故事和传说的，所以表述的顺序至关重要。在非洲，负责传递故事的口述史学家被称为游唱艺人。他们善于系统地讲述故事，因而颇受世人尊重。哈罗德·舒博（Harold Scheub）来自威斯康星大学麦迪逊校区的非洲文化研究院，他是非洲口述文化领域的专家，曾在 YouTube 上发布视频，用英语讲述与非洲有关的故事。

在现代社会中，故事的讲述者也非常注重故事的系统性。在好莱坞，"连戏"（continuity）被称为"故事线"（Story Arc），即贯穿电影剧本始终的明晰故事情节线。为了让剧情能按照故事线发展，很多剧本会遵循一个公式。这个公式被悉德·菲尔德（Syd Field）在其颇具盛名的畅销书《电影剧本写作基础》（*Screenplay: The Foundations of Screenwriting*）中揭示出来。菲尔德在书中介绍了剧本的三幕式结构，这一结构的 3 个组成部分分别是基本设定、冲突过程和结局。

虚构小说的作者会参加以情节线索为主题的培训课程。这类课程会教授作者如何在故事中交代背景、推动情节发展、制造高潮冲突以及解决冲突和收尾。知名小说家库尔特·冯内古特（Kurt Vonnegut）自己设计了情节发展曲线，并且在短视频《故事的形式》（*The Shape of a Story*）中用幽默诙谐的语言对这一曲线进行了介绍。

在剧院中，剧作家也会使用三幕式结构进行创作，这三幕分别是基本设定、冲突过程和结局，最后一幕也被称为终场。

商人则讨厌所有和虚构小说或戏剧有关的东西。因此，我们很难强迫他们采用三幕式结构来设计演讲，或是在创作故事时遵循开端、发展、高潮和结局的顺序。此外，商人们始终遵循将别人做好的 PPT "洗牌"后继续使用的传统做法。按照这种做法，前后相邻的两张 PPT 或许会有一定的逻辑顺序，但演示文稿整体缺乏统一的结构。

还记得演讲的第三宗罪吗？第三宗罪是演讲没有明晰的结构或脉络。当观众无法紧跟演讲者的故事思路时，他们就不得不对演讲内容加以猜测。作为演讲者，我们肯定希望观众边听边思考我们正在讲述的内容，而不是停下来思忖"怎么讲到了这里？"因为观众在思考"怎么讲到了这里"时，他们会停止倾听。等到他们想明白演讲者的思路，再次集中精力倾听时，时间已经流逝，演讲者的故事已经往前推进了一大步，观众会再一次无法跟上故事的发展。**演讲者要给观众一条"红线"，牵引他们走出演讲内容的"迷宫"。**

做一场优秀的演讲如同进行一次高质量的按摩服务。一名出色的按摩师会将手时刻放在客人身上，绝不会因失误将手拿开。同样，出色的演讲者绝对不会让观众走神。他们会从一开始就牢牢抓住观众的思绪，引领他们在演讲中遨游，最后带领他们来到 B 点。在这个过程中，演讲者绝对不会让观众在某个时间点掉队。

在第 14 章中，我们将介绍如何设计 PPT 以更好地展现故事脉络。但在此之前，我们必须将头脑风暴阶段中产生的分散的想法加以组织，搭建起一个层层递进的结构，即故事线。

设计故事的两种方式

叙述顺序对观众而言非常重要，我们可以通过对书的分析来证明这一点。不管是阅读纸质书还是阅读电子书，读者就是作者的观众。读者有一项特权，那就是能随机翻阅作者书写的内容。在阅读纸质的书时，如果读者看到某个词语或引言似曾相识，却记不清含义或出处，他可以通过来回快速翻阅该书进行查找。在看电子书时，读者也可以用手指来回滑动，进行快速翻阅。

但演讲的观众做不到这一点。他们看不到整片森林，每次只能看到单独的树木。观众在听演讲者的故事时，采用的是线性的视角。演讲者可能精彩地展示了第一棵树，观众也被深深触动："这棵树太棒了，它枝繁叶茂、根基深厚。"但在演讲者接下来展示第二棵树时，如果他未能清楚地解释第二棵树与第一棵树之间的关联，那么观众就可能会停止倾听，转而开始在心里思忖："等等，第二棵树与第一棵树有什么关系？"或许过一会儿，观众厘清了两者之间的关系，又开始继续倾听。但这时，演讲者已经结束对第二棵树的讲述，开始展示第三棵树。最后，观众会由于遗漏的内容过多而跟不上演讲者的速度。所以，演讲者要将观众带到树顶的高度，让他们能从树顶上俯瞰整片森林。**演讲者要为观众提供一个路线图，这就是他们为自己的演讲设置的故事线。**我们可以通过两种推理方式来设计自己的故事线：

- **归纳逻辑：**从一系列单独的元素中推导出基本规律，这是从下至上的推导。
- **演绎逻辑：**从基本规律推及一系列单独的元素，这是从上至下的演绎。

用归纳逻辑串联罗马石柱

演讲中的单独元素就是我们从头脑风暴中提炼出来的罗马石柱。假设最多有 6 根罗马石柱，我们现在准备将它们按照逻辑顺序进行组织。为此，我们要运用逻辑推理方法。

请大家先看看我本人如何与客户一起进行逻辑推理。我们每次都会一如既往，先从 Suasive 建构框架着手。这次，我们使用电子白板来准备演讲任务。首先，我们在白板上写下 B 点、观众和他们的维惠（见图 4-1）。接下来，我们画了 6 个圆圈，这 6 个圆圈代表 6 个主要的群组，即罗马石柱。下一步，我们在每个圆圈的上方标注数字 1 到 6。如果故事中的罗马石柱或群组数量少于 6 个，那么只需在圆圈上方标注数字 1 到群组的总数量。

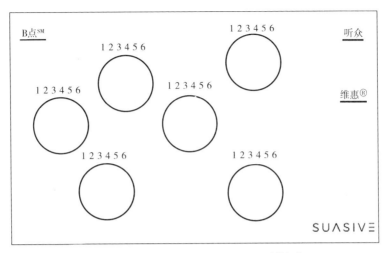

图 4-1　用逻辑推理的方法组织 Suasive 建构框架

让我们暂且称呼演讲者为布鲁斯。接下来，我请布鲁斯思考，他觉得应该把哪个圆圈作为演讲的第一个主题。在他做出选择后，我请他解释理由。然后，我开始扮演"恶人"，质问他为什么不能以另一个圆圈为主题开展演讲。在他解释了原因之后，我给那个被他否定的圆圈上方的数字 1 打了个叉。我们继续针对剩下的每个圆圈进行逻辑推理探讨，对不能放在演讲稿第一位的圆圈进行标注，用叉划掉这些圆圈上方的数字 1。在确定好最适合作为演讲开场的内容圆圈后，我在该圆圈上方的数字 1 处打了个钩，再把其他数字都划掉，用以明确该圆圈将会被摆在演讲稿的第一位。

接下来，我们继续这个流程，针对剩下的 5 个圆圈进行推理，直到将它们一一排序。此后，我请布鲁斯再次阐述自己的逻辑推理。这一次，他需要根据圆圈的排列顺序，用一个长句将所有圆圈的内容串联起来："我会从……着手开始，因为……；接下来，我会谈到……，因为……"**使用归纳逻辑就是要将一系列罗马石柱串联起来，从中找到整体的逻辑结构。**

英特尔公司采用归纳逻辑串联演讲故事线

我曾经指导过一位名叫布鲁斯·舒曼（Bruce Schuman）的演讲者。舒曼是跨国科技巨头英特尔企业与政府事业部数据中心集团（DCG）的首席执行官。在英特尔位于圣何塞的会议室里，舒曼走到钢化玻璃制的白板前，开始绘制自己的 Suasive 建构框架。

舒曼的 B 点是"全力投资，使英特尔在 AI 领域赢得领先地位"，他的观众是数据中心集团的员工。这些观众的维惠是"取得 AI 市场中的领先地位"和"让数据中心集团的特许经营权能面向未来"。我们接下来进行了头脑风暴，并对舒曼的想法加以提炼。他的想法只有 5 组，分别为："竞争情况"、"财务数据"、"顾客需求"、"英特尔的能力"以及"未来的计算模式"（见图 4-2）。

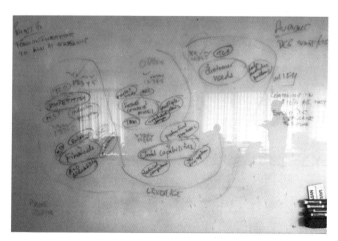

图 4-2　舒曼的建构框架

在舒曼对自己的想法进行分组归类时，我也走到白板前，用马克笔在每个罗马石柱外画了两个圆圈，让它们更加醒目。接下来，我在每个圆圈的上方标注了1到5这5个数字，并请舒曼思考他打算从哪个想法展开自己的演讲。舒曼回答说："未来的计算模式。"

"为什么呢？"我问道。

"因为我们这个市场的未来发展方向就是人工智能。我们的市场，乃至整个世界都希望能发展人工智能。"

"为什么不是'竞争情况'呢？"我问道，"英特尔一直是一个冲劲十足的竞争者。"

布鲁斯回答："是，我们一直如此，但我们也必须有更具前瞻性的关注点。"

我说："所以'竞争情况'不能放在第一个讲。"于是我给"竞争情况"这个圆圈上方的数字1打了个叉。接下来我又问道："那为什么不从'财务数字'开始呢？"

"那太激进了，"他回答说，"最好还是将'财务数据'放在最后，等我先向观众解释清楚成本后再讲'财务数据'。"

我又在"财务数据"上方的数字1处画了个叉，然后问道："那为什么不是'顾客需求'呢？英特尔不是一直极力强调要满足顾客的需求吗？"

"是的，顾客需求相当重要，"他附和说，"但如果从'未来的计算模式'展开演讲，'顾客需求'就属于第二个层次。我必须先描绘市场的未来走向，然后才能探讨要如何帮助顾客紧跟未来的发展趋势。"

于是，我又把"顾客需求"这个圆圈上的数字1划掉，接着问："那为什么不是'英特尔的能力'呢？"

"我们都清楚自身具备哪些能力，但在运用这些能力之前，我们必须明白为什么要运用它们。"

最后，我把"英特尔的能力"这个圆圈上的数字1划掉，又接着说："这样看来，'未来的计算模式'确实应该放在第一个来讲。"我在"未来的计算模式"这个圆圈上的数字1旁打了个钩，"既然如此，'未来的计算模式'肯定不会排在后面了。"我接着划掉了2到5："接下来，你打算探讨哪个小组呢？"

舒曼回答道："竞争情况。"

"为什么？"

"因为从'竞争情况'可以看出，我们必须有所行动。"

"为什么不是'顾客需求'呢？"

"'顾客需求'很重要，但'竞争情况'使我们正在做的事变得更为紧迫。"

我们针对剩余的每个群组继续进行逻辑推理，直到完成这5组排序。完成后，我请舒曼重复这5个群组的排序，并用一个长句将这5个群组串联在一起，以确认排序的合理性。

舒曼清了清喉咙说："我首先会从'未来的计算模式'谈起，因为我们必须制定长期战略；接下来，我会介绍'竞争情况'，让大家明白我们必须立马着手相关工作，抢占先机；此后，我会分析'顾客需求'，因为顾客需要在我们的帮助下迎接未来的计算模式；我把'英特尔的能力'放在第四位，我会在这一部分阐述我们现在的能力情况，以及我们需要培养哪些能力才能快速发展这项科技，并用它引领市场；最后，我会向观众展示我们进行这些工作和实现这些目标所需要的投入，也就是'财务数据'。"

"太棒了！"我说，"你已经有了演讲的初稿。"

PRESENTING TO WIN

用演绎逻辑复核演讲流程

请大家亲自动手尝试一下这个流程。大家在练习时，可以使用图4-1

中的空白的建构框架。

你可以先写下自己想要达到的 B 点，对观众简要介绍这一目标，并清楚阐述观众的维惠。接下来，在圆圈中写下主要的分组。下一步就是针对每个小组进行逻辑推理，以便对这些小组进行排序。

在完成排序后，我们要用一个长句将这些主要的分组串联起来，对自己的逻辑推理加以验证。具体做法请参见上文中舒曼的回答：

> 我首先会从……谈起，因为……；接下来，我会介绍……，因为……；此后，我会分析……，因为……

在舒曼讲完这个长句后，我走到白板旁，在白板纸上画了一个大方框，并写上了标题"罗马石柱"。接着，我在标题下方竖向列出他的分组（见图 4-3）。

图 4-3　以堆叠形式竖向排列的罗马石柱

请大家针对自己的故事按该流程进行这项工作。请用一张白纸，在罗马石柱的标题下将各想法群组列举出来，以堆叠形式竖向排列。这可以让你清楚看出这些群组的结构。在做这一步时请更换一张新的白纸。

我请舒曼重复了一遍他此前讲述的那个长句。这一次，他的表述变得更加流畅。

"这是第二稿！"我笑道。

舒曼也笑了。

这个组织长句的技巧是不是让你觉得眼熟？没错。在绪论中，我也曾指导卡内西亚健康公司的首席执行官鲍尔使用同样的技巧。这个技巧可以帮助大家在故事创作初期先分析和确定相关主题的先后顺序。这一步距离PPT 设计还早得很。

"但我们并不是到这一步就万事大吉了。"我提醒舒曼说，"我们刚刚采用归纳逻辑的方法，从下至上设计了流程。**我们还可以再使用演绎逻辑方法来进行复核，即从基本规律推及一系列单独元素。这种方法可以帮助你从上至下采取全面的视角审视演讲稿。**"我们将采用一套模板来进行这项工作。这套模板叫作叙事结构（Flow Structures），它可以帮助我们从全局的视角组织罗马石柱（见图 4-4）。

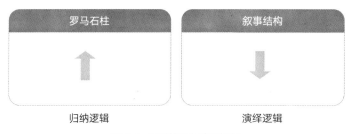

图 4-4　归纳逻辑与演绎逻辑

我继续说道："通过这两种逻辑分析，你可以对故事的逻辑顺序加以验证。"在第 5 章中，我们将会介绍 12 种叙事结构。[①]

[①]　本书的前几版的读者应该还记得，我在此前几版中列举了 16 种叙事结构，但我在这一版中对内容进行了调整，使行文更为顺畅。为此，我对这些叙事结构进行了重新设计，将它们合并成了 12 种。

本书第一版和第二版的读者会注意到，本章所介绍的归纳逻辑技巧是全新的内容。在前两版中，我只介绍了如何使用叙事结构来对"罗马石柱"进行排序。我在这一版中增加了逻辑推理这一步，是考虑到演讲的五宗罪中的第三宗罪：没有明晰的结构或脉络。人们会犯这个错误，是因为大家在制作演示文稿时遵循了传统的洗牌式做法，这使故事整体缺乏系统性的结构。在使用这两种逻辑推理后，我们可以对故事架构进行一再核查，确保其内在逻辑的运转如瑞士钟表一样不差分毫。

**魏斯曼
完美演讲**

设计故事线的两种方式

1. 运用归纳逻辑：将一系列罗马石柱串联起来，从中找到整体的逻辑结构。
2. 运用演绎逻辑：从基本规律推及一系列单独元素，复核演讲流程。

PRESENTING TO WIN

THE ART OF TELLING YOUR STORY AND DESIGNING YOUR SLIDES

第 5 章

找到合适的结构

你知道，我有许多特殊的知识，如果我把这些知识应用到案件上去，就能使问题迎刃而解。这些推理原则……对我的实际工作来说价值连城。

——柯南·道尔，《福尔摩斯探案全集之血字的研究》

在亚瑟·柯南·道尔的虚构小说中，喜欢戴猎鹿帽、叼樱桃木烟斗的著名侦探福尔摩斯擅长通过推理来侦破犯罪案件，他的刑侦能力让人感到不可思议。

道尔本身是一位物理学家，这让他可以赋予其小说的主人公出色的能力，使主人公能解析那些看上去毫无关联的线索，并从线索中发现罪犯的踪迹。

在我们使用演绎逻辑时，首先要确立一个总的前提，然后将那些看上去毫无关联的元素加以整理和组织，使它们变成统一的整体。**叙事结构是一种元素组织模板，能够将独立的罗马石柱组织整理成完整的故事。**

在上一章中，我们通过归纳逻辑的方法，将罗马石柱串联在一起。现在，我们可以通过演绎逻辑，对整个故事的结构加以验证。

让我们先来看看用演绎逻辑总结出的 12 种叙事结构，然后再通过简短的案例加深学习。在这个过程中，我们将看到英特尔的布鲁斯·舒曼做出了何种选择。

12 种叙事结构，组织完整的演讲

以下为基于演绎逻辑的 12 种叙事结构：

1. **问题 - 方案型**（Problem/Solution）：首先提出问题，然后介绍你个人、你的公司、产品或服务会如何解决这一问题。

2. **形式 - 功能型**（Form/Function）：首先介绍核心商业模式、商业运作方法、研发技术或秘方等核心概念，然后阐述从该核心概念向外延伸出的多种应用、功能或打造业务线的途径。

3. **机会 - 策略型**（Opportunity/Leverage）：介绍你面临的商机，以及你个人、你的公司、产品或服务会如何利用这一机会创造可观的收益。

4. **历时型**（Chronological）：按照时间轴或产品路线图来组织各群组的内容。例如，以昨天、今天和明天或过去、现在和未来为序。

5. **数字榜单型**（Numerical）：用具体的数字将一系列相关或分散的想法串联在一起，例如，前 10 榜单、5 大最爱榜单或 3 大最佳榜单。

6. **空间位置型**（Physical/Spatial）：按照物理位置或概念性的位置来组织各组想法，例如由上至下、由下至上、从内到外或从外到内。按照概念性的位置来组织想法是指采用隐喻或类比的方法，将主题放在一定的空间里加以组织。

7. **案例研究型**（Case Study）：逐步介绍你如何通过个人、公司、产品或服务解决特定的问题或满足特定客户的需求。在讲述时要涵盖公司业务和市场的方方面面。

8. **以退为进型**（Argument/Fallacy）：针对公司经营状况提出对公司不利的观点，然后分析和驳斥这些观点中的谬误。

9. **特色 - 利益型**（Features/Benefits）：列出产品或服务的主要特色，并介绍每种特色能带来的利益。

10. **比较-对比型（Compare/Contrast）**：列举自身产品和竞品共有的核心要素，再对比这些要素中的性能差异，由此证明自身产品的优越性。

11. **自问自答型（Rhetorical Questions）**：自己提出并回答观众针对公司业务可能会存在的疑问。

12. **平行结构型（Parallel Tracks）**：在一系列相关想法下，使用相同的结构深化每一个想法。

结构 1：问题-方案型

医药、医疗设备、基因研究和卫生保健等领域的生命科学公司在进行融资时通常会采用问题-方案型叙事结构。由于聆听他们融资演讲的观众并不是科学家，所以生命科学公司在演讲时会先提出某个众所周知的医学难题，然后介绍公司会如何使用自己独特的产品或服务来解决这一难题。

癌症是个难题，新药是一种解决方案；准确诊断是个难题，基因组学是一种解决方案；侵入式手术是个难题，腹腔镜检查或激光刀手术则是一种解决方案。

在信息技术领域，保障数据安全性是个大难题。从最小的家庭办公室到最大的跨国公司，许多企业遭遇过黑客、垃圾邮件、病毒或身份窃贼的攻击。科技公司会提供他们在硬件和软件方面的解决方案，帮助客户抵御这类攻击。

公司员工出差参加商业会议或演讲相当耗时，不但麻烦多，成本还颇为高昂。因此，参加线上会议则是种省时、省事又省钱的解决方法。

问题-方案型叙事结构是"学习"的代名词。学习的本质就是用技能去填补知识的空缺。我是一名演讲教练，同时也是一个作家。因此，不管是在撰写本书还是在设计培训项目时，我都会采用问题－方案型叙事结构。让我们再回想一下第 1 章的内容。在第 1 章中，我列举了演讲的五宗罪，并在之后的每个章节为大家提供避免这些错误的方法。

如果在演讲中考虑使用问题－方案型叙事结构，我们就必须注意对阐述问题和叙述解决方案这两部分内容的时间分配。

每个人都可能听说过或经历过癌症、侵入式手术、安全漏洞和飞机延误等问题带来的痛苦，所以我们无须过多解释这些问题。遗憾的是，很多演讲者在演讲过程中花费太多时间来介绍问题，对解决方案却轻描淡写。这样一来，观众就会感觉自己在冗长的俄罗斯悲剧小说中备受煎熬。

如何平衡提出问题与阐述解决方案这两部分内容的时间和比重呢？我们可以参考电影的故事结构。

在美国的西部电影中，表现问题（戴黑帽子的坏人、印第安人的攻击、龙卷风、森林大火等）的篇幅较长，几乎占了整部影片的全部时长。那是因为这种处理方式能制造悬念，让观众代入深陷危险的主人公的角色中。

这些内容能调动观众的情绪，将他们牢牢钉在影院的椅子上，让他们边看电影边大口嚼着爆米花、喝着饮料。相比之下，解决方案在电影中所占时间很短：当美国装甲兵出现，解救了男女主角后，电影就迎来了剧终。

如果你要在商业演讲中选择问题－方案型叙事结构，请合理安排提出问题和阐述解决方案这两者的时间和比重。请对问题点到即止，然后立即派出能解决问题的"装甲兵"，让你的演讲内容伴随着雄壮的进行曲雄赳赳气昂昂地全副武装"迈入会场"。

卡里乌斯等公司用问题－方案型结构组织演讲

生命科学公司卡里乌斯（Karius）致力于从基因角度来治疗传染病。其公司首席执行官米基·凯尔泰斯（Mickey Kertesz）邀请我指导他和他的高管团队，帮助他们筹备在 A 轮融资上的演讲。他们计划通过 A 轮融资筹集 1 500 万到 2 000 万美元。在完成故事创作流程的前 3 步后，凯尔泰斯决定采用问题－方案型叙事结构。他的大纲如下：

- 问题：困惑，错误诊断，错误治疗。
- 解决方案：针对传染病应用基因组学。
- 技术：微生物游离 DNA，分子生物学，数据分析学。
- 临床结果：在一系列应用病例中实用性明显。
- 市场：有 15 亿美元的"细分市场"，预计该市场会发展超过 20 亿美元。
- 销售战略：运用地理学并关注个案。
- 财务预测。

另一个关于问题－方案型叙事结构的例子来自 SI-BONE 的首席执行官杰弗里·邓恩（Jeffrey Dunn）。SI-BONE 是一家上市医疗器械公司，专攻骶髂关节功能紊乱症。我初识邓恩时，他正在 3D 绘图系统供应商 AccelGraphics 担任首席执行官，希望我能指导该公司的 IPO 路演工作。

在创立 SI-BONE 后，邓恩再次打电话给我，请我指导这家新公司的 IPO 路演。虽然这两次指导中间隔了好些年，但邓恩仍然记得他在那家软件公司进行演讲时所使用的技巧，并将这些技巧再次运用到了新公司的 IPO 路演上。邓恩爽快地选择了问题－方案型叙事结构。他有多个罗马石柱，但他将这些罗马石柱分为了两大类（见图 5-1）。

罗马石柱	叙事结构
关节功能紊乱症市场需求 病人和解决方案 骶髂关节疼痛 骶髂关节功能紊乱症患病率 美国市场商机 目前的市场渗透率 骶髂关节功能紊乱症护理市场存在巨大缺口 微创解决方案 iFuse 手术 医疗护理的经济和临床效益得到验证 下一代产品：iFuse-3D 知识产权回顾 商业实施情况	问题 ↕ 解决方案 ↕

图 5-1　SI-BONE 的 IPO 路演演讲结构

结构 2：形式 – 功能型

形式－功能型叙事结构就像是主旋律和变奏曲组成的音乐，或者轮毂和辐条组成的车轮。在商界，形式－功能型叙事结构就像具有多种应用形式的核心技术平台，或者可以支撑数千家特许经营店的秘方。

公司制造出核心产品，再销售多款迭代产品。其成本主要在核心产品上，而利润则来自一次性的制造耗材，这就是高利润的业务。

商学院的教授在讲授该经典模式时常常会用一些知名品牌来举例说明。

- 吉利剃须刀是形式，刀片替换装、剃须膏和须后水则是功能。
- 柯达相机是形式，黑白胶片、彩色胶片、冲印、打印和装裱则是功能。
- 惠普打印机是形式，墨盒替换装则是功能。

● 可口可乐的秘方被锁在亚特兰大公司总部的保险库里，这就是形式。当可口可乐公司在其秘方中加入气泡水，就创造了经典可乐；用某种代糖替代秘方中的糖，就形成了零度可乐；在秘方中加入樱桃风味的香精，就创造了樱桃味可乐。当他们放弃该秘方和二氧化碳时，产品就变成了达萨尼矿泉水。这些基于秘方的变化就是功能。

可以印证该模式的最新案例当属自动咖啡机和配套的咖啡胶囊。自动咖啡机和咖啡胶囊面世以来，奈斯派索（Nespresso）、库里格（Keurig）和意利（Illy）等众多咖啡机制造商已经彻底改变整个行业。他们每年要卖出上千万台咖啡机和数千亿颗胶囊。这些咖啡机被放在家中和酒店房间里，为终端客户提供服务。

另一个采用了类似咖啡胶囊模式的行业是工业大麻产业。CannaKorp希望能将咖啡胶囊的模式带到正在发展中的工业大麻产业中来。于是，该公司携手 3 位前库里格公司高管，开发了以一次性大麻豆荚为原料的大麻蒸馏系统。

在我们参加行业大会向业内同僚进行演讲时，可以选择形式 - 功能型叙事结构。摩根大通全球医疗健康产业大会（J.P. Morgan Health Care Conference）是生命科学领域最重大的活动之一。多年来，我一直有幸能对众多与会者进行演讲指导。大会的观众都是科学家，因此，大多数演讲者会选择先深入介绍科学平台（形式），然后再说明这一平台如何发展成为企业（功能）。但当这些生命科学公司的演讲者在融资会议上向投资人进行推销时，他们明白投资人并非科学家，所以他们会先提出人们熟知的科学难题，然后再从科学的角度去阐述自己的解决方案。

只要简单调整一到两个罗马石柱，我们就可以轻松切换不同的叙事结构，针对不同的观众使用相似内容进行演讲。

结构 3：机会－策略型

运用机会－策略型叙事结构组织演讲首先要介绍诱人的商机，例如新市场的出现、技术的转变或经济驱动力的增强，然后对公司的发展潜能和市场的规模加以量化，接下来再阐述公司如何凭借独特的产品和服务抓住商机。最后，演讲者还要介绍重要客户的情况、产品或服务的上市计划以及发展战略。

不管是在公司内部争取预算或资源，还是在外部筹集资金，机会－策略型叙事结构都是在融资演讲时的首选叙事结构。该结构尤其适合 IPO 路演，因为它展现在大家面前的就是 S-1 表格，也就是美国证券交易委员会要求公司申请上市时必须提交的正式登记表格。

S-1 表格是一种标准文件，包括"风险因素"、"历史财务信息"和"管理层讨论与分析"等章节。其中，最具个性化的章节是"业务信息"部分。该部分又被分为两个小部分，分别是"行业概况"和"我们的解决方案"。表格的填写者需要在"行业概况"部分阐述商机，在"我们的解决方案"部分介绍准备上市的公司会如何抓住和利用商机。投资人习惯阅读 S-1 表格，用机会－策略型叙事结构组织路演更容易让他们产生共鸣。

魏斯曼演讲实例 ─────────────────

思科等公司使用机会－策略型结构组织演奖

在担任演讲教练之初，我曾经为思科的 IPO 路演提供指导服务。思科当时是其所在行业的先行者，他们的技术在创新性上鲜有人能匹敌。由于作为观众的投资人在当时并不熟悉计算机网络，所以负责 IPO 路演的思科团队决定，在对该项技术进行解释说明之前，他们会先向观众展示网络技术的巨大潜能。

路演一开始，思科公司先简要探讨了计算机形态从大型主机向个人电脑转变的趋势。投资人们立刻心领神会，因为他们的公司也正经历着这一转变。然后，故事马上转到局域网和广域网的飞速发展。对投资人而言，他们对这个话题也不陌生，他们所在的公司正在安装自己的局域网和广域网。接下来，演讲者开始讨论网络在速度、带宽和功率方面的巨大提升。最后，思科的演讲者展望未来，预计网络将会出现以企业为中心到远程计算的转变。总的来说，这段故事阐述了一个诱人的商机。

再接下来，演讲者将故事的焦点对准思科的新产品路由器。路由器将会如何把所有局域网络与互联网相连？思科将如何制造路由器，如何为路由器提供服务以及如何通过各种渠道和战略伙伴协作销售路由器呢？在制造路由器之后,公司打算向哪个方向继续发展？思科就这些问题一一进行了阐述。思科的这一思路充分展现了他们把握商机的策略和能力（见图5-2）。

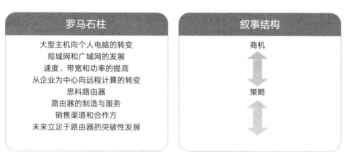

图 5-2　思科的 IPO 路演演讲结构

思科的上市相当成功，公司在此后成为硅谷的宠儿，并应邀在产业大会上介绍其热门的新产品路由器。和上文中介绍的那家生命科学公司一样，思科在产业大会上放弃了针对投资人观众的机会－策略型叙事结构，改用针对科技同行的形式－功能型叙事结构。他们调整了罗马石柱的顺序，将对路由器产品的介绍挪到了前面的核心位置（见图5-3）。

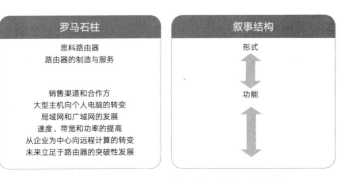

图 5-3　思科在行业大会演讲时使用的演示文稿

　　搜诺思也曾采用机会 - 策略型叙事结构组织演讲。搜诺思是一家知名的音箱设备公司，主要业务是开发和制造智能音箱设备。公司的首席执行官帕特里克·斯宾塞（Patrick Spence）邀请我指导公司的 IPO 路演。我同斯宾塞和搜诺思的首席财务官迈克尔·贾内托（Michael Gianetto）、首席产品官尼克·米林顿（Nick Millington）以及来自摩根士丹利和高盛集团（Goldman Sachs）的首席银行家组成的团队一起，拟定了演讲的机会 - 策略型叙事结构（见图 5-4）。

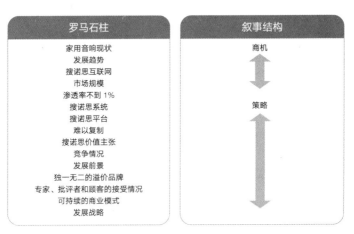

图 5-4　搜诺思的 IPO 路演演讲结构

再回到英特尔的舒曼的案例。舒曼先用"未来的计算模式"作为演讲的开场，然后探讨"竞争情况"和"顾客需求"（见图5-5）。舒曼借这些内容来阐述商机。之后，他又通过展示"英特尔的能力"和"财务数据"来讨论如何抓住商机。

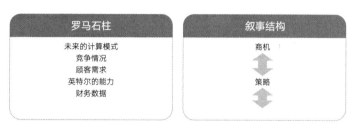

图 5-5　英特尔的舒曼在演讲时使用的罗马石柱和叙事结构

舒曼通过归纳逻辑，用一句话将所有的罗马石柱串联在了一起。现在，我们通过使用叙事结构的演绎逻辑，对他的归纳逻辑进行了验证。

结构 4：历时型

使用历时型叙事结构的演讲者会按照时间轴或产品路线图来组织自己的想法群组。这一叙事结构可以帮助演讲者按照事情可能发生的顺序来组织演讲。

萨吉德·奇诺伊（Sajjid Chinoy）曾是摩根大通公司驻印度普纳市的终身首席经济师。他在 1992 年离开印度，前往美国弗吉尼亚州的里士满大学开启自己的求学之路。当时的他很茫然，不知道自己要如何融入异国他乡。4年后，他作为学生代表在毕业典礼上发言。在发言中，他介绍了自己求学历程中的诸多重要节点。他的演讲从孟买的那趟长途飞行展开：

女士们先生们，对于是否能融入异国他乡这一问题，这位年轻的印度学生在一路颠簸之后找到了答案。他在里士满大学的4年是人生中最精彩的4年。他的学习生活非常精彩，课外生活非常丰富，毕业计划也相当出色。但这些都没能对他的思想产生不可磨灭的影响。给他留下不可磨灭的影响的是那些特殊时刻：那些与人打交道的时刻。这些是永远无法用文字去完整表述的。

当时的我作为一个年轻的印度学生，与我的辩论队教练共进了第一个感恩节的晚餐。在那个感恩节的晚上，我第一次吃美国火鸡，第一次观看美国橄榄球赛。虽然我压根不懂擒抱和达阵的区别，突然，真的是非常突然，这个身处异乡的印度学生成了美国感恩节传统中的一部分。

我与新闻学教授共度平安夜。在圣诞节的晚上，我们的关系不再是老师和学生的关系，而变成了伙伴关系。我们俩在乒乓球台上激烈对战，每分必争。

我与一位美国朋友在微积分考试前夜促膝长谈。那天晚上，我并没有学到太多微积分知识，不过我懂得了，就算我们两个来自不同的大洲、不同的国家，有着不同的文化，但我们本质上依然一样。

1992年12月，印度爆发种族暴动，距离我家几百米远的地方上演着暴力冲突和流血事件。那天，从大一起就和我同住一室的好友整晚陪着我，不时给我希望、给我力量，也给我鼓励。

是的，在那趟颠簸4年的旅程之后，我找到了关于我对文化问题的答案。我发现，只要能有些许的理解力、些许的敏感度、些许的开放心态以及些许对里士满大学这个小社会的同理心，我就能彻底改变自己的生活。这是前所未有的改变。我也发现，不管来自什么文化区，拥有什么背景，有着什么经历，说着什么语言，带着什么口音，这些对生活都没有影响。因为这些都只是表面上的差异，人类的共性早已经战胜了这些差异。

奇诺伊的个人经历大大鼓舞了同期的毕业生们。

结构 5：数字榜单型

如果我们翻看任何一份报刊，我们都可能会看到 "10 大排行榜" 或 "5 大最爱" 之类的侧边栏。这些内容可能是某长篇报道的一部分，也可能单独成篇。如今的记者和博主都称这种侧边栏为 "列表文章"。人们普遍认为，"三" 是人们最容易记住的一个数字，所以有一个最受人欢迎的组织原则就是 "三黄金原则"（Three Best）。

数字榜单型叙事结构适用于各种情况。**当围绕主题的一组想法彼此之间没有明显的演绎或归纳逻辑顺序时，数字榜单型叙事结构可以将它们按顺序串联起来。**柯维是一位出色的作家。1989 年，他撰写了《高效能人士的七个习惯》一书。当时，他肯定对书的内容有明确的逻辑设定。他按照以下顺序列举出了 7 大习惯：

- 习惯一：积极主动
- 习惯二：以终为始
- 习惯三：要事第一
- 习惯四：双赢思维
- 习惯五：知彼解己
- 习惯六：统合综效
- 习惯七：不断更新

如果将这些习惯拆开来看，我们会发现，即使按照其他顺序排列这些习惯，这本书依然可以为数百万读者提供宝贵建议。

数字榜单型叙事结构可以帮助我们用一个普通信封把所有群组装起来，并给每个群组分配一个数字，我们在演讲中只需按数字顺序一一阐述群组主题即可。最后一点相当重要，因为我们都曾遇到过这样一种情况：演讲者在标题中列出了数字，在演讲过程中却没有按照数字顺序来叙述，这导致观众跟不上演讲者的思路。因此，请大家严格遵照数字顺序来讲述各主题。

魏斯曼演讲实例 ————————

百事可乐首席执行官卢英德巧用数字榜单型结构组织演讲

卢英德（Indra Nooyi）曾担任百事可乐公司首席执行官长达 12 年。在她的带领下，该公司的年度净利润从 27 亿美元增长至 65 亿美元。一提到成功的女性企业高管，大家就会想到她，她也因此成了女性企业高管的典范和榜样。在《福布斯》杂志公布的年度商界最具影响力女性榜单中，她曾位列第二，仅次于通用汽车公司的玛丽·博拉（Mary Barra）。

卢英德的耀眼成绩和强大的影响力为她带来了无数荣誉。她曾被新德里电视台提名为"全球 25 位最杰出的在世印度传奇人物"。在印度参加颁奖典礼时，她遵循"三黄金原则"发表了自己的得奖感言：

> 首先，我们要活到老学到老。大家都知道，在孩提时期，我们会问一些问题："为什么天空是蓝色的？""为什么鸟儿飞得那么高？"但随着年龄的增长，我们的好奇心反而慢慢消减。事实上，如果我们满足于自己已经掌握的知识，我们的大脑就会慢慢萎缩。

所以请大家活到老学到老，不要丢失好奇心。

其次，不管做什么，请全身心投入。学习要心到、脑到、手到。工作对我而言不只是工作，我把工作当作一种使命，一种热爱。我不在乎工作时间的长短，我也不在乎工作中困难重重，因为对我来说，一切都是快乐的。所以，不管你的工作是什么，请将它当作使命和热爱，不要只把它当作工作或某件可以临时应付的事。

最后一点，也是最重要的一点，请帮助其他人腾飞。一个人伟大不是因为他的职位高，而是因为他能帮助其他人打造未来。所有身处高位的人都有义务拉动其他人往上发展。今天，我站在这里并不只是来领奖的，我认为自己是在接受一份挑战、一份责任和一份义务。我必须帮助年轻人获得发展、创造自己的伟大成就。这样，他们未来某一天也能站到这个舞台上来。

PRESENTING TO WIN

结构 6：空间位置型

空间位置型叙事结构可以帮助我们按照物理位置、地理位置或概念性的位置来组织各组想法，例如由上至下、由下至上、从内到外或从外到内。按照概念性的位置来组织想法是指采用隐喻或类比的方法，将主题放在一定的空间里加以组织。例如，产品或服务的市场可以用一系列同心圆来表示，有点类似于用来射击的靶子。外圈代表大型的、分散的、难以渗入的市场，而最中心的小圈则代表核心市场，核心市场内的顾客最有可能购买产品或服务。

我们可以把用空间位置型叙事结构组织演讲比作盖房子。平台、产品和服务是地基，组织和合作伙伴是上层建筑的支撑梁，科技是房子内部的水电线路等基础设施，而市场营销和品牌建设则是房子外部的砖瓦、玻璃和砂浆。

我曾作为观众参加阿斯彭思想节(Aspen Ideas Festival)。《纽约时报》知名的专栏作家、畅销书作者戴维·布鲁克斯（ David Brooks ）在活动上发表演说。事实上，这次演说是布鲁克斯对他即将出版的下一本书《第二座山：为生命找到意义》（ *The Second Mountain: The Quest for a Moral Life* ）的预告。这本书出版后也成了畅销书，书中的故事架构是空间位置型叙事结构的范例。

在这本介绍自身追求的书中，布鲁克斯提出，人生要攀爬两座高山。早期的我们不断攀爬第一座山，追求成家立业。在我们爬到山顶开始下山时，可能会经历婚姻的破裂，从而导致生活一团糟。然后，我们还会继续攀爬第二座山，开启第二段婚姻。这时，我们就有了新的义务和新的人际关系。布鲁克斯在书中不仅分享了自身的经历，也分享了他人的经历。他从他人的成功与失败中汲取经验和教训，用比喻的方法让我们看到人生中的起起落落。

空间位置型叙事结构同样可用于讲述商业故事。

魏斯曼演讲实例 ————————————

优质在线教育公司 Pluralsight 使用空间位置型结构组织演讲

Pluralsight 的云平台提供技能培训和工程管理解决方案。公司的联合创始人、首席执行官阿伦·斯科那德（Aaron Skonnard）和我都在该平台上授课。在针对公司 IPO 路演进行合作时，我们两人就我们各自对学习流程的认识进行讨论。

斯科那德认为由上至下的方式或许能传递积极的信息，因为这就是众所周知的商业销售漏斗系统。大家对销售漏斗的图应该比较熟悉。销售漏斗系统的顶部比较大，像是一张要将潜在顾客全部网住的大网。顶部以下的每个阶段会逐级缩小，最后，漏斗的底部就是完成交易、创造利润的时刻（见图 5-6）。

图 5-6　Pluralsight 的客户转化漏斗

在斯科那德设计的漏斗中，Pluralsight 吸引和转化长期顾客的成功率惊人，达到了 88%。

结构 7：案例研究型

"生命中的一天"是媒体上流行的故事主题。媒体会借助某样物品、某个人或某群人在一天中经历的一系列事情，来讲述更为宏大的经济或社会故事。我在哥伦比亚广播公司工作时，制作了一部名为《最低工资收入者》（*Portrait of a Minimum Wage Earner*）的纪录片，我们当时跟踪拍摄了一位男子的家庭生活状况、通勤过程和工作情况。多年来，好莱坞制作了许多触动人心的宣传作品，这些作品都使用了这种人性化的叙事结构：

- 《曼哈顿故事》（*Tales of Manhattan*）：用一件黑色燕尾服串起 5 个人的生活。
- 《黄色香车》（*The Yellow Rolls-Royce*）：用一辆豪车串起 3 位车主的生活。
- 《丽人行》（*Two for the Road*）：讲述了一位男子和一位女子一见钟情后热恋结婚，在经历了严重的婚姻危机后驾车环游法国寻爱的故事。

在商界，好莱坞的叙事模式被转化为案例研究型叙事结构，即公司会分析其产品或服务如何解决具体问题或满足特定顾客的需求。在分析过程中，案例就如同连接多个零部件的主轴，串起企业的经营业务和经营环境的方方面面。

这项技巧尤其适用于讲述生命科学领域的故事。故事的主人公是一位名为玛丽·史密斯（Mary Smith）的患者。我们可以先从她所患的疾病切入，介绍全球还有多少人和史密斯患同样的病症、这些患者的医疗开支有多少以及治疗方法的缺失导致他们忍受了多少年的病痛折磨。在介绍完问题之后，我们可以继续分析公司的药物如何治好史密斯和其他患者，以及这款药物的审批情况、临床试验情况、制造成本、平均售价和潜在利润空间。最后，故事的高潮是通过讲述史密斯如何得到康复，其支付的费用如何得到报销，来对她的故事加以升华，以此展现公司业务如何与管理式医疗挂钩。这就是借一位患者的经历展现出庞大的商业故事的例子。

魏斯曼演讲实例

甲骨文公司使用案例研究型结构组织演讲

甲骨文公司的首席执行官萨弗拉·卡茨（Safra Catz）在 SheBelieves 峰会担任主旨发言人。该峰会旨在鼓励年轻女性争取实现自己的梦想。卡茨在发言中的第一句话就是：

> 我受邀上台，介绍自己是如何取得今天这番成就的。

卡茨接着介绍了自己这一生。她在 5 岁时从以色列来到美国，当时一句英语都不会。来到美国后，卡茨又经历了很多改变她人生的重要事件：因为某所大学"最有趣"而选择去这所学校求学、上法学院、在男性主导的华尔街工作、跳槽进入发展初期的高科技行业。卡茨指出，一路走来，她所选择的并非都是那些"显而易见的选项"。接着，她总结说：

> 我注意到这个世界上有 3 种人。第一种人会扮演领导者角色，不断地进行变革。他们想抓住每个机会。"想要负责这个项目的请举手。""我来！""谁想负责这项工作？""我来！"不管做什么，他们都会积极争取，因为他们认为那就是机会。他们并不想让他人感觉不愉快，但不管怎样，他们都想要试一试。
> 还有一种人，当他们看到变革时，会跟着变革走，并且会干得很好，他们的工作有助于提升变革的效果。这是第二类人。第三类

人往往会躲在后面，他们或是害怕变革，或是不想参与变革。当你找到他们时，他们可能会说："不，那不是我做事的方法。不，不，不，我去年不是那样做的，我今年也不想有什么变化。"

第一类人相当优秀，第二类人也非常优秀，但千万不要成为第三类人。我相信，在座各位都不是第三类人。

那么，你们会是第几类人呢？在我管理的团队里，女性数量超过了男性，她们都是第一类人……她们都相当独立自主、积极主动。她们帮助我取得了不错的业绩，因为她们总会比普通人多干一些，总是在变革、在适应。

卡茨的个人经历激励了观众中的所有年轻女性。

结构 8：以退为进型

观众有时可能会对演讲内容持反对意见。我们可以根据自身的情况主动提出存在争议的观点，然后再指出这些观点中的谬误，并对谬误逐一驳斥。由此，我们可以为展现公司优势营造积极的氛围。

莎士比亚的《尤里乌斯·恺撒》（*Julius Caesar*）是以退为进型叙事结构的经典示例。书中的主人公恺撒大帝被一群反叛者杀害，作为反叛者之一的布鲁图斯（Brutus）在恺撒大帝的葬礼上致悼词。他提出恺撒大帝是因为野心勃勃才招致暗杀。

在布鲁图斯发言后，恺撒大帝的朋友马克·安东尼（Marc Antony）

也走上前致悼词。他在发言中对布鲁图斯的观点进行了 3 次驳斥：

> 布鲁图斯却说他是有野心的，
> 而布鲁图斯是一个正人君子。
> 他曾经带许多俘虏回到罗马来，
> 俘虏的赎金都充实了公家的财库；
> 这是野心者的行径吗？
> 穷苦的人哀哭的时候，恺撒曾经为他们流泪；
> 野心者是不应当这样仁慈的。
> 然而布鲁图斯却说他是有野心的，
> 而布鲁图斯是一个正人君子。
> 你们大家看见在卢柏克节的那天，
> 我三次献给他一顶王冠，他三次都拒绝了；
> 这难道是有野心吗？
> 然而布鲁图斯却说他是有野心的，
> 而布鲁图斯的的确确是一个正人君子。

到演讲结束的时候，安东尼已经用这番明捧暗损证实了布鲁图斯的观点是错误的，民众们也用呐喊声来响应他的话。安东尼的这番演讲已经成为莎士比亚作品中最经典的独白之一。

但对于商业演讲而言，以退为进型叙事结构是一着险棋，原因在于：

- 以负面内容开场。
- 听起来像是在狡辩。
- 观众此前可能并未注意到演讲者所提出的这些问题。

正如安东尼的演讲效果一样，该技巧能帮助演讲者扭转局势。让我们暂时放下莎士比亚，将目光转向商界。

思科公司使用以退为进型结构组织演讲

在同思科的 IPO 路演团队合作后不久，该公司邀请我指导其他高管，其中包括时任思科欧洲、中东和非洲地区总裁的菲利普·布雷弗曼（Philippe Brawerman）。他当时正急务缠身。因为他刚刚得知，在通用汽车子公司欧宝（Opel）组织的大型竞标会中，思科败给了其主要竞争对手 Wellfleet，痛失向欧宝提供产品和服务的机会。

但布雷弗曼并没有轻言放弃，他再次约见了欧宝的首席执行官并做了一番演讲。在演讲中，他首先称赞欧宝选择 Wellfleet 是个正确的决定，并列举了该竞争对手的产品特点和优点。但布雷弗曼接下来话锋一转，开始分析思科的产品。他试图证明思科的产品不仅能提供相同的功能，还能在许多方面超越 Wellfleet。布雷弗曼在最后补充道："由此可见，您选择 Wellfleet 是基于技术方面的考虑。而思科有着长远的商业发展愿景，我们希望能陪伴客户一起发展。"他做到了观众至上！欧宝的高管们改变了主意，和思科签订了合同。现在，Wellfleet 已经被并购，成为电信巨头北电网络公司（Nortel Networks）的一部分，而思科已发展成为市值超 2 000 亿美元的上市公司。

布雷弗曼的演讲事实上综合了以退为进型、比较 - 对比型和特色 - 利益型 3 种叙事结构。我们接下来将会介绍后两种结构。**我们可以综合使用多种叙事结构，但最多不超过 3 个，绝对不能把 12 种结构全部掺杂在一起。**

罗森是我在斯坦福大学的朋友，他有一个只使用以退为进型叙事结构的例子。罗森在康柏担任董事会主席时，康柏还是一家上市公司。罗森经常在投资大会上发言。在某次投资大会上，他的演讲题目是《7个'不'投资康柏的原因》。他在演讲中列举了分析师报告里提到的7条否定康柏的理由，并逐一进行驳斥。演讲结束时，他从自己的分析中顺理成章地得出结论：康柏的股票颇具投资价值。最终，惠普公司同意他的结论，并出价250亿美元收购了康柏。

结构9：特色－利益型

在组织产品发布活动时，使用特色－利益型叙事结构组织演讲是最便捷的。演讲者会依次介绍产品或服务的一系列特色，并针对每个特色阐述它将给消费者或客户带来哪些利益。

思科的布雷弗曼在使用这一流行的叙事结构时又加了点自己的创意，将自家产品与 Wellfleet 的产品进行对比，以证明思科的产品在特色上更胜一筹。

亿万富豪瑞·达利欧（Ray Dalio）是桥水联合基金（Bridgewater Associates）的对冲基金经理，同时也是一位高产的作家。点评收集器（Dot Collector）是达利欧专为 Zoom 开发的新软件，达利欧在进行这款软件的发布演说时充分发挥了自己的写作技巧。在年度 Zoom 线上用户大会 Zoomtopia 上，达利欧采用了特色－利益型叙事结构，开场就介绍了该软件的特色：

> 点评收集器的工作原理是这样的：如果你想给他人反馈意见，或者告知他人你的想法，只要选择属性，打分，然后给他们留言。

其他人也同样会给你提供反馈意见。这就像是实时进行的 360 度反馈。所有的得分都会自动保存，并以网格形式进行汇总……

他继续阐述这款软件给用户带来的利益：

由此，我们可以轻松地了解工作重点，或深入挖掘所有人的想法。

随后，达利欧又说明了这款软件的特色：

点评收集器甚至能自动撰写会议纪要，供大家后续查阅。

最后，他再次强调这款软件能带来的利益：

久而久之，我们就能拥有人员和绩效等多方面的丰富数据，这些数据价值连城，可以帮助团队中的成员获得提升。这些数据也同样能有效地帮助领导对员工进行评估。

特色 - 利益型叙事结构是演讲者进行推销时的理想选择，因为它将顾客摆在了首位，围绕顾客利益进行阐述，遵循了观众至上的原则。

结构 10：比较 - 对比型

比较 - 对比型叙事结构是通过列举自身产品和竞品共有的核心要素，对比这些要素存在的性能差异，由此证明自身产品优越性的一种叙事结构。

和以退为进型一样，这种叙事结构也是一着险棋。因为演讲者在演讲时会提到其他公司，所以演讲者的观点可能会让人觉得他是在狡辩。如果演讲者批评其他公司，那么他的言论可能会引起争议。而如果有观众与那些公司存在直接关联，演讲者的言论可能会冒犯到他们，导致冲突。涉及金融领域的演讲尤其如此。一些投资人为了分散风险，可能会在某个行业中持有多家公司的股份。但多数演讲者早已走上业务差异化的道路，他们所推销的公司一般拥有独特的产品和服务。

在甲骨文全球大会（Oracle OpenWorld）上，甲骨文公司的操作系统与虚拟工程高级副总裁维姆·库科斯（Wim Coekaerts）将自家公司的产品与微软和亚马逊的产品进行了对比：

> 作为云服务提供商，我们是独一无二的。这种独特之处源于我们所使用的硬件、操作系统软件以及虚拟层等基础设施部分。所有这些都与我们在本地为顾客提供的服务是完全一致的。
>
> 正是这一点让我们的产品不同于其他公司的产品，例如亚马逊的亚马逊云（AWS）和微软的微软云（Azure），因为你并不清楚其他公司的产品如何运行。

比较-对比型结构是初创公司进行融资演讲时的好选择，因为潜在投资人可能也正在考量同一市场内的其他从业者。

电子商务平台 Yotpo 的首席执行官托梅·泰格润（Tomer Tagrin）准备为自己的公司组织一轮融资，他的目标是 2.3 亿美元。他深知，Yotpo 平台必须不同于市场内的众多其他竞争对手。企业会使用五花八门的服务和应用去针对顾客开展营销活动。为了体现这些服务和应用的多样性，泰格润特意设计了一张 PPT，标题是"多样的技术策略"。这张 PPT 充分展现了顾客数据的碎片化情况（见图 5-7）。

多样的技术策略

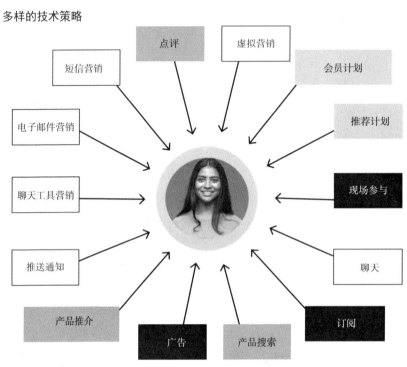

图 5-7　用于展示多样的技术策略的 PPT

接下来，泰格润又展示了另一张 PPT，解释 Yotpo 平台会通过什么战略整合这些碎片化的数据。这张 PPT 显示，Yotpo 平台会将所有应用整合到一个应用层中（见图 5-8）。

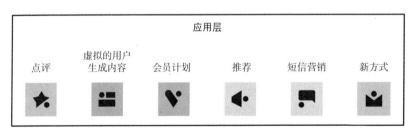

图 5-8　用于展示 Yotpo 平台应用层的 PPT

在下一张 PPT 中，泰格润接着解释，应用层只是 Yotpo 多产品平台的一部分（见图 5-9）。

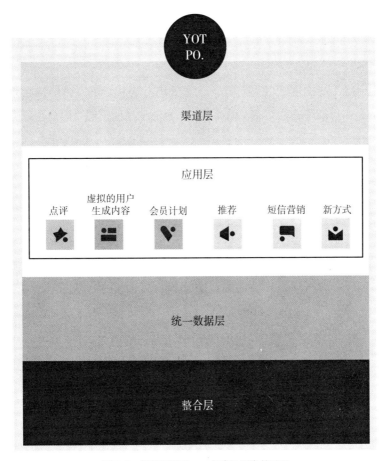

图 5-9　用于展示 Yotpo 多产品平台的 PPT

泰格润的演讲让我们清楚地看到了"一站式服务"这种著名的成功商业战略。布雷弗曼也曾将思科和 Wellfleet 进行对比，借此充分展示思科的优越性，并赢得了相应的业务。

结构 11：自问自答型

观众至上的终极表现形式就是演讲者在演讲时主动提出观众可能会存在的疑问，然后加以解答。比如，演讲者可以用"你们可能会想……"这一句式，率先提出观众心中的疑问并主动做出解答，迅速化解疑问。

自问自答技巧的产生可以追溯到公元前 5 世纪。当时苏格拉底会提出学生们心中可能存在的疑问，借此推动大家讨论他假设的命题是否正确。

魏斯曼演讲实例 ————————————

eBay 公司使用自问自答型结构组织演讲

eBay 是一家电子商务公司，主营 C2C 和 B2C 业务。在该公司上市时，我有幸同公司创始人皮埃尔·奥米迪亚（Pierre Omidyar）、首席执行官梅格·惠特曼（Meg Whitman）和首席财务官加里·本格尔（Gary Bengier）合作，设计公司 IPO 路演。eBay 的路演团队决定从 4 项对观众具有吸引力的投资指标切入，完整地讲述公司的故事。惠特曼此前曾在知名的咨询企业贝恩公司（Bain and Company）任职，他曾使用这 4 项指标来评估投资机会。这 4 项投资指标分别是：

- 难以抗拒的消费者价值主张。
- 利润可观的商业模式。
- 较高的行业进入壁垒。
- 出色的发展前景。

在 eBay 路演团队设计的演讲中，最精彩的一点在于，他们准备针对这

4 项衡量指标自问自答。他们向潜在投资人展示了 eBay 针对自己设计的 4 项问题给出的积极回答，潜在投资人由此可以判断该公司值得投资。

eBay 使用这种方法取得了成功。eBay 上市第一天，股价就从 18 美元飙升至 47 美元，涨幅高达 163%。

结构 12：平行结构型

平行结构型叙事结构是在故事的每个主题或相关想法的内部细分出相同个数的次要点。

新加坡东海集团（Sea, Ltd.）是一家全球知名的消费互联网公司，其首席执行官李小冬要讲的故事简单易懂，但这个故事的结构又比较复杂，因为该公司的 3 大业务板块分属 3 个截然不同的领域：

- 竞时通（Garena）：数字娱乐。
- 虾皮（Shopee）：电子商务。
- 东海金融（SeaMoney，在当时名为 AirPay）：数字金融服务。

东海集团利用这 3 大业务板块与全球的金融巨头进行竞争。但在当时，东海集团的业务主要面向中国台湾地区和东南亚市场，其中包括印尼、越南、泰国、菲律宾、马来西亚、新加坡。东海集团希望能在纽约证券交易所上市，可是纽约的投资者并不熟悉东南亚地区的金融状况。

李小冬邀请我前往新加坡，针对公司的 IPO 路演对他和公司高管团队进行指导。在创作阶段，我们对故事加以简化，并准备将平行结构型和机会－策略型叙事结构结合。首先，李小冬介绍了东南亚市场中的商机以及东海集团把握这些商机的独特优势。接下来，他采用机会－策略型叙事结构对竞时通、虾皮和东海金融这些业务板块进行介绍。东海集团上市两年半后，公司市值已经接近 400 亿美元。

4 个指导因素，帮你选择合适的结构

我们在上文探讨了演绎逻辑和归纳逻辑的使用技巧。现在，我们将介绍选择叙事结构时要遵循的 4 个指导因素：

1. **观众**。根据观众的利益和诉求来选择相应的叙事结构。顾客希望自己的问题能有解决方案。投资者希望知道哪里有巨大的商机，演讲者和公司又能通过哪些策略把握这些商机。行业同行希望了解核心业务模式或平台以及该模式的众多功能是否能长期增加收入流。当观众从投资人变为同行时，思科公司和生物科学公司都更换了其在演讲中使用的叙事结构。他们只是简单地调整了一个罗马石柱，就实现了叙事结构的转换。

2. **演讲者的个人风格**。依据演讲者的个人风格，选择最适合自己的叙事结构。在故事创作阶段，演讲者可以先尝试不同的叙事结构，从中选择最适合自己的结构。如果是两人合作进行演讲，大家可以共同设计罗马石柱，但每个人可以选择不同的叙事结构来对这些罗马石柱进行排序。在选择不同的叙事结构后，只需要稍微调整一两个罗马石柱的顺序，故事线依然可以保持完整。这种设计演讲的灵活性可以让演讲者展现自己的风格，同时也充分证实一刀切的企业宣传方式是个常见的错误方式。

3. **固有的故事元素**。有些故事原本就具有特定的叙事结构。例如，演讲者面向顾客的推销演讲会针对常见的问题加以回应；转型中的公司或行业在进行演讲时，最佳选择就是历时型叙事结构；面对兴趣迥异的观众时，演讲者选择直观的数字榜单型结构能保证大家都不走神。

4. **既定的议程。**如果会议的主办方已经为所有发言人都设定好发言格式，那就请采用符合该格式的叙事结构。

与其说叙事结构的选择像门科学，不如说它更像门艺术。**我们可以在演讲时尝试不同的叙事结构，也可以在同一次演讲中综合使用两三种叙事结构。关键在于，演讲者要对其所使用的叙事结构的数量加以限制。**如果演讲者同时选择这 12 种叙事结构，并将它们用于 PPT 中，那这次演讲必定会惨败。我们可以把这 12 种叙事结构当作餐厅菜单上的美食，选择自己真正需要的食物即可。**选择哪些叙事结构并不是最重要的，最重要的是我们必须从中做出选择，而不能全部使用。**

在学习了归纳逻辑和演绎逻辑后，我们就能够组织起完整的故事了。接下来，让我们站在观众面前开始讲述故事。

TIPS

**魏斯曼
完美演讲**

12 种叙事结构

1. 问题 - 方案型。
2. 形式 - 功能型。
3. 社会 - 策略型。
4. 历时型。
5. 数字榜单型。

6. 空间位置型。

7. 案例研究型。

8. 以退为进型。

9. 特色－利益型。

10. 比较－对比型。

11. 自问自答型。

12. 平行结构型。

选择结构的 4 个指导因素

1. 观众。

2. 演讲者的个人风格。

3. 固有的故事元素。

4. 既定的议程。

PRESENTING TO WIN

第二部分

让演讲充满生命力

PRESENTING TO WIN

THE ART OF TELLING YOUR STORY AND DESIGNING YOUR SLIDES

第6章

"90" 秒抓住观众的开场设计

眨眼之间……也就是最初那两秒钟。

——马尔科姆·格拉德威尔，《眨眼之间》

在畅销全球的《眨眼之间：不假思索的决断力》（*Blink: The Power of Thinking Without Thinking*）一书中，作者马尔科姆·格拉德威尔（Malcom Gladwell）提出，人们会根据第一印象不假思索地做出判断。格拉德威尔认为，建立第一印象只需要短短两秒。不过，我还是给大家的演讲留了一定的余地：**演讲者可以用 90 秒来吸引自己的观众，但我们没有第二次机会重塑第一印象。**

演讲者在演讲前要先在脑海里描绘一下观众的画像。他们可能是一群潜在顾客，为了了解新产品前来参加高管简报会议。他们也可能是一群日理万机的风投家，风风火火地走进时髦的会议室，准备看演讲者如何卖力融资。他们还可能是一群机构投资人和分析师，坐在豪华的酒店房间里，等着听 IPO 路演。又或者，他们可能是公司的高层管理人员，一边听演讲者申请增加公司人手，一边担忧着人力成本的增长。

他们的心思会放在哪里？很有可能不在演讲者身上，而是在手机中的紧急信息，在纳斯达克指数的起伏，在下一场约会，在未能按时提交的报告，或者在与另一半的争执上。如果演讲者开门见山，直接介绍自己的产品、服务或技术，那就等于在跑步比赛中绕过观众独自跑到了前面，观众会被迫开启追赶模式。

演讲者可以借助精彩的开场白吸引观众的注意。**开场白就是一段简短的话，能帮助演讲者吸引观众的注意力。**

7 种经典开场白，打造第一印象

以下为 7 种经典的开场白：

1. **提问式：**向观众提出和他们相关的问题。
2. **陈述式：**陈述惊人的统计数字或鲜为人知的事实。
3. **回顾 / 前瞻式：**向后回顾或向前展望。
4. **轶事式：**使用富有人情味的小故事。
5. **引证式：**引用权威人士的言论支撑自己的观点。
6. **格言式：**使用人人皆知的谚语、座右铭或俗语。
7. **类比式：**通过对比两个看似毫不相关的物体，阐述复杂或晦涩的主题。

开场白 1：提问式

向观众提出一个与他们相关的精彩问题可以吸引观众，激发他们思考。财捷集团创始人、首席执行官斯科特·库克（Scott Cook）曾通过提问创造出了精彩的演讲效果。财捷集团现在已经是一家上市公司，为用户提供商业和金融软件，但之前该公司还只是一家普通的私营企业。库克出席了在旧金山召开的罗伯逊斯蒂芬斯银行科技投资大会，并进行演讲。他一开场就问道：

在开始今天的演讲前，请允许我先提个问题。在座各位中，有多少人会去理财？请大家举手示意好吗？

所有人都举起了手。他接着问：

好的。那么，你们中有多少人喜欢做理财类工作？

所有人都把手放了下来。大家的注意力都被库克吸引了过去。库克继续说：

不是只有你们这样。全球有数百万人都讨厌理财类工作。我们财捷集团开发了一款名叫 Quicken 的个人财务管理软件，它简单易用、价格低廉。

如果库克在演讲一开始就详细介绍这款名叫 Quicken 的个人财务管理软件，观众们肯定没兴趣。但他用提问吸引了大家，让观众开始思考理财这个难题。不过，直接提问可能会适得其反，原因主要有以下几点：

● 成人观众不喜欢被当作小学生来对待。
● 演讲者在请观众回答问题时，实际上是放弃了自己的发言权。这就像议长在宣布会议开始后，立马就将象征权力的小木槌交给台下的观众。
● "请回答……"是一种直接提问的句式，在宗教仪式、公共集会或者政治集会中能派上大用场。因为这些活动中的观众参与度都相当高。但在商业活动中，我们提问的目的只是吸引观众的注意力。
● 在采取直接提问的方式时，有时候问题的引导性会相当明显："大家希望名利双收吗？"
● 台下举手回应的观众人数可能远不如预期，这时候演讲者就要快速思考："啊？只有一个人举手！我接下来要怎么办？"

当然，直接提问的方式非常适合用于学校。

Asurion 的主要业务是为消费电子产品提供保险。现任公司亚太区首席执行官的吉姆·弗劳特（Jim Flautt）在针对学生进行演讲时就采用了直接提问的方式。

弗劳特当时在一家名为 DigitalThink 的公司任职，他也参与了 Suasive 项目。弗劳特的儿子在劳雷尔小学就读一年级。弗劳特作为美国安纳波利斯海军学院的毕业生，曾是服役于奥尔巴尼号巡洋舰（USS Albany）的海军军官，他计划两天后到儿子的班级讲潜水艇知识。他发现自己面对的观众都是 7 岁的孩子，这个年龄段的孩子注意力很难长时间集中，因此，针对孩子们的演讲的挑战性不亚于任何商业演讲。弗劳特决定采用直接提问的方式开场。

弗劳特的这种开场方式对这群年幼的观众来说可谓再熟悉不过。他提了 3 个问题，请孩子们举手回答：

你们中有多少人知道什么是潜水艇？

这些一年级的孩子们全都举起了手。他接着问：

你们中有多少人见过真正的潜水艇？

只有一半的孩子举起了手。弗劳特追问道：

你们中有多少人见过潜水艇飞速前进？

这时候，所有孩子都惊讶地倒吸一口凉气，然后开始咯咯笑起来。弗劳特已经吸引了他们的注意力。因此，直接提问的方式适用于各个年龄层的学生。

大卫·鲁宾斯坦（David Rubenstein）是私募股权投资公司凯雷投资集团（The Carlyle Group）的联合创始人和联席执行主席。他曾应邀前去牛津辩论社发表演说。这一辩论社的成员均来自牛津大学。鲁宾斯坦非常了解自己的观众，所以他决定连珠炮似地提出 9 个问题，请大家举手回答：

在座各位中，有多少人来自英格兰？

有多少人来自美国？

有多少人来自世界其他地方？

还有来自其他地方的吗？

有多少人认为牛津大学是世界上最优秀的大学？

有多少人觉得你们的父母认为你们学习还不够努力？

有多少人确切地知道自己毕业后打算干什么？

有多少人对自己未来要干什么还没有太多明确的思路？

有多少人想到私募股权行业工作？

鲁宾斯坦的问题一下子就吸引了所有观众的注意力，调动了大家的参与热情，也为自己介绍本次演讲的目的奠定了基调。他接着讲：

我想给大家简要介绍一下我自己的背景，因为在座的同学中，有些可能有和我类似的背景。我想和大家讲讲我如何走到今天的这个位置，为何有机会应邀来这里发言。

如果你的观众不是学生，如果你不像库克或鲁宾斯坦那样掌握娴熟的演讲技巧，请在提问后立即主动给出答案。

库克也可以将直接提问改为自问自答："如果我问你们，在座各位中有多少人会去理财，大多数人很可能回答'我会'。"这种方式也能让观众去思考自己的理财情况。采用自问自答的方式不仅仅会让观众把注意力放到演讲者的主题上，也同样能帮助演讲者牢牢把握会议的掌控权。

在第 5 章中，我们介绍过达利欧的产品发布演讲。他在开场中也进行了一连串的自问自答：

> 在座各位中，有多少人曾在开会时暗想："其他人在想些什么？""我要怎样才能在不打断对方的情况下说出自己的意见？""我们是否能保存这次会议的资料以备使用或与其他人分享？"我喜欢用 Zoom 开会，但它也会让我抓狂，因为我总是找不到我需要的信息。

接着，他回答了这些问题：

> 所以我请自己的团队为 Zoom 开发了点评收集器这个新软件。

达利欧接下来开始介绍点评收集器的特色和它能为观众带来的利益。

开场白 2：陈述式

我们也可以把提问变成列举简单且醒目的统计数字或者陈述事实，以此来吸引观众的注意力。例如，我们不要问"每年可以卖出多少台 iPhone ？"因为这样问可能会导致演讲者失去对发言权的控制，而是把提问变为陈述："iPhone 每年的销量至少有 1.85 亿台。"

当然，演讲者所陈述的事实必须与演讲主题密切相关，不能只为了追求震撼效果而不顾事实与主题的关系。我们都曾听过一些稀奇古怪的陈述，这些陈述只会让观众的思路变得发散，偏离演讲主题。

在跨国电信和网络企业爱立信担任副总裁期间，霍华德·吴（Howard Wu）曾参加 Suasive 课程。他决定在演讲开场白中陈述 4 点关于联网设备和服务器的事实：

> 我们正在进入网络社会，现在正处于一个历史的转折时刻。当今世界上有 70 亿台联网设备，管理这些设备的服务器有 1 亿台。在未来 4 年里，全球的联网设备将增长到 300 亿台。同时，会有 5 亿台服务器来负责管理后端。

这 4 点事实让人看到爱立信的产品有一个蓬勃发展的市场。

开场白 3：回顾 / 前瞻式

通过回顾或前瞻可以让演讲者带领观众放下当下的心事，关注同一个方向。 这种方法就是在进行闪回或闪进、倒叙或展望。例如，演讲者可以介绍在过去、现在和未来开展某事的不同方式。

科技公司在演讲时通常会先回顾某项产品此前的功能，再对比公司的新技术，借此强调公司技术的颠覆性。比如，在互联网诞生前，要去图书馆才能查阅资料；在数字音乐诞生前，只能使用磁带听音乐；在电子商务诞生前，只能去实体店购物；在蓝牙诞生前，各种设备的线路就像老鼠窝一样乱七八糟；在面部识别诞生前，只能用键盘解锁软件。即便是发展速度相对较慢的公司，也可以采用回顾 / 前瞻式开场白。

IBM 公司执行董事、前首席执行官罗睿兰（Virginia Rometty）曾在全美零售联合会（National Retail Federation，NRF）的年会上发表主旨演说，并在演说中使用了回顾 / 前瞻式开场白。她在开场白中首先感谢了全美零售联合会多年来与 IBM 公司保持良好的合作关系：

> 我不得不说，能来到这里让我倍感激动。这是我第一次在这儿发表主旨演说。大家可能会不相信，IBM 公司与全美零售联合会已经合作超过 40 年，40 年之久。所以现在，是的——（掌声）鼓掌的肯定都是我们 IBM 的员工。是的，40 年了。但今天，我想讲的是，这个世界正在发生一些伟大的事情。我们这两个组织合作就能把握这些机遇：我们的机遇，也是你们的机遇。

IBM 是一家科技公司，正在经历巨大的变革，但很多其他行业还在稳定发展，其中包括航空行业。不过，最近就连这些企业也意识到，他们必须赶上变革的脚步。

美国达美航空的首席执行官埃德·巴斯蒂安（Ed Bastian）曾在国际消费类电子产品展览会上发表主旨演说。他决定通过回顾过去、分析现在和展望未来的方式展开自己的演说。美国消费者技术协会的首席执行官盖瑞·夏培罗（Gary Shapiro）担任大会主持人。在介绍巴斯蒂安时，夏培罗提出了一个问题："航空公司的高管为什么要来参加国际消费类电子产品展览会呢？"巴斯蒂安借着这个问题开始了自己的演说：

> 要回答这个问题，我们必须先往前追溯一个世纪。当时科技创新像变魔术一样，给世界带来了飞行动力，改变了我们的生活。我们今天能聚在这里，是因为我们仍然认为飞行是种终极创新……航空业快速发展，已经进入了第二个百年。我们将科技视为推动航空发展的工具，用科技实现人与人的连接、创造更多的机会……
> 今天，大家将会看到 2025 年的出行方式将会是什么样，而达美航空公司又将采取哪些措施让人们的生活迈入未来。

非营利性组织中的演讲者在开场时同样可以回顾历史，展望更美好的未来。临界点（Tipping Point Community）是一家资助型机构，旨在打破旧金山湾区的贫困恶性循环。公司创始人丹尼尔·卢里（Daniel Lurie）在领导该组织 15 年后决定卸任。在宣布卸任决定时，他先进行了回顾和展望：

> 我准备卸任首席执行官的工作，并从出色的克里斯·詹姆斯（Chris James）手中接过董事会主席一职。这是我们回顾和反省过去 15 年的一个好时机。我们的第一个办公场所由巴尼·奥舍（Barney Osher）捐赠，免两年租金。办公室位于第三街和汤森街的街口，有 2 136.77 平方米。如今，时代已经改变……
>
> 在座的各位都非常了解我。我一直在努力推动临界点往前看。今年上午，我父亲让我在演讲中重温往事，但我还是更愿意往前看。我们要关注的不是过去，而是要共同努力打造未来。

最精彩的回顾 / 前瞻式开场白来自微软创始人比尔·盖茨在 2015 年 TED 大会上做的发言。盖茨用手推车推着两个巨大的绿色圆桶登台，他放下手推车后说：

> 孩提时，我们心中最害怕的灾难就是核战争。正因为如此，我们会在地下室里存放这种圆桶，桶里装满了食物和饮用水。如果遭遇核攻击，我们就会躲到地下室里，蹲坐在地上，靠着桶里的食物维持生命。而现在，可能让全球陷入巨大灾难的似乎不再是核战争。

他身后的屏幕上出现了核爆炸产生的蘑菇云：

> 它看上去是这样的。

他身后的屏幕上又出现了 H1N1 流感病毒的 3D 模型：

> 如果说，有什么会在未来几十年里夺走上千万人的生命，那它很可能不是战争，而是传染性极强的病毒；不是导弹，而是细菌。我们已经投入大量资金用于建设核威慑力量，可我们并没有投入充足的资金去建立必要的系统，用于阻止传染疾病的传播。我们尚未做好准备迎战下一种传染性疾病。

这句话太有先见之明了。5 年后，新冠病毒在全球肆虐，对社会造成了巨大的破坏。

开场白 4：轶事式

讲趣闻轶事不是开玩笑。没有人能预知某个笑话是否能成功博得他人一笑，就连专业喜剧演员也不例外。伴随着全球化的发展和多元文化的融合，某个笑话在某处能赢得满堂彩，或许在其他地方就会变成"哑炮"。

就算一个笑话的确能让人开怀大笑，多半也只会让观众分心，并不能提升演讲者的说服力。所以绝对不要在演讲中讲笑话。**趣闻轶事是指短小精悍的故事，它通常富有人情味。**

罗纳德·里根被誉为"伟大的沟通者"。他在演讲时每隔几分钟就会说一段趣闻轶事，让自己的演讲变得更生动、更贴近观众。这些故事的主人公通常是某位英勇的战士、善良的护士或认真的学生。

报刊也常常会使用趣闻轶事来吸引读者。如《华尔街日报》头版的每日特别报道就是名为"A-Hed"的富有烟火气息的故事专栏。该专栏文章中的第一句话通常会展示出故事主人公的名字。

"人物故事"最近成了演讲的法宝。大量顾问、课件、研讨会、工作坊、博客和出版物都建议企业与个人在创作演讲时要深入挖掘自己的经历，寻找让人暖心的趣闻轶事。在撰写本书时，我尝试在谷歌上搜索"人物故事"，得到了 35 亿条搜索结果。原因很明显，人们天生会共情他人，而人物故事能让人心有戚戚焉。

但在演讲中使用趣闻轶事也可能会适得其反，因为人物故事是演讲者的个人经历，观众并未参与。不管是被放到报刊的特别报道中，还是政治或典礼的演讲中，富有人情味的故事都能产生出色的效果，因为讲述者的本意就是要调动观众和读者的情绪。而商业演讲的目标是使观众采取行动。在商界，时间就是金钱，除非某件趣闻轶事能丰富演讲者要讲的故事，而且与主题密切相关，否则在演讲中加入一段趣闻轶事只能让观众感到演讲跑题或演讲者过于以自我为中心。

我最近读到了一篇探讨人物故事价值的博客。遗憾的是，博主花了数百字来肯定人物故事的强大感染力，却只在文章末尾才顺便提到趣闻轶事必须紧扣故事主题。

接下来，我们介绍 3 个紧扣主题的人物故事案例。我们在上一章中介绍过奇诺伊在毕业典礼上的演讲。奇诺伊以一个小男孩第一次背井离乡从印度来美国的故事作为开场白展开演讲：

> 这个画面一次又一次地浮现在我的眼前。1992 年 8 月 15 日的周六晚上 11：30，我在印度孟买国际机场起飞，离家前往里士满大学。在同父母、家人和朋友告别的时候，我在他们的眼睛里看到了希望、期待和一丝伤心。从波音 747 飞机前门登机时，我知道，自己的人生已经彻底改变。

巴德·科利根（Bud Colligan）在 IPO 路演上讲述了一段他个人的故事，取得了非常好的反响。科利根现在是一位社区活动家、社会企业家和投资人。多年前我第一次遇到他时，他刚刚担任宏媒体公司（Macromedia）的首席执行官。该公司的主要业务是开发多媒体创作工具，后被 Adobe 公司收购。但在当时，该公司计划上市，科利根邀请我去辅导公司的路演。我们针对科利根的开场白设计了一个小故事：

> 去年，我还是苹果公司的一个"山大王"。我有一份相当不错的工作，手握资源，人手充足，预算丰裕。大家可能会问，那我为什么要跳槽来这家前途未卜的初创公司呢？原因就在于，我在苹果公司负责评估和开发新科技，我的办公桌上摆满了各种新软件和新设备，但真正吸引我的还是多媒体。

科利根讲述的是自己的故事，但这段故事为潜在投资人提供了许多宝贵的信息。这个故事提到科利根在苹果公司曾经身居高位，这说明科利根拥有过人的能力和敢于冒险的勇气，也间接证实了他当下所在的这家公司具有强大的发展潜力。

开场白 5：引证式

引证式开场白是指在开场白中引用顾客、分析师、行业刊物或思想领袖等可靠信息源对公司、产品或服务的肯定性评价。第三方的推荐是他们对公司业务的背书。

演讲者可以引用莎士比亚、丘吉尔、约翰·肯尼迪和汤姆·彼得斯（Tom Peters）等知名人士的言论或《孙子兵法》中的观点，但使用时必须确保所引用的言论紧扣演讲主题。卢英德就是这样做的。我们分享过这位百事可乐的前首席执行官的获奖感言。她在开场白中引用了一段人人皆知的名言：

格拉德威尔在《异类》（*The Outliers*）一书中说："人不可能脱离'你来自哪里'这个问题讨论'你是谁'。"我35年前离开印度来到美国，在这个精英制国家中取得了巨大的成功。但如果不是我在印度拥有非常优渥的成长环境，这一切就不可能发生。所以，我非常感谢印度。

我自己也言行一致。大家应该注意到，本书每一章的开头都引用了一段与该章主题相关的文字。

开场白 6：格言式

格言是指人人皆知的谚语、座右铭或俗语。当演讲者说出大家耳熟能详的格言时，能立即引起观众的共鸣。观众可能不知道这些格言的出处，但这些格言能吸引他们的注意力。我们的文化中有许多格言可供大家引用。

我们在第 1 章中分享了 Network Appliance 首席执行官霍浩文的 IPO 路演。霍浩文在路演中使用格言来开场：

名字代表什么？

这句话听起来耳熟吗？应该会如此。因为这句话出自莎士比亚在 1595 年创作的《罗密欧与朱丽叶》。

霍浩文接着又运用了提问式技巧：

什么叫设备？

然后，他用类比的方法给出了这个问题的答案：

> 烤面包机就是一种设备。烤面包机只做一件事，但它的确把这件事做到位了，那就是烤面包。

霍浩文在开场白中用格言式、提问式和类比式击出了"三垒安打"。

让－巴普蒂斯特·鲁德尔（Jean-Baptiste Rudelle）是科韬公司（Criteo）的创始人，目前担任公司的首席执行官。科韬公司与互联网零售商合作，提供个性化的广告服务。鲁德尔曾邀请我指导该公司的 IPO 路演工作。我和他分享了霍浩文在开场白中引用莎士比亚名言的例子。鉴于科韬公司有一个不同寻常的名字，他也决定引用这句莎士比亚的这句名言：

> 名字代表什么？我们的名字又代表什么？"Criteo"在希腊语中是"我预测"的意思。

鲁德尔接着向观众解释，其公司的业务是帮助电子商务零售商正确预测网络广告与消费者之间的匹配度。

Oportun Financial 为没有信用评分的顾客提供金融服务。公司首席执行官劳尔·巴斯克斯（Raul Vazquez）希望能证明这是一个真正的利基市场。我们在一起准备公司 IPO 路演时，巴斯克斯选择在演讲中引用"Hidden in plain sight"（远在天边，近在眼前）来开场，因为这句格言充分体现了 Oportun Financial 的投资思路。这句耳熟能详的话出自埃德加·爱伦·坡的侦探小说《失窃的信》（*The Purloined Letter*），代表着未被发现的投资价值。小说中，侦探认为线索往往隐藏在离大家最近而又不易被注意到的地方。

Fortem Technologies 是空域安全和防护领域的领导者。公司的全球销售副总裁格雷格·帕格迈尔(Gregg Pugmire)在其演讲中引用了 "Under the radar" （雷达之下）这句格言：

> 无人机在军事、商业和娱乐业中都得到了大量的应用，我们的天空现在充斥着各种无人机。有些无人机的确改善了我们的生活，但如果它们被恐怖分子控制，就可能变为一种威胁。防范这类攻击的难点在于，用于探测空中物体的雷达技术针对的是高空飞行的大型机，而无人机只能低空飞行，体积较小且速度较慢。因此，这些无人机可以在传统的雷达视野范围之内安全飞行。Fortem Technologies 强大的 AI 技术可以解决这个难点。我们运用该技术创造出的新一代雷达传感器可以"看见"那些靠近地面的传统雷达系统的盲区。从本质上来说，我们已经打造了一个"雷达之下"的雷达，也就是用于探测无人机的全新系列传感器。

"雷达之下"这个词组源自第二次世界大战，是一种隐形战略，最初是指战机通过靠近地面低空飞行来躲避雷达的探测。其他格言还有：

- **你若盖好楼，不愁客不来。**这句话意指要抓住冒险机会，出自电影《梦幻之地》(Field of Dreams)。
- **历史总会重演。**这句话意指要吸取过去的经验教训，出自作家、哲学家乔治·桑塔亚纳(George Santayana)所说的"不能铭记历史的人注定要重蹈覆辙"。
- **整体大于局部之和。**这句话强调的是协力的作用，可以追溯到公元前 4 世纪的几何之父欧几里德。
- **眼见为实。**这句话意指要通过亲眼所见来证实某件事是否可靠。这句话可以追溯到古希腊时期，常出现在自 17 世纪以来的众多谚语精选集中。

- **说起来容易做起来难。**这句话常用于说明行动颇具挑战性，同时也可用于说明语言的便利，用来佐证语音识别技术的价值。
- **把命运掌握在自己手中。**当某部门从原公司脱离出来，成为自负盈亏的独立业务线时，就可以引用这句格言。这句话源自美国的詹姆斯·门罗总统于 1823 年发表的《门罗宣言》，原意指美洲要摆脱欧洲殖民，获得独立。

开场白 7：类比式

类比是指将两种完全不相关的事物放在一起进行比较。例如，在第 4 章中，我曾拿按摩和演讲进行类比。

类比能帮助我们把复杂的事情说清楚。如果公司的产品、服务或系统在技术性或专业性上非常强，那么简单的类比能帮助我们清楚地解释它们的运作逻辑。在互联网诞生初期，开发网络产品的公司会将网络类比为公路系统：公路中的主干道代表运营商，立交桥代表路由和交换设备，入口和出口匝道代表本地运营商，过路费代表营收。

类比式同样可用于解释浅显易懂的主题。演讲者在向投资人推销自己的产品或公司时也可以采用这一方法。雷德·霍夫曼（Reid Hoffman）是领英公司的联合创始人，也是风投公司格雷洛克公司的合伙人。他曾经听过很多创业者的自我推销。他针对"创业者应该如何推销自己"提出了建议：

> 每个伟大的消费互联网公司都会成长为独一无二的组织。但在公司的初创期，你需要用其他公司的成功案例来进行类比，解释自己的公司是做什么的以及公司的前景如何。推销自己的时间非常有限，类比的方法能帮助投资人观众通过参考他们已知的信息来了解

你的公司。

　　好莱坞曾为一部讲述狗狗故事的电影《人类最好的朋友》（*Man's Best Friend*）做了一场非常精彩的推销。这场推销名为"带爪子的大白鲨"（Jaws with Paws）。投资人认为，既然《大白鲨》（*Jaws*）能取得巨大的成功，或许这部《人类最好的朋友》也能取得成功。虽然这部电影最终并没有取得很高的票房，但那场推销非常精彩。

　　这就是霍夫曼给大家的建议。此外，好莱坞有一个众所周知的故事也说明了同样的道理。在好莱坞，推销的结果可以决定一部影片的生死，而类比是推销的首选策略。讲述女性友情的先锋电影《末路狂花》（*Thelma and Louise*）的制作人在推销这部影片时把它形容为"女版的《虎豹小霸王》"（*Butch Cassidy and the Sundance Kid*）。

　　电影是一种全世界通用的文化，可以给我们提供许多类比的例子。特里蒂曼·达斯古普塔（Dhritiman Dasgupta）是思科的副总裁，负责产品管理、云计算和计算解决方案等方面的业务。他在 Strata 数据大会演讲时，用电影来进行类比：

　　　　自 1962 年以来，《007》（*James Bond*）系列的电影已经上映了 26 部。你只要看过其中一部，就可能会想看其余的 25 部……但在每部《007》电影中，我最喜欢的部分是主角在军需处的那 5 分钟，因为我从那一段影片中可以了解到最新款的汽车，我暂时在马路上还看不到这些车。在手机能提供 GPS 服务前，我就在《007》里了解到了 GPS。我早就在电影里看到了人工智能，但这些技术很久后才出现在我们的生活中。我今天说这些，是因为我们公司所制造的计算工具、数据中心的基础设施、底层的基础设施以及在此基础上设计出的各种应用，都像是《007》电影中军需处实验室里的工具。

达斯古普塔把思科的产品比作詹姆斯·邦德的装备，给人们留下了深刻的印象。

强调独特卖点

让我们再来看看库克在投行大会上的发言，看看他在开场白之后如何继续自己的演讲。在提了两个问题并请观众举手回答后，库克继续呼应前面的内容说道：

> 不是只有你们这样。全球有数百万人都讨厌理财类工作。我们财捷集团开发了一款名叫 Quicken 的个人财务管理软件，它简单易用、价格低廉。

他接着再次照应开场白中的问题说道：

> 我们深信，成千上万讨厌理财工作的人都会购买 Quicken 软件。

最后，他用下面的话结束了演讲：

> 财捷公司会因此发展壮大。

这显然就是他的 B 点。

对当时的财捷公司而言，库克在投行大会上进行演讲的唯一目的就是宣传公司即将进行的 IPO 路演。虽然其他私营企业的首席执行官在这场科技投资大会上进行演讲的目的是融资，但库克不是如此。他只希望能让潜在投资人和分析师注意到自己的公司。事实上，就在那次大会上，库克拒绝了一份投资要求，因为他已经从初期投资人凯鹏华盈风投公司（Kleiner Perkins）那里争取到他当时所需的所有营运资本。

让我们来看看库克在做完演讲开场白之后所做的重要两步。他先通过提问让大家在讨厌理财的问题上达成了共识，接着他又用简短的一句话提出 Quicken 就是问题的解决方案。他由此提出了产品的独特卖点（Unique Selling Proposition，USP）：

> 一款名叫 Quicken 的个人财务管理软件，它简单易用、价格低廉。

在提出解决方案后，库克顺势采取了第二步，即号召大家行动。在讲解第二步之前，先让我们细致地了解一下第一步应如何做。

独特卖点是对公司业务的简要总结，内容包括公司的运营流程、制造的产品或提供的服务。 观众对演讲者最常见的诟病之一就是"我听了 30 分钟，还是不知道他们是做什么的！"讲述独特卖点就可以回答这个问题，让观众理解公司的业务。

"独特卖点"一词中的"独特"是指某公司与其他公司的差异，而"卖点"是指某产品的商业价值。 我们可以把讲述独特卖点当成做电梯演讲。但电梯演讲的观众只会搭电梯到 6 楼。他们不会搭乘迪拜哈利法塔的电梯，那可是全球最高的电梯！因此，讲述独特卖点的核心就是简洁。

独特卖点这个概念由罗瑟·里夫斯（Rosser Reeves）提出。里夫斯是麦迪逊大街知名广告公司达彼思广告公司（The Ted Bates Agency）的高管，在广告界赫赫有名。他还是热门电视剧《广告狂人》（Mad Men）中的主人公唐·德雷珀（Don Draper）的原型。里夫斯结合产品的独特卖点创作了许多广告语，其中最让人难忘的是下面这条：

M＆M 不溶在手，只溶在口。

库克的第二步是阐述自己的 B 点，也就是明确地号召观众采取行动：

财捷公司会因此发展壮大。

库克从不羞于向观众提出要求。我辅导过 600 多名首席执行官进行 IPO 路演，其中不少人要在我提出要求后才会号召观众采取行动。于是，我不得不提出年轻人特别讨厌的那个问题："所以你想表达什么呢？"

有些首席执行官能在 B 点明确号召观众采取行动，但他们中的大多数人不愿意使用"投资"这个词，他们担心这个词会显得太过冒昧。为此，我建议他们改用"邀请"、"加入"、"参与"或"分享"等词。在我指导过的首席执行官中，只有库克在做完路演开场白之后会顺势大胆提出要求：

为什么大家应该投资财捷公司呢？

他会在后面的演讲中给出这个问题的答案。

演讲者在做完开场白之后，讲述独特卖点并提出要求可以推动故事继续向前发展，让整个演讲变得充实。霍浩文在精彩的开场白之后也采取了同样的两步：

过渡：网络上的数据管理相当复杂。截至目前，我们一直使用多功能设备来管理数据，这些设备负责很多工作，但在有些方面表现不佳。

独特卖点：我们公司生产的设备就如同烤面包机，只负责一件事，而且要把这件事做到位。这个设备专门用来管理网络上的数据，我们称该设备为"文件服务器"。

在简洁明了地介绍了公司的新技术后，霍浩文顺势进一步说：

过渡：网络中的数据正呈现爆炸式增长。而我们的文件服务器致力于成为这种增长中至关重要的一部分。Network Appliance 也致力于借此发展壮大。

接着他总结说：

B 点：我们力邀大家加入我们，共同发展。

过渡到 B 点

霍浩文的 B 点与库克的 B 点不同，属于销售方式的两个不同的维度（见图 6-1 ）。

| 软推销 | 推销 | 硬推销 |

图 6-1　推销方式维度图

两种推销方式的区别在于：**"邀请"（invite）是软推销，而"投资"（invest）是硬推销。**有些演讲者可以像库克一样说话直来直去，有些则更倾向于委婉含蓄地表达诉求。

肯·戈德曼（Ken Goldman）是硅谷资深的首席财务官。首席财务官的工作责任重大，而他曾任职于包括雅虎在内的 7 家公司，并参与这些公司的上市工作。在其中 3 家公司的 IPO 路演中，戈德曼采用自己独特的方式结束演讲。这 3 家公司分别为网络门户公司 Excite@Home、网络安全公司 Fortinet 和集成电路制造公司 VLSI Technology。戈德曼通常会在演讲结尾这样问：

请问大家有何看法？

另一位深耕销售领域 30 余年的相关专业人士也喜欢这种委婉的表达方式。他就是果敢资本基金（Resolute Capital Partners）辛迪加的总经理吉姆·卡姆瑞特（Jim Kamradt）。他天生能言善辩，但依然会在演讲的 B 点选择使用软推销方式。在推销演讲结束时，卡姆瑞特会问：

请问大家愿意参与吗？

在演讲的 B 点究竟应该选择何种推销方式呢？这个问题的答案取决于哪种方式能让演讲者和观众都感到舒适自在。有些观众比较谨慎，有些则比较积极。

在面对从中国前来硅谷的观众进行演讲时，爱立信公司的霍华德·吴在 B 点选择了推销方式维度图的中间地带。我们在前文中曾经介绍过他。吴在自己的演讲开场白中介绍了互联网数据的爆炸性增长。之后，他进入了演讲的 B 点：

过渡： 当今的数据中心显然无法完成这项任务。如今数据中心的运营方式都是单打独斗，不同厂商的硬件互不相容。这种情况正在增加数据中心的总拥有成本（TCO）。

独特卖点： 爱立信现在给大家带来了一个独一无二的解决方案，我们的解决方案是模块化的，立足于软件，操作非常简单。我们可以帮大家节约30%以上的总拥有成本，也能够帮助大家管理未来 4 年内的数据增长。

B 点：感谢大家从北京远道而来。我们非常希望能和大家合作，将这款世界级的解决方案引入中国。

5 位演讲者分别在 B 点采用了 5 种不同的推销方法，包括软推销和硬推销两种方式：

- 为什么大家应该投资财捷公司呢？
- 我们力邀大家加入我们。
- 请问大家有何看法？
- 请问大家愿意参与吗？
- 非常希望能和大家合作。

那么你们的 B 点呢？

请思考自己的语言习惯和观众的接受程度，在推销方式维度图上找到合适自己的推销方式。我们不能让观众质疑："所以你想说什么呢？"在演讲的五宗罪中，第一宗罪是观点、目的或意图不明确。正因为如此，在指导大家的演讲时，我常常提醒演讲者要表达清楚自己的 B 点，要主动邀请观众采取行动。

ON24 是一家数字体验平台，其服务包括网络研讨会直播和线上活动。公司的首席执行官沙拉特·纱润（Sharat Sharan）是一位经验丰富的高管，领导该公司长达 20 年之久。他面向顾客和私人投资者进行了无数次演讲。在我指导沙润进行 IPO 路演时，他可以针对 ON24 平台的重要价值侃侃而谈。在一次演讲排练中，他说道：

ON24 数字体验平台可以让全球数千家公司把数百万潜在客户

转变为真正的顾客。

我提醒沙润，在说完这句话之后还要补充一句："这种转变会给我们的客户创造更大的收益，也会给 ON24 平台的股东们创造更大的价值。"

听到我的这番建议，沙润的第一反应是："这样说会过于突出销售的目的性！"

我回答说："你也可以请大家帮助你实现和突破目标。哪种说法让你感觉更舒服？"

他回复说："第一种说法。"

"太好了！那就这样说！"

最后，让我们来看看一位典型的保险经纪人会如何组织自己的演讲内容：

开场白（趣闻轶事式）：去年，Acme 公司的一位顾客家中的喷淋系统出了问题，导致家中的家具、地毯和其他财产都被水浸泡。他们不仅没了家，经济上还遭遇了重创。

过渡：这位顾客同很多人一样，只购买了基本险种，并没有根据个人需求定制保险。这意味着他们距离灾难只有一步之遥。

独特卖点：Acme 保险公司有解决方案。我们可以为大家提供定制化的增值保险包，满足大家的个人需求，保护大家远离严重的经济损失。

论点证明（POC）：正因如此，Acme 公司成了本国发展最快的保险经纪公司之一。

过渡：我知道，在座各位都希望能抓住这个机会。

B 点：请大家今天就签署这份具有重要意义的保险单吧！

这场演讲中的开场白、独特卖点和 B 点层层推进，为后面的内容做好了充足的铺垫，演讲者也借此在观众面前树立了良好的第一印象。论点证明是用于证明独特卖点物有所值的环节，演讲者可根据实际情况决定这一步是否必要。

开场白序列

回顾这 7 种开场白方式，我们可以看出，这些开场白不仅能吸引观众的注意力，还能让观众发现自己的需求。独特卖点就是用于满足这些需求的明确可行的解决方案。因此，沿着这一逻辑继续阐述就能证明，我们号召观众采取的行动（B 点）是有意义的。

开场白、独特卖点和 B 点的组合类似于文学创作中的三段论，从假设到结论中间的一系列观点是按照逻辑顺序串联在一起的（见图 6-2）。

图 6-2 开场白序列

在 Suasive 课程上，我会指导客户设计他们的开场白，他们必须在开场白中简要阐述故事的精髓。这时候，他们通常会问我，为什么不能在拟定核心故事大纲之前就设计好开场白。我的回答是，这样做就像是在撰写财务报告之前先写执行摘要，或在撰写研究论文之前先写研究摘要，又或是在蛋糕还没烤好时就装饰蛋糕的顶部。我在撰写本书时，也要先起草正文，再撰写引言。因此，在设计演讲时的道理也是一样的。

在演讲者使用开场白序列成功开场后，观众就很清楚演讲者的目的了。接下来，演讲者要带领观众达成这一目的。

魏斯曼
完美演讲

使用 7 种经典的开场白

1. 提问式。

2. 陈述式。

3. 回顾 / 前瞻式。

4. 轶事式。

5. 引证式。

6. 格言式。

7. 类比式。

PRESENTING TO WIN

THE ART OF TELLING YOUR STORY AND DESIGNING YOUR SLIDES

第 7 章

演讲的创作与练习

引言、叙事和结语。

2 500 年前，古希腊和古罗马的雄辩家认为，演讲必须包括引言、叙事和结语。通俗来讲，也就是开头、中间和结尾。

演讲者需要告诉观众自己打算说什么，向观众阐述这些内容，最后进行总结。 从幼儿园到大学，孩子们学到的演讲原理无外于此。就算是专业的作家在写作时也会套用这个公式。普利策奖得主威廉·萨菲尔（William Safire）也相当认同这条原则。他曾长期为总统撰写发言稿，后在《纽约时报杂志》（*New York Times Magazine*）上知名的"语言漫谈"专栏发表文章。这条简单的文字组织原则是演讲的基本原则。它一直都没有变过，只是被套上了漂亮的外包装：使用祈使语气、强有力的言辞以及韵律结构会让演讲更有魅力。

演讲大致可以被分为议程、主体和总结 3 部分。 但很多演讲者并没有通过开场白吸引观众的注意力，而是直接进入议程。结果，演讲就会变成照本宣科："首先，我想讲……接下来，我会讲……最后，但同样重要的一点是……"

漫画家布鲁斯·埃里克·卡普兰（Bruce Eric Kaplan）曾在《纽约客》上发表漫画，公开讽刺这种照本宣科的做法（见图 7-1）。漫画中，一人正站在屏幕旁演讲。PPT 上显示着"概述"二字。漫画下方写着："首先，我希望能给大家概述一下我在整个演讲过程中将会一再强调的内容。"

"首先，我希望能给大家概述一下我在整个演讲过程中将会一再强调的内容。"

图 7-1 《纽约客》漫画

　　为了避免成为这类笑柄，我们要把开场白序列放在议程之前，讲完议程后再进入演讲的主体部分。主体部分由罗马石柱组成，对罗马石柱的组织是依据叙事结构进行的（见图 7-2）。

图 7-2 Suasive 故事框架中的开场和中间部分

告诉观众你的演讲计划

大家应该可以发现，在图7-2中，开场白序列（开场白，独特卖点和B点）和主体部分之间有一块空白区域，这里就是我们放置议程的地方。**我们可以将议程视为一座桥梁，它连接起了演讲的开头和中间部分，让故事变得流畅。**

在学习如何设置议程之前，先让我们弄清楚议程（概述）这张PPT究竟应该扮演什么角色。议程的作用是对主体部分中的罗马石柱进行简明扼要的介绍，仅此而已。千万不要在议程中塞满项目列表、价值主张、顾客的商标或荣誉奖项。这些信息都有价值，但它们只能出现在后面的PPT中。议程只是罗马石柱的浓缩。在IPO路演中，议程被称为"投资重点"。

为了能自然地引出议程PPT，我们先要回到开场白序列的结尾处。在开场白序列结束时，我们会号召观众进行投资：

> 我们力邀大家参与公司的发展。

假设这场IPO路演采用的是传统的机会－策略型叙事结构，而且议程PPT中包括以下罗马石柱：

- 不断发展的巨大商机。
- 最佳产品组合。
- 全面的上市战略。
- 全球发展战略。
- 经验丰富的管理层和董事会。
- 利润可观的商业模式。

在阐述了B点后，我们紧接着可以用下面这段话来介绍上述罗马石柱。

在阅读这段话时请注意下文如何紧扣列表内容：

> 为了帮助大家评估我们是否值得被投资，我会向大家展示我们的市场规模，我们的产品组合是如何力争成为数百万顾客的首选，我们是如何与地方合作商携手占领市场，以及我们将如何借助公司经验丰富的管理团队来进行国际化扩张的。这支管理团队最有资格执行国际化发展战略并运行我们高效的商业模式。这一模式可以推动我们的财务营收。
>
> 我接下来20分钟的演讲将围绕这个大纲进行。让我们先从市场商机讲起。

上面这段话共有 5 个过渡点，这让整段话变得非常流畅。

用 5 步法保证议程阐述的连贯性

1. **承接 B 点**。在 B 点结束时要用一句话承上启下，提出自己将用证据证实自己的号召是正确的："为了帮助大家评估……"

2. **用一个长句阐述议程**。英特尔公司的舒曼在设计演讲稿时，会使用一个长句将所有的罗马石柱串联起来。我们也可以在演讲时使用同样的方法，用一个长句给观众提供一幅"地图"。演讲者在阐述自己的议程时要用一条线把重点串起来，不能干巴巴地照本宣科，也不要使用"现在，我希望能……"这种陈词滥调。用一个长句将议程重点串联起来的做法对演讲者来说大有裨益。向观众介绍罗马石柱的过程实际上也是帮助演讲者回忆演讲要点的过程。我们都有可能遇到这样的状况，演讲者某天准备去某地进行 30 分钟的演讲，但是组织者突然改变了计划："非常抱歉，由于议程的调整，原计划给您 30 分钟的演讲时间，可现在只剩 10 分钟了。"不必惊慌失措，你只需展示议程 PPT，然后在有限的时间里逐一阐述自己的罗马石柱。这本质上就是在运用"一个长句"进行演讲。

3. **将议程作为路线图**。机长在飞机起飞后会通过广播告知乘客飞行路线。演讲者也一样要告知观众他们将会听到哪些内容:"这将是今天的大纲……"

4. **预测时间**。演讲者一开始就明确告知观众演讲何时结束,观众会感觉曙光就在前方,自己不必在未知的黑暗中慌慌张张地往前摸索。告知观众演讲的时长是对观众时间的尊重,演讲者可以强调一句:"在接下来的 × 分钟内……"总之,在演讲中,观众至上!

5. **引出第一个罗马石柱**。"让我们从第一点开始……"这句话是议程这座桥梁的最后一段,也是进入主体内容的匝道。

我们在上文中曾经分析过罗睿兰的演讲。她在开场白中使用了回顾 / 前瞻式技巧。在回顾了 IBM 公司和全美零售联合会长达 40 年的合作关系,并表明未来继续合作的意愿后,她说:

> 这个世界正在发生一些伟大的事情。

接着,她开始告诉观众她打算说什么。罗睿兰并没有完全遵循上面的 5 个步骤,但她给大家提供了一幅简洁明了的路线图:

> 我将给大家介绍 3 大科技发展趋势。这些趋势正改变我所处的行业,同时我也希望在座各位相信,这些发展趋势不仅影响到科技,也会影响到商业模式,会改变在座各位。所以我将依次简要介绍这 3 大趋势,重点从商业角度分析它们会带来什么影响。
>
> 我想先来谈谈大数据。我注意到大数据在零售行业中的应用变得越来越广泛。我希望在座各位相信,不管贵公司主营什么业务,信息都将成为贵行业的竞争基础。我会简单介绍云技术,希望在座各位相信,云技术不仅会影响科技领域,也会影响到商业模式。现

在是科技的时代，我将为大家介绍认知技术。这是一项发展非常迅猛的人工智能学习技术。我相信这项科技会颠覆贵行业，它将帮助大家建立前所未有的信任关系。

罗睿兰不仅仅列举了 3 个罗马石柱，同时还 3 次阐述了自己的 B 点，即"我希望在座各位相信……"

我们在第 6 章中介绍过弗劳特。面对一年级的孩子，他在开场白中提出 3 个问题，让他们举手回答。在大家举手后，他直接进入了演讲的 B 点：

我今天来这里，就是为了给大家讲讲潜水艇。

弗劳特接着呼应他在开场白中提出的问题，讲述了他的演讲计划：

我会告诉大家潜水艇里是什么样的，怎么驾驶潜水艇，怎么修理潜水艇，还有潜水艇能做哪些非常酷的事情。我大概会讲 15 分钟。然后……

弗劳特预测时间后继续说道：

我会让大家看看潜水艇怎么飞起来！

孩子们都惊讶地倒吸一口凉气，然后开始咯咯地笑起来，开心地欢呼。在这 15 分钟里，孩子们都全神贯注地听着弗劳特的发言。此后，弗劳特信守诺言，播放了一段美国海军潜水艇紧急浮出水面的演练视频。视频中，潜水艇就像海豚表演马戏一样跳出海面。

在这个案例中，7 岁小朋友的注意力集中时间通常相当短暂，但保证议程阐述连贯性的 5 步法能让他们在短时间内全神贯注。

由此可见，这 5 步法肯定也能让那些追求高回报的投资人在较短的时间内注意力高度集中。顾客希望能找到某件有重要功能的产品，精神紧张的经理人希望能找到更有效的竞争战略，这 5 步法同样适用于针对他们的演讲。演讲者可以试着熟练运用这 5 步法。

抓住 90 秒开场时间

在我的老东家哥伦比亚广播公司，《60 分钟》（*60 Minutes*）节目的制作人每次在节目开播时都会播放一段短视频，预告当天要讲述的 3 段新闻。每段新闻的预告片为 30 秒钟，相当于这段新闻的"广告片"。为此，制片人会认真编辑该视频，尽量抓住每段新闻的精髓。他们会在节目正片中深入探讨每段新闻。

制片人使用这种开场模式在过去 50 余年里取得了巨大的成功。我们在演讲中也要学会使用这种方法。这种在讲述正题前先做预告的方法很常见：

- 在商业报告中，"执行摘要"在完整的报告之前。
- 在技术报告和科学论文中，"摘要"在全文的起始处。
- 在报刊中，文章的主标题和副标题往往会展现整个故事的精髓。

在演讲中，开场白序列、议程以及之后的过渡内容都是整个故事的"预告片"。在讲完这些后，演讲者要做的就是带领观众跟着路线图往前走。这几部分内容相当紧凑，讲这些的最终目的是让整个演讲显得简明扼要。

让我们来简要总结一下演讲的开场顺序：

- 开场白。
- 过渡到独特卖点。

- 独特卖点。

- 过渡到论点证明（证明独特卖点的正确性，可选）。

- 论点证明（可选）。

- 过渡到 B 点。

- B 点。

- 过渡到"告诉观众打算说什么"。

- 用一个长句将议程串联起来。

- 明确议程就是路线图，并且预计演讲所需时间。

- 过渡到第一个罗马石柱。

6 种论据形式，丰富故事主体

现在，我们可以从预告环节进入讲述环节，开始讲述故事的主体部分（见图 7-3）。

图 7-3　Suasive 故事框架的主体部分

在主体部分，我们会针对每个罗马石柱进行更加深入和具体的探讨，并且为观众提供详尽的信息和细节。让我们来看看在演讲中列举论据的 6 种形式：

1. **数据**。演讲者可以通过向观众提供与演讲主题相关的数字信息，并引用市场调研、趋势预测、财务结果和分析报告中的数据等方法来证实自己的观点。

2. **实例**。要向观众证实公司产品或服务的可行性，最好的证据就是实际案例。科学家和工程师把这种做法称为"概念论证"，作家们则称其为"眼见为实，耳听为虚"。俄国伟大小说家契诃夫非常推崇这一技巧。他在教弟弟描写月光洒在碎玻璃瓶上的场景时说，这就像"明亮的小星星一闪一闪"。同样，演讲者可以把用户的实际使用情况作为实例进行论证。

3. **类比**。类比可以帮助大家在演讲开始时吸引观众的注意力。在演讲的主体部分，类比同样能够帮助大家清楚地解释一些深奥的观点。

4. **对比**。演讲者可以用对比的方法来展现自己公司的产品或服务的独特性。思科的布雷弗曼曾经将自己公司的产品与竞争对手的产品做对比，以此来体现前者的优势，从而抢走竞争对手的合同。我们也可以参考这种用法。

5. **对话**。演讲者在讲话时通常会比较拘谨，讲话内容可能会枯燥乏味，用来认证观点的数字和事实也是冷冰冰的。为了让这些论据显得生动活泼，我们可以借助与他人对话的方式来改变这一情况："刚才我们的销售总监提醒我，一定要和大家说说……"

6. **背书**。演讲者可以借助信誉良好、令人尊敬的外部人士的意见来论证自己的观点。这些意见可以是思想领袖、分析师或对产品和服务感到满意的顾客提出的。

在小结号召观众行动

接下来，我将为大家讲述小结部分。**在这一环节，演讲者不能干巴巴**

地照念稿件，而是要想办法再次将罗马石柱串联起来。小结就是议程的镜像，两者都是故事主体的浓缩版本。在 IPO 路演中，议程和小结都是投资人关注的重点（见图 7-4）。

图 7-4　包含小结的 Suasive 故事框架

演讲者在做小结时务必简短。读者在读到一本书的结尾时，故事的结局就在眼前，因此作者必须加快叙事的节奏。演讲也是同样的道理。当演讲者讲到小结这张 PPT 时，必须比讲议程时更加简明扼要，用一个长句概括所有内容即可。

我们可以利用小结巧妙地结束整个演讲，也可以在演讲结束时，再次强调自己的 B 点。**演讲者应该用最后一句话号召观众采取行动。**

我们从一开始就抓住了观众的注意力，带领他们了解与演讲主题有关的各部分内容，最后将他们带入 B 点。由此，演讲者所讲述的故事已经达到了一个基础水平：具备吸引人的开头、内容充实的中间部分以及干净利落的结尾。

在 Suasive 课程中，我会提供包括上述 3 要素的故事框架（见图 7-5）。你可以将这一框架作为所有演讲的模板。

图 7-5　Suasive 故事框架

故事框架展现了演讲者在讲述故事时应当遵循的整体流程，但它仍然只是一个粗泛的大纲，涵括的也只是核心要点，相当于房子的骨架。为了让故事情节更饱满，我们还必须增加一些具体的"砖块"，也就是能让故事变得有血有肉的词语。

反复进行语言表达练习

要把大纲充实成有血有肉的演讲，我们需要反复进行语言表达练习。演讲者要使用其在演讲中真正会用到的词汇，并配合相应的 PPT 进行练习。这个练习需要演讲者单独进行，想象其对面就坐着观众。

很多商业人士不愿意做语言表达练习。有些人认为在没做好充足的准备工作时进行练习为时尚早，殊不知做语言表达练习可以帮助他们进一步准备演讲。有些人感觉自己大声对着空气说话是在装腔作势，会感到不自在。还有些人则觉得语言表达练习太过小儿科。因此，他们都选择跳过这一步。

这些商业人士在缩减或修改练习流程后，他们的演讲通常就变为同一种模式："好的，在播放这张 PPT 时，我会介绍我们的销售收入。这张 PPT 可以展现我们的盈利途径。下一张 PPT 展示的是我们实验室的照片，我将简单说说产品研发方面的内容。"

这种演讲模式听起来是否非常耳熟？做这样的练习没有任何意义。这就好像打网球时讨论再多的网球理论知识也无法帮助大家提高反拍击球的水平。这种脱离实际的练习方式只会帮倒忙。还有一种脱离实际的练习方式更为常见，就是含糊地嘟哝。演讲者会快速点击电脑上的 PPT，或快速翻动纸质讲稿，同时嘴里念念有词，但没人能听清楚他在说些什么。这些都不是语言表达练习的正确方式。

唯一正确的练习方法就是演讲者要像面对真正的观众时一样大声地演讲。每次的重复练习都可以让演讲者的思路更清晰、逻辑更顺畅、表达更精确。做语言表达练习的次数越多，表达就会越流畅。

还记得吗，我们在上文中介绍过英特尔公司的舒曼如何设计自己的演讲。在他用一个长句串联所有想法群组后，我请他再重复一次。第二遍完成后，他的语言变得更流畅。这就是语言表达练习。

我们在其他情境下也可以进行语言表达练习。多年前，我曾经写过一本小说。编辑建议我大声朗读自己写的文章，检查行文是否流畅。作家们一般会在安静的环境下进行创作，而语言表达练习能有效地帮助他们检查自己的工作成果。语言表达练习的作用很大。不管是处理与商业伙伴间的分歧，还是减少普通人际关系中的隔阂，坐下来好好谈谈能解决许多问题。

有些人会面对特殊的观众进行语言表达练习。《纽约时报》曾刊文介绍美利坚大学商学院的演讲技巧培训项目。这一项目的特色是让有焦虑倾向的商学院学生面对温顺但想法难以捉摸的小狗练习演讲。

相对于小狗来说，科技的逻辑更容易把握。Ovation 开发了一项虚拟现实技术，可以提供相对真实的观众群，帮助演讲者进行练习。不管选择何种练习方式，语言表达练习都是演讲成功的关键。

我虽然担任演讲教练多年，但我自己每次在演讲中加入新素材时，都会在准备阶段做大量的语言表达练习。如果要做全新的演讲，我也会相应增加语言表达练习的次数。

我的一位客户是一家初创科技公司的首席执行官。他是科学家出身，在自家车库研发了一项新技术，然后自主创立了公司。在此之前，他完全没有进行融资演讲的需要。但在这项技术发展起来后，他计划将公司上市。这时，他意识到自己不得不站到公众面前进行 IPO 路演。因此，他请我提供演讲指导。我们按照本书所介绍的每个步骤进行了准备，唯独没有做语言表达练习。

在第一次向投行团队进行路演的那天早晨，这位客户慌了神。我把他的 PPT 打印出来，摊在会议室的桌上，然后请他按照 PPT 顺序试讲。他讲得结结巴巴，这让他更加惶恐不安。于是我请他再次尝试。他第二次照着 PPT 演讲时，还是有点结结巴巴，但情况有所好转。于是我请他练习了一遍又一遍。

练习到第四遍时，他说话不再磕磕绊绊；到第五遍时，他讲话变得流畅。银行家们在午餐时间陆续到达，这时他已经完全可以流利地进行演讲。一位银行家说："你现在完全能应付大场面了！"精心设计的故事和语言表达练习都为他的演讲奠定了坚实的基础，让这位焦虑的演讲者轻松自在、信心满满。

硅谷某芯片公司的首席执行官要去国会作证。他曾经成功地进行 IPO 路演，也常常在季度财报电话会议和行业活动中做演讲，但这次作证容不得任何差池。排练时，他按照电视上常见的国会听证室的弧形布局，重新布置了公司小餐厅中的桌椅。接着，他让员工们坐在椅子上代表众议员，进行了多场大声练习。

语言表达练习不是为了让演讲者死记硬背演讲内容，而是要他们将演讲的主要内容深谙于心。我在第 3 章中曾经提醒过大家，死记硬背可能会适得其反。每做一次语言表达练习就相当于在真正的观众面前进行一次演讲。演讲者在每次练习时，用词可能会有略微的差异，这是正常现象。做语言表达练习可以让你的表达清晰连贯、语言生动活泼，让观众神清气爽。

传奇人物、橄榄球教练文斯·隆巴迪（Vince Lombardi）是这样说的："练习不能带来完美，只有完美的练习才能创造出完美。"

语言表达练习可以帮助演讲者把握演讲时长。在前文中，我建议演讲者在 90 秒开场序列中告知观众演讲的时长。**在做语言表达练习的过程中计时，是把握演讲时长的唯一方法。**此外，做语言表达练习可以帮助我们不断精练语言，避免演讲的第五宗罪：时间拖得过长。罗斯福总统就建议演讲者：

真诚、简洁、不拖泥带水。

时间管理也是故事创作中的一环。

用间断式学习法创作演讲内容

教育家把学习分为分散式学习和集中式学习两种类型。**分散式学习也被称为间断式学习，持续的时间较长，但它给学习者足够的时间来吸收和理解所学内容，所以效率更高。** 而集中式学习的本质是填鸭式学习。

在商业人士眼中，时间就是金钱，所以多数演讲者会选择集中式学习法。当我问客户是否在最后一刻才匆忙赶制出演讲内容时，他们的脸上通常都会浮现一丝尴尬的表情，再举出下面这些"不在场证明"：

> 我没时间准备演讲，不过我会凭直觉临场发挥！
> 参会迟到了，所以我会请同事来帮我演讲。
> 我没有时间准备，所以我让市场营销部的同事帮忙整理材料。

而且，令人遗憾的是，大多数商业人士会选择集中式学习法来应对演讲：

> 我可以从汤姆的 PPT 中借 3 张，从迪克的 PPT 中抽 6 张，再加上哈里的 4 张 PPT，我的演讲 PPT 就做好了。

这些演讲者似乎在效仿林肯。美国的孩子们在小学都会读到林肯在信封背面匆匆写下葛底斯堡演讲稿的故事。这个故事似乎在暗示，林肯所做的那场历史性的演说完全出于即兴，事先没有任何准备。

在普利策奖获奖作品《林肯在葛底斯堡》（*Lincoln at Gettysburg*）一书中，著名历史学家加里·威尔斯（Garry Wills）引用了多项证据来驳斥这个愚蠢但经久不衰的"神话"故事。有证据显示，林肯至少提前两天就在华盛顿整理好自己的演讲思路。在到达葛底斯堡之前，他仍然在完善自己的演讲内容。威尔斯解释说，林肯综合运用了语言表达练习和间断式学习两种方式："这就是林肯口吐莲花的秘密所在。他不仅会在练习时大声朗读讲稿、斟酌每个用词，还把讲稿写了下来，用以理顺思路。"此后，在令人难忘的1863年11月9日，林肯拿着一两张纸站起来发表了他那次名垂青史的演讲。他做的所有准备工作都是为了一场仅有272个词的演说！

让我们暂且放下林肯的经典演说，来看看大家都喜欢玩的填字游戏。玩过填字游戏的人都知道，当他们解不出某个字谜时，就会暂时跳过这个词语，回头再重新思考。过了一段时间后，他们往往会灵光一现，顺利解谜。

在写作过程中，我也会采用间断式学习法。在撰写完某个段落或某个章节的草稿后将其放在一旁，事后再回过头来修改。这时，我会想到新的写作方法、字词用法或行文思路。

《华尔街日报》上刊发的一篇文章引用科学研究简要分析了这种情况："在遇到难题时，可以先放下问题去处理一些简单的日常工作，让大脑在这个过程中开个小差。这种做法可以激发我们联想到新的方法来解决难题。"在遇到难题时，先放一放，这样可以清空大脑这块"画板"，就像我们将神奇画板倒置时画面会消失一样。等过段时间再拿起自己的草稿时，我们的大脑已经被清空，就可以用另一种视角继续写作了。

商业人士往往由于压力过大而找不到时间来进行间断式学习，但只要他们愿意尝试，付出的努力终将带来回报。

我们已经设计完故事的开头、中间和结尾，但这不意味着整个演讲创作过程就此结束。我们还必须润色故事，这也将是我接下来讲述的重点。

**魏斯曼
完美演讲**

90 秒开场顺序

1. 开场白。

2. 过渡到独特卖点。

3. 独特卖点。

4. 过渡到论点证明。

5. 论点证明。

6. 过渡到 B 点。

7. B 点。

8. 过渡到"告诉观众打算说什么"。

9. 用一个长句将议程串联起来。

10. 明确议程就是路线图，并且预计演讲所需时间。

11. 过渡到第一个罗马石柱。

PRESENTING TO WIN

THE ART OF TELLING YOUR STORY AND DESIGNING YOUR SLIDES

第 8 章

让语言衔接得更自然

走进那个帽子的世界，
穿越那个帽子的世界。
帽子是一扇窗户，
我从那头回到这头。

——史蒂芬·桑德海姆

收尾和润色

在史蒂芬·桑德海姆（Stephen Sondheim）的音乐剧《星期天与乔治同游公园》（*Sunday in the Park with George*）中，歌曲《画帽子》（*Finishing the Hat*）描绘了著名的法国后现代艺术家乔治·修拉（Georges Seurat）在对一幅画做润色工作的场景。我们可以把演讲中的故事框架比作这顶"帽子"。故事框架就像我们搭建大厦时用的砖块，但我们还需要做收尾和润色工作，就像用泥浆把砖块黏合在一起。泥浆相当于叙述工具。**我们在切换 PPT 时需要用语言进行过渡，以便在故事和观众之间搭建起桥梁。**

用来润色演讲的叙述工具主要有两个作用：一是衔接演讲内容；二是拉近故事与观众之间的距离。我们将在本章中讨论 12 种衔接演讲内容的方法，剩余 7 种拉近故事与观众距离的方法留待第 9 章探讨。

12 种内容衔接方式，串连演讲内容

要想明白内容衔接方式的重要性，我们需要再回想一下第 7 章中《纽约客》的漫画。大家可能都听过这样的演讲，演讲者边切换 PPT 边说："现在，我想讲讲……"然后开始讲述 PPT 中的内容。接下来，演讲者又切换到下一张 PPT："现在，我想讲讲……"然后又开始讲述新 PPT 中的内容。讲完后，他再切换到下一张 PPT，继续说："现在，我想讲讲……"周而复始，直到演讲结束。

上述这些陈词滥调不仅帮不上任何忙，还会破坏整体演讲的连贯性和流畅性。事实上，这种衔接方式会导致演讲者每切换一张 PPT，观众就感觉演讲仿佛又重新开始了一次。这会给观众造成很大的困扰。如果演讲者讲述的不同要点之间缺少情境支撑和逻辑联系，观众就像被困在森林里，只能看到一棵树，却看不到整片森林。故事线可以帮助大家俯瞰整片森林，但演讲者在叙述中必须把每棵树串连起来，这就是内容衔接。我接下来会给大家提供 12 种内容衔接方式：

1. **引用叙事结构法**。在演讲过程中反复提及演讲的叙事结构，追踪演讲的进展情况。

2. **逻辑过渡法**。在导入新的 PPT 时说明前后两张 PPT 的逻辑关系。

3. **前后照应法**。在演讲时提及之前讲过或将要展开讲解的其他主题。如果演讲者是演讲团队的一员，也可以在自己的演讲中提及其他同事和他们的演讲内容。

4. **设问法**。提出一个相关问题，然后给出答案。

5. **重复开场白法**。在演讲过程中多次重复阐述开场白中的事实、趣闻轶事或类比等。

6. **首尾呼应法**。在演讲结束时第二次提及开场白中的内容。

7. **反复句法**。重复标题或口号。

8. **阶段性小结法**。在重要的节点暂停，并对之前的演讲内容进行概括。

9. **枚举法**。将相关概念分组，再逐一进行讲解。

10. **引用数据法**。通过解释所引用的数据或将其与相关数据进行对比，向观众展现独特的数据信息视角。

11. **强调 B 点法**。在演讲过程中多次号召观众采取行动。

12. **强调全称法**。在演讲过程中常常提及公司、产品和服务的全称。

让我们来逐一细看这 12 种内容衔接方式和相关案例。

方式 1：引用叙事结构法

一般来讲，演讲者可以根据自己的需要随意选择、匹配和组合使用内容衔接方式，但引用叙事结构法是必不可少的，它能帮助观众跟着故事线走。

以问题 - 方案型叙事结构为例，使用这种叙事结构的演讲者在演讲过程中要不时提及企业想要解决的问题。同理，如果演讲者选择机会 - 策略型叙事结构，就要不时提及公司正在利用产品和服务抓住的巨大商机。如果选择的是数字榜单型叙事结构，例如，要讲述购买我们公司产品的 5 大理由，那么演讲者就需要按顺序逐一分析这 5 大理由。当然，也可以采用倒数的顺序。在演讲的关键节点，演讲者可以提醒观众注意演讲的进展情况："第一个理由是……现在说说第二个理由……最后一个理由是……"

方式 2：逻辑过渡法

逻辑过渡法是最直接的一种内容衔接方式，演讲者只需要说明前后两个主题之间的逻辑关系，在结束上一个主题后引出下一个主题即可。例如，演讲者在介绍完新产品，开始介绍销售情况时可以这样说：

这些新功能的面市都需要销售的配合。研发和销售人员需要共同努力。接下来，让我给大家介绍一下我们将如何组织上市工作。

我们也可以使用这种方法在两名演讲者之间进行串场过渡。假设我们是经理团队中的一员，要向董事会展示公司的未来发展计划。在完成自己的演讲后，我们也许会说："这就是我今天要讲的所有内容。接下来，请芭芭拉上台展示她负责的部分。"听完这番话，观众无从知晓前后两位演讲者的演讲内容存在何种关联。这种情况就像是运动员在接力赛中掉棒了，下一位选手不得不弯腰去捡接力棒。因此，我们可以这样说：

在座各位已经了解了我们正在挖掘的商机有巨大的价值。这些价值在财务上是如何体现的呢？接下来，让我们邀请首席财务官芭芭拉上台，她将给大家解释这个问题。

使用这种方法就能将接力棒安全地交到队友手中。

方法 3：前后照应法

假设我们在演讲开始时要提及一个科技概念，但又不想立刻展开探讨，这时我们可以先埋下伏笔："我们将在后面深入探讨这项科技。"等到可以深入探讨这一概念时，我们可以再呼应前面的内容："我们在之前提到了这个概念，现在让我们来进行深入的探讨。"

如果我们是演讲团队中的一员，也可以引用其他成员的演讲内容。我们在演讲过程中提及其他人时，最好只叫名，不加姓，"正如弗兰克所说……"或者"如同朱迪所解释的那样……"这种前后照应可以让观众感受到整个团队的团结一致。

方式 4：设问法

我们可以通过设问实现简短但重要的过渡，在阐述特定观点后提出一个问题，再自己解答。比如：

- 在介绍公司过去一年取得的成就后，可以这样过渡到未来的计划："在此基础之上，未来我们有哪些发展目标呢？"
- 在解释完公司打算如何进入新的大型细分市场后，可以通过一个问题过渡到计划的执行："我们要如何来执行这项工作呢？"
- 在介绍完公司的业务成果之后，通过提问过渡到竞争对手的业务情况："和业内其他公司相比，情况如何呢？"

在以上各案例中，演讲者提问后要做出回答。2 500 年来，提问一直是一种辩论工具。

伟大的古希腊哲学家苏格拉底在给学生们上课时会通过提问来授课，以此来推动学生们进行批判性的思考。世界各地的教师现在都在使用苏格拉底的方法开展教育工作。

方式 5：重复开场白法

假设演讲者在开场白中讲述了一位名为路易丝·金（Louise King）的顾客的故事，他在后续的演讲中可以再次提及她，表明数百万顾客和她一样对公司的产品感到满意。在介绍公司低廉的制造成本时，我们可以说："因为产品成本低，我们的售价可以保持在较低水平，路易丝·金这类顾客就能承受这个价格。"

方式 6：首尾呼应法

在说完开场白之后，演讲者也可以不再提及开场白中的任何内容，直到小结时再对其加以呼应。比如，在利用路易丝·金的故事开场后，演讲者可以一直等到结束时才再次提及这个故事："还记得吗，我之前说过，我们低廉的价格能够吸引路易丝·金这类顾客。"

在第 6 章中，我们介绍过思科的达斯古普塔。他曾在科技大会上进行演讲，并在开场白中用詹姆斯·邦德的电影进行类比。6 分半钟后，在即将结束演讲时，达斯古普塔再次提及邦德：

现在，大家知道我们在思科的"军需处"忙些什么了吧。我们竭尽全力，就是为了让在座各位能成为更出色的邦德。

方式 7：反复句法

反复句法是指在演讲过程中多次重复使用某一语句。希腊雄辩家称这种技巧为首语重复法（anaphora）。众多现代演讲大师也常使用这一技巧，并且取得了理想的效果。

1963 年，马丁·路德·金在华盛顿的一次游行中发表了历史上著名的人权演说。他在演讲中提到了 16 次 "I have a dream"（我有一个梦想）。

玛格丽特·蔡斯·史密斯（Margaret Chase Smith）是美国历史上首位曾在国会两院任职的女性。共和党参议员约瑟夫·麦卡锡质疑她是间谍，并对她进行调查，这让她倍感困扰。她为此发表了著名的《良心宣言》（*Declaration of Conscience*）演讲，表明立场。演讲中，她 7 次重复强调 "I speak"（我的讲话）：

我的讲话言简意赅，因为不负责任的刻薄言论和自私自利的政治机会主义已经造成太多伤害。我的讲话简洁明了，因为我们的社会问题太过严峻，我不能用巧舌如簧来混淆视听。我的讲话简明扼要，希望大家能认真思考我的这番话。

议长先生，我是作为一名共和党人在讲话，作为一名妇女在讲话，作为一名美国的参议员在讲话，作为一个美国人在讲话。

在历史上著名的争取"妇女选举权"的演讲中，全国妇女选举权协会联合创始人苏珊·布朗奈尔·安东尼（Susan B. Anthony）8 次重复使用"we"（我们）这个词语，引发了观众的强烈共鸣。安东尼先引用了美国宪法序言中的话"我们合众国人民，为建立更完善的联邦"，接着她说：

我们建立联邦，这个"我们"是全体人民。这个"我们"不是白人男性公民，这个"我们"也不是男性公民，这个"我们"是全体人民。我们建立联邦，不仅是为了使人民获得自由，而且要保障自由；不仅是为了给我们中的一半人和子孙后代中的一半人自由，而是为了给全体公民，给男子，同时也给妇女自由。

同安东尼一样，奥巴马总统也选择了美国宪法的前几个词语作为自己演讲中的反复句。在他第二任期的总统就职演讲中，奥巴马连续在 5 段话中重复了"I speak as an American"（我们美国人民）这几个词语：

因为我们美国人民清楚，如果只有少数人能获得成功，而大多数人不能成功，我们的国家就无法强盛。

我们美国人民仍然认为，每个公民都应当获得基本的安全和尊严。

我们美国人民仍然相信，我们作为美国人不只要对我们自己尽义务，还应对子孙后代尽义务。

我们美国人民仍然相信，持久的安全与和平不是由战争带来的。

我们美国人民，今天宣布的最显而易见的真理是——我们所有人都生而平等……

公司花费了大量的时间和金钱请专业的市场营销顾问设计标语和口号。这些标语和口号在公司广告中会重复出现：

- 耐克公司：想做就做。
- 第一资本金融公司：你的钱包里装着什么？
- 州农场保险公司：亲如近邻。

我们可以使用公司的标语作为反复句，也可以针对演讲设计特定的反复句。如果你的演讲主题是公司的复兴战略和公司的变革成果，可以用"那是过去，这是现在"作为反复句。如果你想说服新顾客试用公司产品或服务，则可以重复谚语"千里之行，始于足下"。

反复句可能会成为大家印象最深的一句话，所以一定要精练反复句，让它具有说服力。

方式 8：阶段性小结法

有了精致的叙事结构，我们才能把握演讲的方向，全速朝着目的地前行。但演讲者所讲的内容对观众来说是全新的，观众需要时间消化。如果没给他们留足思考时间，观众就会停止倾听，开始自行思考，甚至可能会打断演讲者，导致演讲无法按计划进行。因此，演讲者要在一两个关键节点处暂停，对演讲内容进行阶段性小结："让我们来回顾一下截至目前我们探讨了哪些内容……"

方式 9：枚举法

假设现在要介绍同一产品线中的 4 款新产品，演讲者不要在没有铺垫的情况下直接开始逐一介绍这 4 款产品。最好的办法是先告诉观众这一产品线共包含 4 款产品，再开始逐一介绍。

演讲者可以先总体介绍这些产品："今天，我们发布的新产品线由 4 款产品组成，每款产品都针对不同的细分市场。"若有必要，接下来再详细介绍每款产品。最后，务必简要回顾整个产品线："相信大家已经看到，这 4 款产品可以满足消费者的……需要。"

枚举法不能滥用。不要在一个主题下列举 6 个子项，在每个子项下又延伸出 8 个要点。如果列举的层次过多，观众根本没法跟上演讲者的思路。

方式 10：引用数据法

在讨论和数据相关的信息时，演讲者可以通过对比或解释数据的含义来阐述观点。在第 6 章中，我们看到爱立信的霍华德·吴引用了关于联网设备和服务器的数字，并预测这些数字将会随着时间的推移增长：

> 我们正在进入网络社会，现在正处于一个历史的转折时刻。当今世界上有 70 亿台联网设备，管理这些设备的服务器有 1 亿台。在未来 4 年里，全球的联网设备将增长到 300 亿台。同时，会有 5 亿台服务器来负责管理后端。

如果吴在一开始就直接预测未来发展情况的具体数据，而不和现在的情况进行对比，公司的发展潜力就不会显得那么令人震撼。

方式 11：强调 B 点法

从故事框架图中可以看出，我们在演讲开始和演讲结束时都要阐述自己的 B 点，号召观众采取行动。在演讲过程中，我们也可以在关键节点处多次强调 B 点。但这个方法不适用于简短的演讲。

方式 12：强调全称法

在演讲过程中，不能用"我司"、"本公司"或"我们"指代自己所在的公司，必须完整地说出公司全称。在行业活动中做演讲时要尤其注意这一点，因为在行业大会或贸易展上，演讲者的公司要与其他众多公司争夺观众。

这个技巧在 IPO 路演中更为重要。在公开发行股票之前，公司的高管团队将会花数月的时间与银行家、律师和审计师等会面进行探讨，起草招股书或者 S-1 表。这份法律文书有固定的格式，公司的全称会印在文件的最前面，公司名称后的括号内会注明"以下简称为'本公司'"，下文中将不再出现公司的全称。因此，在进行正式路演时，公司高管团队往往会习惯自称"本公司"。

有一种情况会比较麻烦：不管公司的路演定在哪一天，路演当天都会有多家公司向这些投行进行推销演讲，每家公司都必须让投行记住自己的名称。

说出公司全称就是在树立企业形象。现在的企业会耗费大量的时间、精力和资金来设计公司的标志和口号，树立企业形象。他们甚至会投入更多的时间、精力和资金来宣传企业形象。从咖啡杯到 T 恤，再到棒球帽，公司的标志会出现在各种各样的物品上。公司发言人在演讲中说出公司的全称相当于在向观众宣传自己的品牌，这是种既省时间又省钱的绝佳宣传方式。

**魏斯曼
完美演讲**

12 种内容衔接方式

1. 引用叙事结构法。

2. 逻辑过渡法。

3. 前后照应法。

4. 设问法。

5. 重复开场白法。

6. 首尾呼应法。

7. 反复句法。

8. 阶段性小结法。

9. 枚举法。

10. 引用数据法。

11. 强调 B 点法。

12. 强调全称法。

PRESENTING TO WIN

THE ART OF TELLING YOUR STORY AND DESIGNING YOUR SLIDES

第 9 章

量身定制演讲内容

> 如果一个人的演讲或演示听起来像是预先录制的公告，那么他的演讲就无法获得成功。
>
> ——罗杰·麦克纳米

在进入纽约大学读本科的第一天，我懵懵懂懂地参加了学校的新生典礼。当时的我刚刚从纽约市一所普通的公立高中毕业，告别亲密的伙伴，孤身一人进入纽约大学宏伟的礼堂。身处陌生人的海洋之中，我只是一颗孤独的水滴。所有人都因为周围壮观的景象而感到震撼。我们每人都必须佩戴标志新生身份的亮紫色无边帽，这顶帽子很大，显得我们十分渺小。

当一群身着黑色学术服的院长和教授神色严肃地进入礼堂，在高高的主席台上落座，俯瞰我们时，我变得更加敬畏他们。台上几位威严的智者轮流站起来致辞，他们洪亮的声音在礼堂穹顶之下回荡。他们的说话方式和我的高中老师截然不同。我的高中老师都有尖锐的纽约口音，说话总是断断续续。而我在纽约大学的礼堂中听致辞时，却好像置身于牛津或剑桥。

终于轮到院长发言。他的发言最清晰流利，也最让人难忘。"先生们，"他说道，"现在你们应该已经发现，你们的大学生活与高中生活迥然不同（纽约大学当时不招收女学生）。但我们保留了一项高中的传统，那就是上课要考勤。"

说话间，他把手伸入自己的学术袍，从外套口袋里抽出一叠名片一样的卡片。"这些就是你们的考勤卡。"他说。接着，他像玩扑克牌一样，用一只手抓着这些卡片，另一只手从中抽出了一张。他看着那张卡片上的名字说："假如你是杰瑞·魏斯曼……"

大家可以想象我的反应。我当时目瞪口呆，仿佛听到上帝在穹顶之下呼喊我的名字。我不是唯一一个有这种反应的人。我刚刚结识了旁边的几位新生，他们都转过身来盯着我。这阵小骚动就像水面中的涟漪，很快在台下观众中扩散开来。

我后来得知，院长抽中我的考勤卡纯属偶然。他每年都会抽取一张印有新生名字的考勤卡。我后来得知，这位院长就是演讲系的主任。念出我名字的奥蒙德·德雷克（Ormond J. Drake）院长后来成了我的导师。毕业后，我在演讲系担任讲师，他成了我的上司。再后来，德雷克介绍我去华尔街的一家经纪公司工作，他又成了我的举荐人。我在哥伦比亚广播公司曾经制作和导演了一集他主持的访谈节目，这时他变成了我的同事。直至今日，德雷克院长最让我印象深刻的还是他在为我们那届新生致欢迎辞时抽中我的名字的那一幕。

"把每一场演讲都当作第一次"

很多商业演讲都会在不同的场合进行许多场，演讲者传递的信息相同，但是观众不同。比如，销售人员要向不同的顾客推销新产品，人力资源经理要分批次向员工解释公司的福利。在 IPO 路演时，公司高管可能要在两周内和投资人开 60 到 80 场会议，通常一天有 6 到 8 场会议。

在这种情况下，演讲者很难在每场演讲中都情绪饱满、鲜活生动。原因在于，要想在演讲时情绪饱满，就必须全情投入。当把同样的内容讲到第三遍、第十遍甚至第十五遍时，演讲者很难再像第一次演讲时那样热情洋溢、慷慨激昂。但如果演讲者开启"自动驾驶"模式，整个演讲就会变得机械化，如罐装食品一样平淡无奇。观众也会因此变得漠然，无法融入演讲，进而不能被说服。

做演讲难在如何"把每一场演讲都当作第一次"。这句话源自戏剧领域，因为每个戏剧演员都可能要把一个角色重复演数百场，但他们仍然要让观众感觉他们在舞台上说的每句话和做的每个动作都非常自然，而不是在机械地重复。最初提出这个观点的是一位名叫威廉·吉勒特（William Gillette）的美国演员。他在舞台上生动地塑造了福尔摩斯这个人物，并因此名声大噪。他共扮演过 1 300 余次福尔摩斯。没有哪位演讲者会把同一个故事讲 1 300 遍。但为了推销产品、招募合作伙伴或筹集资金，商界的"空中飞人"要不断重复演讲。所以，他们也需要思考，如何让自己在每次演讲中都能像做第一次演讲时一样情绪饱满、精神焕发。

面对这个难题，吉勒特给出的答案是要"把每一场表演都当作第一次"。在同名书籍中，他对这句话进行了解释：

> 最重要的是表演精神。演员必须让观众感觉他们看到的是自己的首次演出，就像舞台灯光下有一段真实的生活在上演。请注意，这是观众的感觉，而非他们的推断。

演讲者在每次演讲时，都要把它当作第一次。演讲者在做第八十次演讲时必须和第一次一样情绪饱满、精神焕发。而且，演讲者应该进行语言表达练习，让自己的第一次演讲和第八十次演讲一样流利顺畅。

作为商业演讲者，我们拥有舞台演员所没有的自由度。我们可以调整自己的台词，通过自主发挥，让每次演讲都能带给观众新鲜感。这是否意味着演讲者每次都要更改那些反复出现的内容呢？不是这样的。**演讲者可以在**

不更改核心素材的情况下根据每场演讲的实际情况有针对性地设计演讲，拉近与观众之间的距离。不管演讲需要进行几次，我们都可以使用这些技巧来进行设计。

拉近与观众距离的 7 种方式

在第 8 章中，我们讨论了演讲内容的衔接方式。而拉近演讲者与观众之间的距离同样重要。我们可以通过以下 7 种方式，在演讲过程中穿插一些词语、短语、故事和其他素材，为自己量身设计一场演讲。以下是演讲者拉近自己与观众之间距离的 7 种方式：

1. **直接点名法**。直接称呼观众姓名。
2. **巧借中间人法**。提及与演讲者和观众都有关联的人、公司或组织。
3. **提问法**。直接向观众中的一位或多位提问。
4. **引用时事新闻法**。联系演讲当天正在发生的事件。
5. **本地化法**。提及演讲的场所。
6. **领英法**。了解观众的职业发展道路，寻找演讲者和观众的共同点。
7. **量身定制开场 PPT 法**。将关于观众、演讲场所和演讲日期的信息展示在第一张 PPT 中。

让我们通过简单的例子来逐一讨论这 7 种与观众拉近距离的方法。

方式 1：直接点名法

直接点名法是指直接点出一位或多位观众的姓名。 德雷克院长在纽约大学的新生典礼上就使用了这个技巧。几十年后，我对被点名的那一刻还历历在目，由此可见直接点名法的效果强大。

我演讲课程的指导对象大多是多人小组，每个小组一般有 4 到 5 人。我会从课程一开始就称呼学员的姓名，而且每次请他们发表意见或回答问题时都会如此。在大型研讨会上，我会给每位参与者发放姓名帖，并在姓名帖上用粗体打印大家的姓名，这样便于我称呼他们。我进行在线授课时，可以看到每个参与者的头像下面都显示了他们的名字，这样，我能更方便地称呼他们。不管怎样，我在与他人互动时都会叫他们的名字。

除了称呼姓名之外，演讲者还可以提到观众的言行："今天早些时候，珍妮弗曾经提问……""乔斯曾表示，他希望能够……""我与罗恩在茶歇时聊过，他告诉我……"

方式 2：巧借中间人法

巧借中间人法是指演讲者在演讲中提及与他和观众都存在关联的人、公司或组织。使用"巧借中间人法"实质上就是通过提及大人物的名字来抬高自己的身价，这在商业活动中是一种正当的做法。

演讲者在向 A 公司推销服务时，因为知道 A 和 B 两家公司是关系密切的盟友，所以可以讲述其为 B 公司提供服务的情况。如果 C 公司的首席执行官同时担任了 A 公司的董事，演讲者在这种情况下也可以介绍自己为 C 公司服务的情况。

IPO 管理团队在拜访各家投行前应认真了解他们的演讲对象，确认其中是否有自己的客户。首席执行官在路演过程中可以通过提及这些业务关系来拉近与投行之间的距离。我们在第 2 章中介绍过，一位首席财务官在阐述"维惠"时提到了以下内容：

> 协力！投资人通常会同时投资多家公司并持有相关股份。其投
> 资对象中部分可能会是我们的顾客或合伙人。我们的成功可以助力
> 他们投资的其他公司获得成功。

方式 3：提问法

提问法是促进观众参与演讲的好方法，演讲者可以请观众分享自己的经历、感受或观点。演讲者在请观众就演讲的主题分享看法时，演讲就从单向的信息传递变为了双向的互动，观众的参与度也会随之提高。但提问法同样会给演讲带来一些不可控因素。

面对演讲者提出的问题，观众可能会答非所问，引出与演讲主题毫不相干的话题，又或是提前引出演讲者稍后才会讲到的内容。因此，演讲者在自问自答后应立即切回故事主线，以免节外生枝。

方式 4：引用时事新闻法

演讲者可以查找会影响观众所在行业或产业链的时事（最好是演讲当天发生的事情），然后在演讲中穿插讲述这些事情。国会通过了新议案吗？新立法会给行业带来何种影响？当天的股市是暴跌还是强势反弹？股市动态会给观众带来哪些影响？

演讲者甚至可以直接引用演讲前一刻发生的事情，比如上一位发言人发表的观点、上一位观众提出的问题或演讲者入场时发生的事情。演讲者需要在演讲过程中抓住各种机会，把这些最新情况穿插到自己的演讲内容中。

方式 5：本地化法

演讲者可以在演讲中引用与当地相关的信息，对演讲内容进行本土化处理。比如，演讲者可以谈谈当地客户的情况，展示公司为该客户创造的收益。

演讲者也可以引用演讲所在地发生的趣闻或时事。比如，"去年，本市医院中有 500 余名病人死于药物的相互作用引起的不良反应。医院若采用本公司的自动配药系统，可以避免多例死亡病例"。

演讲者同样可以在演讲中提及与演讲主题有关的当地知名人物、地标建筑或标志性事件。

方式 6：领英法

领英是商业人士的社交平台，已经成为当今商界不可分割的一部分，人们可以通过领英查看他人的线上简历。**领英可以在演讲中发挥巨大的作用，演讲者可以通过这个平台查找自己与观众之间的共同点。**演讲者可以在领英上搜索、了解观众的职业经历，并查找自己与这些经历之间的交集。这个交集可以是双方共同的熟人，也可以是相同的从业经历。演讲者需要在演讲中找机会提及这些关系。在商界，要找出上下游产业链中的两个人的关系，我们通常使用的"六度空间理论" [①] 会被压缩到四度或三度。

就我个人而言，在做培训项目之前或与他人打交道之前，我都会先查看对方的领英资料或在网络上搜索相关信息。我会通过搜索他们在网络上留下的印迹，查找我们是否有共同的经历或者共同的熟人，以此拉近距离、促进沟通。

---

① 六度空间理论是指你想和任何一个陌生人建立关系，最多只需要通过 6 个人。——译者注

方式 7：量身定制开场 PPT 法

演讲者要在第一张 PPT 中展示出演讲场所、日期和观众所在公司的商标等基础信息。为观众量身定制的开场 PPT 能给演讲者和观众都带来积极的影响。这张 PPT 会促使演讲者在演讲前再次检查自己的 PPT，避免犯错导致尴尬。该 PPT 也会向观众传达一种信息，即这次演讲是根据他们的需求和兴趣量身打造的。

魏斯曼演讲实例

Elevation Partner 等知名公司、机构在演讲中运用定制化技巧

Elevation Partners 是科技领域颇具影响力的投资公司。在我认识的人中，该公司的联合创始人、管理合伙人罗杰·麦克纳米（Roger McName）属于顶级演讲人。大型行业会议和电视台都会力邀他发表独特的商业观点。麦克纳米了解定制化演讲的重要性，会预先仔细起草每一份演讲稿。他这样评价定制化的重要性：

> 演讲是影响他人的好机会，也是打造品牌的绝佳机会，但前提是演讲必须精彩。如果不能针对观众优化每场演讲，还不如干脆放弃演讲机会。因为不具有针对性的演讲会误导观众，也会损害自身声誉。如果不愿意针对观众去优化每场演讲，那就不要接受演讲邀请。
>
> 每位观众都有自己的难题和面临的挑战。他们希望演讲者能鼓舞自己、给自己指导。当你被赋予鼓舞和指导他人的特权时，就意味着双方已经默认，你将发挥自己的最佳水准。你没有任何理由拒绝。
>
> 一个人的声誉取决于他人的看法。这就如同动画片中的卡通人物，他们一直奔跑，跑过悬崖边，等到他们意识到脚下没有任何支

撑时，就会突然从空中坠落。声誉的消失过程与此类似。当人人都意识到你的声誉其实没有任何东西支撑时，它就会崩塌。因此，公众的认知决定了一切。

如果一个人的演讲听起来像是预先录制的公告，那就只有死路一条。如果你不懂这个道理，就不会明白企业成功的关键。

麦克纳米说到做到。他为了宣传《"扎"心了：警惕 Facebook 灾难》（*Zuck-ed: Waking Up the Facebook Catastrophe*）一书，参与了大量的签售活动，进行了 150 场演讲，但他每次演讲时都像盛开的小雏菊一样精神饱满。

对于只做一次的演讲来说，定制化同样重要。金丝雀基金会是一家致力于癌症早期发现的非营利性组织。其创始人、会长唐·利斯特文（Don Listwin）曾担任思科的执行副总裁，是首席执行官约翰·钱伯斯（John Chambers）的得力助手。我结识利斯特文的时候，他还只是位初级产品经理。当时，他来参加 Suasive 培训项目，我们合作筹备一款重要产品的新品发布演讲。

随着新品发布日期的临近，利斯特文在发布会前的周末做了许多次语言表达练习。在发布会前一天，利斯特文又面向思科内部的观众做了一次试讲。他在这次试讲中进入了机械的"自动驾驶"模式，整个演讲变得生硬、呆板和枯燥。他打电话给我："魏斯曼，我的演讲变得无聊了！我要怎么办？"

我提醒利斯特文使用定制化技巧。第二天，在演讲之前，他和几位观众聊了聊。之后，他走上讲台开始演讲。做完开场白后，利斯特文看着刚刚和自己交谈过的一位观众，叫出了他的名字。那位男子听到自己的名字后报以微笑，利斯特文立即感受到一种认同感在台下的观众中扩散开来。演讲者要了解并把握住当下的情况。

多年来，我向客户传授了许多演讲方法，其中，定制化的技巧最少被用到。但这一技巧在观众中带来的反响最大。德雷克院长在念出我的名字时，让我倍感鼓舞，这次经历也铭刻在了我的脑海中。请大家试着使用定制化技巧，创造最佳演讲效果。

定制化演讲的准备工作

定制化演讲的准备工作要提早开始，可以提前数天甚至数周进行。这项准备工作一直持续到演讲者走上演讲台的那一刻才结束。

演讲者在演讲日之前可以做以下几件事：

- **对观众进行调查研究。**演讲者需要尽最大可能了解观众，包括他们的知识层次、兴趣、关注点以及他们在职业上存在的偏见。查阅观众在领英上的个人档案，并浏览他们公司的官方网站。
- **了解观众中主要成员的姓名。**演讲者需要了解哪几位观众最有影响力，调查他们是不是公司最高层的领导、最受人尊敬的技术专家或掌握最高决策权的经理人。
- **随时留意最新的行业新闻和发展趋势。**演讲者需要搜索与观众的公司和行业相关的新闻报道以及网络资料。

演讲者在演讲日当天可以做以下几件事：

- **有针对性地设计演示文稿中的第一张 PPT。**演讲者可以在演示文稿的开头添加一张 PPT，该 PPT 包括与观众、演讲场所和演讲日期有关的基本信息。演讲者可以通过设置演示文稿软件，使其自动更新显示当前日期。

- **根据当天的时事新闻调整演讲文稿。**演讲者可以在演讲日当天起床后，收看电视上的晨间商业频道、阅读当天的日报并浏览网站，通过各种渠道搜寻与演讲主题和观众相关的最新资料。演讲者可以通过浏览网站，了解历史上的今天发生的重要事件，并寻找与演讲主题存在关联的事件。演讲者可以在演讲过程中找机会穿插这段历史故事，为自己的演讲增色。

- **对演讲进行本地化处理。**美国新闻博物馆是一个交互式线上博物馆，其官方网站提供全球多座大城市的报刊头版链接。演讲者可以在演讲当天利用该网站寻找发生在演讲地的新闻素材。

- **在演讲前与观众交流。**我们可以采用利斯特文的做法，走进观众中，与部分观众聊聊天。演讲者既要和观众中的熟人打招呼，也要与陌生人说说话。演讲者可以向观众提问，认真倾听他们的谈话，收集宝贵的信息并了解他们的名字和个人情况。这些信息都可以被运用在演讲中。

让措辞更富表现力

在最后的润色阶段，演讲者要关注措辞。故事就是演讲者制作的产品，文字则是产品的包装。大家都听说过"不能以貌取人"这句老话，但不可否认，漂亮的外表的确能吸引人的注意。演讲者可以用富有表现力的语言来吸引观众。

解释技术术语

在上文提到的演讲的五宗罪中，第四宗罪是"太过详细，或过于专业"。如果演讲者讲述的故事中有各种各样晦涩难懂的文字、术语、简称和流行词，就无疑犯了第四宗罪。我们如今生活在一个科技发达的世界，技术术语已经成为人们日常生活和交谈中不可分割的一部分。如果观众全部是同行，演讲者使用各种技术缩写词汇就在所难免了。

但演讲者可能要同时面对技术人员和非技术人员进行演讲。根据观众至上的原则，演讲者应该让每一位观众都能听懂自己说的话。因此，如果可能有某些观众听不懂某一特定术语，请对该术语加以解释。但演讲者在解释术语前要先铺垫一句话：

在座各位中，可能有人不太熟悉……

这句话有两个好处：

● 不了解该术语的观众会很高兴听到相关定义。
● 熟悉该术语的观众会认为自己是行业精英，因此感到高兴。

使用强效词

在对演讲进行最终润色时，我们要格外关注我们要使用的具体词汇。我们接下来重点讨论在演讲中使用最频繁的措辞。其中有些措辞会破坏故事的效果，为此，我会在每种错误的措辞后面举例说明正确的，帮助大家更自信、更坚定、更明了地表达相同的意思。这些正确的措辞被称为强效词（PowerWords）。大家可能对以下短语已经司空见惯。

"我想……"

"我想……"这种表达听起来非常耳熟，对吗？大家听到这句话的次数可能不比我少。不管是在商业演讲，还是在政治演说、大学授课、颁奖典礼、婚礼致辞中，大家都会时不时听到这句话。

这句话将演讲者摆在了中心位置，它暗示着演讲者全然不考虑观众的想法。这句话的表达也含糊不清，演讲者既然说了"我想……"，为什么不直接去做呢？在飞机准备着陆时，大家是不是常常会听到机组成员在广播中通知："我想首先欢迎大家来到旧金山。"他们为什么不简单直接地说"欢迎来到旧金山"呢？

避免这种表达方式的办法就是学习耐克的广告语"想做就做"的语言结构。你也可以直接去掉"想"字。我们的表述要以观众为中心，考虑到他们的感受，说话要明确果断。我们可以把"我想……"的句式改为：

- "请允许我……"
- "让我们……"

"如我之前所说……"

演讲者使用"如我之前所说……"这种表达意在呼应自己之前阐述的观点。可惜，使用这种措辞会让观众感觉，演讲者在第一次提及该观点时，观众没能察觉这一观点的重要性，所以演讲者不得不再重复一遍，以便他们跟上演讲者的思路。

演讲者并非不能通过重复前面的内容来强调自己的观点，但切记要表现出相信观众们已经懂得并记得前面内容的样子。演讲者可以采用下述表达：

- "正如大家所记得的那样……"
- "我们之前探讨过……"
- "你们已经了解到……"
- "大家还记得……"

"我希望大家明白……"

"我希望大家明白……"这种糟糕的表述也是在强调演讲者前面阐述过的观点。说这一表述比较糟糕，是因为它听起来像是一道命令。**演讲者可以对自己讲过的内容加以强调，但请采用礼貌的方式：**

- "请大家注意……"

"我很快就会告诉各位……"

"我很快就会告诉各位……"这句话暗示演讲者在为自己的演讲道歉，他们承认自己当下所说的内容并不重要。类似的错误表达还有：

- "抱歉，因为时间紧迫……"
- "如果各位能看看这张 PPT……"
- "这张 PPT 的信息量较大……"
- "这张 PPT 是由他人制作……"
- "请忽略这一点……"
- "在开始前……"

绝对不要对观众说"抱歉"。请大家遵照耐克公司的建议，"想做就做"。

"我们以为……""我们认为……""我们感觉……"

"我们以为……""我们认为……""我们感觉……"这 3 句话都表现出演讲者的犹豫和迟疑。**演讲者的任务就是给观众树立信心。要让观众从迟疑到充满信心，演讲者就必须避免使用"以为"、"认为"和"感觉"等让观众心生疑惑的词。**

我最近在网上购买了新的咖啡杯。快递到货后，妻子问我这些杯子是否可以放进洗碗机内清洗。我不知道，所以发邮件询问客服。客服很快回复我说："应该可以。"这种回答实在让我无法相信这些咖啡杯能放在洗碗机里冲洗。

我并不是说演讲者在演讲过程中应该对自己不确定的事进行预测。这样做风险太大，演讲者所在公司的律师会要求他们不能做任何预测，公关公司在这方面尤其注意。因此，演讲者会在文件和演讲中大量使用"认为"一词，这种情况在 IPO 路演中更常见，即使 IPO 路演是为了向观众展现极具吸引力的商机：

> 我们认为公司将在第四季度实现盈利。

我不会推荐大家改用下面这种具有前瞻性的阐述方式：

> 公司将在第四季度实现盈利。

这种表达可能会导致麻烦。因为如果公司未能在第四季度实现盈利，极有可能会因此而背上集体诉讼案。为了避免诉讼，同时避免使用"认为""以为""感觉"这类力量感较弱的词语，我们可以尝试使用下面这些短语：

- "我们有信心……"
- "我们坚信……"
- "我们对此非常乐观……"
- "我们预计……"

"我们不是……"

许多演讲者会使用否定句列举公司不经营哪些业务。可是人们大多不

喜欢否定句,商业人士尤甚。我们应该直接用肯定句来介绍自己:

- "我们是……"

"……方面取得了一定的进展"

当我让客户给"……方面取得了一定的进展"这句话挑毛病时,他们的回答如下:

- "看来还有很多工作要做!"
- "究竟有多少进展?"
- "究竟什么时候能完成?"
- "到底是什么样的进展?"

他们的回答准确指出了这句话存在的问题:信息缺失。这种表达遗漏了重要信息:究竟是谁取得了这些进展?

我们并不清楚这个问题的答案,因为"……方面取得了一定的进展"这句话没有体现出行动的执行者。进展是自己出现的吗?**大家需要在表述时强调行动的执行者,向观众展现执行者对工作的推动,让执行者成为整个故事的焦点。**我们可以说:

- "我们已经取得了……进展。"

我的大多数客户都接受过良好的教育,拥有多个学位,掌握高端技术,其中大多数人都是博士。但在受教育的阶段,他们只学到了如何撰写正规的学术论文,而在商界,文字的表述应该果断、利落。**请在演讲时说明行动的执行者,请使用强效词。**

Suasive 故事创作 10 步法

我们从最初的空白画板着手，截至目前已经拥有一个完整的故事。但这整个过程都不涉及 PPT 的制作。我们在创作故事时采用的是 Suasive 故事创作 10 步法。这个方法是我在哥伦比亚广播公司制作电视节目时总结出来的。在制作电视节目时，一定要先确定故事背景，然后才会开启拍摄、录音或舞美等方面的工作。Suasive 流程也遵循故事第一的原则。PPT 的设计工作必须留待故事创作完成之后才能进行。我们将在第 10 章探讨 PPT 的设计。Suasive 故事创作由关键的 10 步组成：

1. **建构框架**。确定演讲的整体背景，包括 B 点、观众和维惠。
2. **头脑风暴**。让思绪自由流动，寻找和捕捉所有想法。在准备阶段可以照搬资料，但在演讲时切勿如此。
3. **提炼**。挑选并确定两到六点关键想法、想法群组或罗马石柱。
4. **叙事结构**。使用演绎逻辑和归纳逻辑，按照一定的顺序组织罗马石柱。
5. **开场白序列**。用故事摘要来吸引观众的注意力。
6. **故事框架**。对故事进行包装，要有明晰的开头、中间和结尾。
7. **语言表达练习 / 时间把控**：文斯·隆巴迪曾这样建议大家："练习不能创造完美，只有完美的练习才能创造完美。"
8. **间断式学习**。隔一段时间再回看自己的故事。这时，演讲者会对故事产生新鲜感，便于查漏补缺。
9. **内容衔接 / 拉近观众距离**。用文字将故事的各要素连接在一起。
10. **语言**。使用强效词，自信满满地讲述故事。

我们对 Suasive 故事创作 10 步法进行了进一步的提炼，总结出 4 个关键问题：

1. B 点是什么？

2. 观众是谁？他们的维惠是什么？

3. 罗马石柱是什么？

4. 为什么要按照特定的顺序来组织这些罗马石柱？换言之，要选择哪种叙事结构？

　　每当客户请我检查他们的演讲稿时，我都会先提出这 4 个问题，在此之前我不会看他们做的任何 PPT 或听任何演讲内容。这几个问题不仅适合大家，也适合大家的同事。演讲团队中的所有成员都可以参照这 4 个问题来检查演讲内容，统一演讲中的关键信息。请大家在每次演讲前对这些问题做出回答。

魏斯曼演讲实例 ————————

具备行业领先技术的 Inphi 数据传输公司参照 4 大关键问题撰写博客

　　Inphi 的主营业务是对数据进行高速传输。公司首席执行官福特·塔马（Ford Tamer）和首席财务官约翰·埃德蒙兹（John Edmunds）在 2012 年参加了 Suasive 培训项目，此后也曾在开季度财报电话会议、做演讲和与股东沟通时请我协助他们。

　　2020 年新冠疫情期间，塔马计划在公司网站上发布新博客，分析新冠对 Inphi 的运营和财务状况的影响。他请我协助此事。Inphi 的财务状况和运营情况简直天差地别，而且 Inphi 的运营状况与其他公司并无二致。人们因为疫情要保持社交距离，数百万人只能居家办公，这无疑影响到了公司的运营状况。可从财务角度来说，居家办公又是个好消息。居家办公致使用户对互联网带宽的需求剧增，Inphi 的技术恰巧可以满足这种需求，所以公司上一年度的营收大幅提升。马克·吐温说过："在淘金热兴起时，镐和锹的生意最好做。"Inphi 的产品正是现代版淘金热中的"镐和锹"。

写博客与做演讲有所区别，不过两者都是在讲故事，可以使用同样的方法来进行创作。与其他演讲指导课程一样，在看文稿之前，我会先向塔马提出 4 大关键问题中的前两个："B 点是什么？观众以及他们的维惠是什么？"

塔马早就有了答案："我们的顾客、合作伙伴、投资人和员工等都会浏览公司网站。我希望向这些人传递积极信息，让他们知道 Inphi 在这段困难时期里经营状况依然良好。我想谢谢员工和股东在这前所未有的危急时刻依然支持公司。我想探讨哪些社会趋势提升了用户对互联网带宽的需求。我也想证明我们对危机进行了有效的管理。但是，我并不想在他人深陷困难之时还宣传自家公司经营状况良好。'甲之蜜糖，乙之砒霜'，我还是希望能表现出一定的同理心。"

"至于维惠，"塔马接着说，"我希望投资者能感受到我们的信心。我们有可靠且可持续的业务，在未来几年里能通过细分市场不断创造营收和息税折旧摊销前利润。我希望顾客、合作伙伴和员工能明白，我们在投资时致力于放眼未来。新冠疫情不会减缓我们的发展步伐。事实上，我们将会利用这次危机，让公司变得更强大。"我又提出了 4 大关键问题中的第三个："那你的罗马石柱是什么？"

塔马回答说："我会先对医生、护士、警察和急救人员等战'疫'先锋表示衷心的感谢，也会对快递员、邮局工作人员和杂货店员工等服务人员表示衷心的感谢。正是他们的保障让我们能安全、健康地生活。我也要感谢公司的员工，是他们在困难时期依然保证公司的运转。然后，我要感谢我们所在的集体。Inphi 和我个人都曾向提供医疗用品和食品的非营利性组织进行捐赠。在表达感谢之后，我会接着分析疫情给这个世界带来的变化、这个世界做了哪些努力来适应变化、Inphi 如何调整自己的运营方式、大家即将面对哪些情况以及这些情况对公司业务有哪些影响。"

"为什么要按照这个顺序来组织罗马石柱呢？"

他回答说："我先表示感谢是为了展现公司的同理心，为演讲设定合适的基调。此后，我会阐述问题，展示公司在运营过程中面临的限制因素。接下来，我会提出解决方案，介绍我们会如何应对居家办公的情况。再接下来就是商机分析，我会针对网络带宽速度和市场需求增加的情况进行分析。最后一步是介绍策略，我将说明 Inphi 能提供创新型产品来满足用户对网络速度的需求。"

这 4 大关键问题不仅能用于演讲，同样可以用于博客的撰写。

我儿子比克斯比是云通信企业 Twilio 在拉丁美洲地区的销售总经理。他最近在起草给某位重要客户的电子邮件，请我提建议。他打算和客户讨论多个事项，但没有明确的思路，不知道该如何组织主题。我没有去询问讨论事项，而是直接问他："你的 B 点是什么？客户的维惠又是什么？"

比克斯比相当熟悉我的书和演讲指导服务，也是一位出色的演讲者，但他在撰写电子邮件时忘记了演讲创作的 4 个关键问题。在思考这 4 个问题并找到答案后，他立刻确定了邮件的基本背景和架构，不一会儿就起草完了电子邮件。

从这件事情可以看出，不管是写电子邮件、博客、报告还是演讲稿，作者的目的均是简单明了地讲述自己的故事。回答 4 大关键问题可以帮助我们快速实现这一目的。

在进行下一次演讲前，请大家一定要先思考这 4 大关键问题。在找到这 4 大关键问题的答案之后，我们才能继续下一步工作。如果找不到答案，我们就要重新安排演讲时间，等待找到答案之后再进行演讲。

现在，我们才能把故事搬到 PPT 上。我们将从第 10 章开始探讨 PPT 的制作。

魏斯曼
完美演讲

拉近与观众距离的 7 种方法

1. 直接点名法。
2. 巧借中间人法。
3. 提问法。
4. 引用时事新闻法。
5. 本地化法。
6. 领英法。
7. 量身定制开场 PPT 法。

Suasive 故事创作 10 步法的关键

1. 建构框架。
2. 头脑风暴。
3. 提炼。
4. 叙事结构。
5. 开场白序列。
6. 故事框架。
7. 语言表达练习 / 时间把控。
8. 间断式学习。
9. 内容衔接 / 拉近观众距离。
10. 语言。

第三部分

让 PPT 与演讲完美结合

PRESENTING TO WIN

THE ART OF TELLING YOUR STORY AND DESIGNING YOUR SLIDES

第 10 章

PPT，演讲的视觉交流形式

> 在演讲时使用 PPT，是为了帮助创业者有效地讲述公司的故事。展示 PPT 的过程就是演讲者对故事进行系统性科学论证的过程……条理清晰的 PPT 能逐步引导观众得出演讲者预期中的结论——"这是个非常不错的投资项目"。
>
> ——比尔·格利，基准资本公司

本章开头引用了比尔·格利的观点。我们在绪论中也曾引用过他的话。不难看出，格利对讲故事的艺术和 PPT 的制作艺术都很重视。但格利也非常清楚 PPT 的劣势：

很多人认为，PPT 象征着动画片《呆伯特》（*Dilbert*）[1] 所讽刺的官僚主义。

也有人提出"夺命 PPT"的说法，用来讽刺滥用 PPT 的情况。耶鲁大学教授、信息设计领域知名作家爱德华·塔夫特（Edward Tufte）曾经写道："过于重视 PPT 的风格常常会破坏故事内容，让演讲变得琐碎，导致形式大于内容。"

很多商业人士也对这些贬损 PPT 的观点颇为赞同。但我并不认同塔夫特教授的观点，也不赞成使用"夺命 PPT"这一称呼。认同这些说法的人无异于是文章写得不好还埋怨笔。PPT 质量糟糕的根源在于制作者，这不是 PPT 软件的问题。贬损 PPT 的人对 PPT 感到失望，是因为大多数商业人士一直错误地将 PPT"一物多用"，把演示文稿和文档文件混为一谈。

---

[1]　呆伯特是卡通人物，代表了生意圈里的平庸之辈。——译者注

演讲者为主，PPT 为辅

如果演讲者将 PPT 同时用于演示和记录，就犯了典型的"一物多用"错误。这会导致 PPT 的两种功能都无法得到充分发挥。很显然，解决这个问题的方法就是将演示和记录两种功能分开使用。我们首先要明确文档和 PPT 的真正功能。让我们先从文档开始。商业文档包括：

● 年度报告

● 战略计划

● 市场分析报告

● 会议纪要

以上商业文档的内容必须详尽，因为文档是独立存在的，读者在阅读和理解文档时不会有人在一旁解释或补充。

有些演讲者把密密麻麻的文字和内容详尽的图表都搬到 PPT 上，对文档中庞杂的数据几乎不加修改，也不使用缩写。这种做法会让 PPT 成为主角，自己沦为配角。这个时候，PPT 就会出错。

很多商业人士认为演讲者是可有可无的。他们会说："我下周无法参加你的演讲会，请直接把 PPT 发给我看。"又或者说："请提前把 PPT 发给我。"尽管观众无法单独使用 PPT，他们还是把 PPT 当作独立的讲义用于分发。

为了便于观众提前了解演讲内容，有些演讲者会在演讲前把 PPT 打印出来分发给大家。这样一来，虽然观众已经提前看过 PPT，但在演讲过程中不得不再看一遍，同时还要听演讲者朗读一遍其中的内容。从观众的角度来说，他们受到了"三重攻击"。将 PPT 作为讲义只体现了 PPT 的一种用途。演讲者可以赋予 PPT 更多功能：

- **备忘录：** 用于提示内容。
- **证据：** 证明演讲内容全面、深入。
- **标准文稿：** 统一表述，以便他人使用这一 PPT 时也能传达同样的信息。

　　如果演讲者的确需要配套的文档，市面上所有热门的演示文稿软件都提供了备注页视图。备注页视图的顶部是该 PPT 的图片，底部用于补充讲义（见图 10-1）。

图 10-1　备注页视图

　　这些备注页只能在演讲结束后作为讲义发放。 如果演讲者在演讲前或演讲过程中分发讲义，观众会边看边听，就无法全神贯注地倾听演讲了。当会议的主办方要求提前提供演示文稿的备份时，演讲者可以提供备注页视图文件，这样的视图文件只能用于 PPT 展示，无法作为讲义分发。

在风险投资和金融领域，观众常要求演讲者提前提供 PPT。如果你遇到这种情况，请礼貌拒绝对方的要求，你可以用商业计划或执行摘要来代替。请使用文字处理软件来制作这些文档，不要使用演示文稿软件，因为你应该在文档中使用完整、独立的语句。

将 PPT "一物多用"还会导致另一种糟糕的情况。当写满密密麻麻文字的 PPT 突然被投影到屏幕上时，观众会下意识地马上开始盯着 PPT，阅读上面的文字，从而停止倾听。在这种情况下，PPT 会成为大家关注的重点，演讲者反而成了附属品或旁白者，甚至可能沦为和腹语表演者手里的木偶一样的角色。

当演讲者开始读 PPT 时，情况会雪上加霜。在观众们看来，演讲者照本宣科地念稿是在轻视他们。他们会想："我又不是不识字的孩子！我完全可以自己念！"如果演讲者无法拉近和观众之间的距离，双方沟通受阻，就很难说服观众。大家别忘了，大人给小宝宝读书是为了哄他们睡觉，所以人在长大后才会一听到他人朗读就昏昏欲睡，这个习惯永远难改。

还有一种更糟糕的情况是，演讲者在演讲过程中偏题，讲述的内容与 PPT 完全无关。观众看到和听到的信息不一致，就会既困惑又气恼。这种情况就像是电视机的音频线和视频线插错孔，结果导致影像杂乱，静电噪声不断。

亚马逊公司的创始人和首席执行官杰夫·贝佐斯受够了 PPT 演示中出现的问题。2004 年，他规定员工在公司内部会议上改用备忘录，不得使用 PPT。他在一封电子邮件里解释了做这项规定的原因：

> PPT 在一定程度上粉饰了演讲者的观点有多糟糕，削弱了观点的重要性，也忽视了观点之间的关联性。

贝佐斯在 2018 年致股东的信中又再次详细地解释了取消使用 PPT 的原因：

> 亚马逊公司的员工不做 PPT 演示，但我们会根据叙事结构撰写长达 6 页的备忘录。每次会议开始时，我们会先安静地阅读这些备忘录，这时整个会议室就像"学习室"。

传记作家埃里克·拉森（Erik Larson）认为，贝佐斯的这些观点很可能是受到丘吉尔的启发：

> 丘吉尔首相撰写的备忘录简洁明了，不会超过一页纸。"不简化自己的想法是种懒惰的表现。"他说。

亚马逊公司也要与其他公司沟通，而 PPT 已经成为商业演讲中的通用语言。《纽约客》刊发过一篇文章讨论这一话题：

> 如果一个参加会议的美国企业没有准备 PPT，那么它就像赤脚出席会议，略显自命不凡，却又不受人待见。

亚马逊公司的员工也懂得这个道理，他们在参加面向消费者的外部活动时也会使用 PPT。在每年一度的亚马逊云科技 re:Invent 大会上，亚马逊公司的高管、嘉宾和客户都会发表主题演讲，观众数量庞大。所有演讲者都会精心准备生动的 PPT 演示文稿，在 5 块大屏幕上进行演示。这场大会包括多个分组讨论会，公司的中层管理人员会在分组讨论会上发表演讲。这些演讲的观众数量相对较少，但演讲者也都准备了 PPT。

还有另外一个重要的原因促使演讲者使用 PPT。PPT 可以帮助演讲者强调自己的观点，同时帮助观众记忆演讲内容。在撰写本书时，我在

JSTOR 数据库上搜索发现，近 8 万份科学研究证实了这个观点，其中大多为神经学方面的研究。

在证明 PPT 的价值方面，社会科学家罗伯特·西奥迪尼（Robert Cialdini）博士最权威，他也是畅销书《影响力》（*Influence: The Psychology of Persuasion*）[①] 的作者。西奥迪尼博士认为，PPT 不仅能帮助演讲者强调自己的观点、帮助观众记忆演讲的内容，还能提高演讲者的说服力。

西奥迪尼博士和他的团队进行了一项研究来估计 PPT 的影响力。他们找来一个人假扮高中学生，然后请志愿者们根据与这个人的表现相关的数据评估他是否可以获得大学橄榄球奖学金。研究团队首先将非专家志愿者分为 3 组，再采用不同的方式向他们展示这些统计数字。这 3 种展示方式的"技术复杂度"不同，分别为：

- **技术复杂度低：**打印出的统计数字汇总表
- **技术复杂度中等：**打印出的 PPT 图表
- **技术复杂度高：**带电脑动画的 PPT 图表

研究人员此后依然采用这 3 种方式分别向 3 组体育专家展示了同样的数据。研究结果显示：**演示方式的技术复杂度越高，参与者就越容易受影响。**

中国有句古谚语说得好：

---

① 《影响力》是一本畅销的心理学佳作。在书中，心理学家罗伯持·西奥迪尼为我们解释了为什么有些人具有说服力，而我们总是容易上当受骗。他总结了隐藏在冲动顺从他人背后的 6 大心理秘籍。该书中文简体字版已由湛庐引进，由北京联合出版公司出版。——编者注

不闻不若闻之，闻之不若见之。

单单基于这个理由，PPT 就是商业沟通中必不可少的一部分。这种情况在未来也会持续下去。为了让 PPT 充分发挥作用，就不能对它"一物多用"。为此，我们要明确 PPT 的角色定位。

演示文稿的作用必须纯粹。还记得霍浩文在 IPO 路演中的开场白吗？"只做一件事，而且把这件事做到位。"如果你想用演示文稿实现多个目的，那么每个目的都无法 100% 实现。

演示文稿只是演示文稿，绝对不能代替文档。毕竟微软为大家提供了WORD 用于文档处理，PowerPoint 则用于制作演示文稿。球类器具生产商 True Temper 的一句老广告语说得很对：用合适的工具做合适的事。

PPT 在演讲中的唯一作用就是为演讲者的故事提供补充。

美国广播公司、哥伦比亚广播公司和美国全国广播公司的晚间电视新闻节目都以主持人为焦点。节目主持人会为我们讲述和分析新闻事件。

主持人在讲述时也会使用各种图片，但这些图片只起到辅助作用。电视画面里通常只有一张照片，再搭配一两个词语。

比如，美国国会大厦的照片会配上"税收辩论"的文字说明；一瓶药水的图片会以"处方药"为标题；一个身穿连帽衫的男子的照片会配文"大规模黑客攻击"（见图 10-2）。

在这个例子中，我们可以把图片视作报刊的标题，而主持人的播报则是报道的正文，我们也可以把图片视为拍摄影片的辅助视角，其作用是对故事主线加以说明。

大规模黑客攻击

图 10-2　新闻主播在播报头条新闻时使用了图片

我的表兄乔尔·戈德伯格（Joel Goldberg）在美国广播公司新闻部门担任美工长达 25 年。他常常会使用复杂的电子工具，花上一个小时调整某张图片或某行文字的尺寸、阴影、明暗、色调和其他参数，只为制作出视觉效果不错的图片或文字。这些图片或文字会在主持人身后的屏幕上一闪而过。黄金时段的主持人才是节目真正的主角。

将 PPT 单纯作为标题使用的最佳典范是哈佛大学法学院的教授劳伦斯·莱斯格（Lawrence Lessig）。莱斯格教授积极谋求国家开放对版权和商标的法律限制，并常常就此主题发表演讲。他演讲时使用的 PPT 大多只有一个或几个词语，他会把白色的文字设置在黑色屏幕的最中间。莱斯格有时只会在 PPT 上放几张简单的图片。这些图片只是用于辅助他的演讲。在以《阻碍创造力的法律》（*Laws That Choke Creativity*）为题的 TED 演讲中，莱斯格教授的演示文稿图文并茂。该演示文稿由多张 PPT 组成，可以说是一部动态纪录片。这显然是大量准备和排练的成果。

大多数商业人士的准备时间相当有限，所以莱斯格教授的这种演示文稿创作方式仅供大家参考。在准备演示文稿时，我们一定要以演讲者为中心，把 PPT 当作标题，自己负责阐述、剖析和补充信息。

PPT 的 5 大设计原则

寓繁于简

要做到上文说的各点要求，就要遵循"寓繁于简"的指导原则。这一原则出自 20 世纪著名的建筑家、设计家路德维希·米斯·凡德罗（Ludwig Mies van der Rohe）之口。

凡德罗是极简主义建筑学之父，他曾担任德国著名的包豪斯设计学院的院长，此后移居美国，设计了许多造型优美的建筑，例如，纽约市的西格拉姆大厦。这座大厦的外墙大量采用铜和玻璃等材质建造，显得优雅华贵。

凡德罗的这一原则已经成为当代众多有影响力的设计师的信条。寓繁于简也是我们在设计演示文稿时应该遵循的准则。

我在电视行业从业多年，有机会认识许多专业的美工，了解了他们使用工具的出色能力。他们的工作地点往往是价值数百万美元的数字控制室，俗称"百宝箱"。

在过去 30 多年里，我使用过不同的演示文稿软件。这些演示文稿软件经过迭代，功能堪比专业的数字控制室，但寓繁于简依然是我个人的信条。在设计 PPT 时，这些强大的工具能让人感到安心，但经验也告诉我，必须坚持寓繁于简和疑者不用。

科斯拉的"5 秒原则"

科斯拉是硅谷的风云人物，科斯拉创投（Khosla Ventures）的创始人，曾帮助数百家科技公司上市。与他的同行一样，他参加推销活动的次数多到可以当演讲教练了。这些推销活动多数是为了通过融资来保证公司的运营，演讲者一般是初创公司或投资组合公司的创立者。

格雷洛克公司的雷德·霍夫曼同样来自风投行业，他曾经这样解释推销活动的重要性：

> 风投企业的普通合伙人一般需要参加近 5 000 场推销会，然后对其中 600 到 800 场推销会做进一步了解，最终达成一两笔交易。创业者的目标就是争取那少之又少的交易机会。

在准备重要的推销会时，科斯拉有自己的"5 秒原则"。他会在屏幕上投影一张 PPT，5 秒钟后撤掉，然后请观众描述这张 PPT。如果这张 PPT 的内容过多，观众会记不全内容，演讲者自然也得不到融资。他不会将这样的 PPT 用于正式演讲。

我们可以把演示文稿中的每张 PPT 都看作高速公路上的广告牌。观众就坐在飞驶而过的车内。广告商在设计这些昂贵展位上的广告牌时肯定希望路过的司机能快速记住上面的内容。

演讲的观众表面上是静止的，但他们的大脑会飞速转动。他们在想着自己的电子邮件、短信、电话等个人事务。他们并不想花太多精力去思考演讲者到底想表达什么。

PRESENTING TO WIN

如果演讲者在设计 PPT 时遵循了寓繁于简的原则，观众看到 PPT 时就能快速理解并专心倾听。内容繁杂的 PPT 会迫使观众花更多时间理解 PPT 上的内容，他们在思考的同时就会停止倾听。

兼顾观众的习惯和本能

除了以演讲者为中心和寓繁于简的原则之外，要设计优质的演讲稿，还有第三条原则。这条原则基于观众的眼睛和大脑处理信息方式的不同。人类看问题的方式会受相互冲突的两股力量的影响，这两股力量分别是习惯和本能。前者是逐渐习得的，后者是一种下意识的反应。

后天的习惯

在西方语言体系（包括英语、法语、西班牙语和意大利语）中，大家的习惯从左往右阅读。但在中东语言体系（包括希伯来语、阿拉伯语）中，人们习惯于从右往左阅读。

西方语言从左至右的书写习惯可以一直追溯到中世纪。在约翰内斯·古腾堡改进印刷术前 1 000 年，隐居的僧侣们会在羊皮纸上抄写经文，并煞费苦心地在纸张左上角用彩色颜料、金箔或银箔对经文的首字母进行装饰，以表示"由此开始"（见图 10-3）。

这种对首字母进行装饰的传统沿袭至今。现在，不仅精美的手稿和印刷书籍的章首字母有装饰，纸质报刊和互联网文章的开头首字母也会被美化。这都是因为西方读者习惯从左上角开始阅读。

演讲者每切换一张 PPT，观众的目光也会开始由左至右移动。但在他们的眼神习惯性地由左至右移动后，他们先天的本能会发挥作用，目光会朝反方向移动。

图 10-3 彩饰手抄本

先天的本能

当观众突然意识到屏幕上还有更多信息有待阅读时，他们的眼神会继续移动来读取新的图像。这次的移动要比第一次移动更加强劲有力，因为这种移动完全是非自愿的，这是视觉神经面对图像的一种下意识反应。观众没法不盯着新信息看。当电脑或手机上弹出通知时，我们都会做出与此类似的本能动作。我们的视线会快速地移动到新图像上，这种反应是不受控制的。

1798 年，计算机、手机和 PPT 演示文稿还没诞生，但英国诗人威廉·华兹华斯就已经开始用诗歌来描述这种自然的本能反应：

眼睛——它无法选择不去看。

我们无法让耳朵静止。

不论何处，我们身有所感。

也不管我们是否愿意。

这种眼睛的无意识反应被称作反射性交叉扫视（reflexive cross sweep）（见图10-4）。

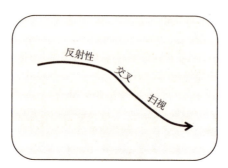

图10-4　反射性交叉扫视

这种从左往右阅读的习惯也影响着出版业。每本书的第一页和每个章节的第一页通常都会在右页，也就是纸张的正面。这种惯例起源于古代的木板印刷方式，这种印刷方式满足了读者把书翻到新一页后从左往右阅读的自然冲动。

在观看演示时，观众的眼神往往会反射性地向右下方或右上方移动。艺术家在绘画时通常会考虑眼睛由上至下、由左至右的移动顺序。正因为如此，画家往往会把签名留在画布的右下角。他们知道，人们在欣赏画作时目光最终会停留在创作者的签名处。

商业人士也会本能地从左往右看，但他们同时更喜欢往上看。他们目光的移动轨迹正是理想的营收和利润增长路径。这个路径看上去恰似一根冰球杆（见图10-5）。

图 10-5　向右上方移动的冰球杆式眼神移动方式

美国风险投资合伙人有限公司（USVP）是硅谷一家顶级的风投企业。该公司合伙人欧文·费德曼（Irwin Federman）认为冰球杆的形状可以传递积极的信号，他办公室的墙上就挂着一根冰球杆。费德曼是众多知名科技公司创立时的投资人或融资时的领投人，他投资过的公司包括闪迪（SanDisk）、Check Point Software、迈络思（Mellanox）、MMC Networks 和 Crescendo Communications。在加入 USVP 前，费德曼曾担任 Monolithic Memories 的首席执行官。这家公司生产制造可编程的逻辑装置和逻辑电路。费德曼在该公司工作期间，担任销售副总裁的是汤姆·布兰奇（Tom Branch）。费德曼曾称赞布兰奇是制作 PPT 的高手，因为他会在设计 PPT 时注意观众眼神向右上方移动的规律：

> 布兰奇送给我一根韦恩·格雷茨基（Wayne Gretzky）的冰球杆。这根冰球杆被牢牢地固定在展示板上，展示板上还印制了 4 个财年的营收曲线图。他希望这根冰球杆能提醒我他负责的工作以及我对他的期望。
>
> 事实上，所有初创公司都乐观地预测他们的销售额会急剧增长。所以，在 Monolithic Memories 和 AMD 公司合并时，我带着那块钉着冰球杆的展示板进入了风投界。在过去的 30 年里，事实证明了布兰奇颇有先见之明。

我们将在第 11 章中详细探讨冰球杆形状对数据型 PPT 设计的重要意义。

创立耐克公司时，菲尔·奈特（Phil Knight）委托波特兰州立大学一位名叫卡罗琳·戴维森（Carolyn Davidson）的平面设计专业的学生设计公司商标。耐克公司的名字源自希腊胜利女神。受公司名的启发，戴维森设计了耐克标志性的商标。耐克品牌标志的英文是"swoosh"，表示"嗖的一声"。这个标志的走向也是从左下往右上的（见图 10-6）。

图 10-6　耐克品牌标志

著名流行艺术家安迪·沃霍尔（Andy Warhol）也了解人们的眼睛会习惯性地从左向右移动这一规律。在职业生涯初期，他创作传奇作品《金宝汤罐头》（*Campbell's Soup Cans*）之前，他对报纸上的一则隆鼻手术广告着了迷。这则广告图片的左边是一个长鼻子，右边是一个缩短后的鼻子。沃霍尔放大了该广告，并将广告搬上画布，取名为《术前术后》（*Before and After*）（见图 10-7）。

如果沃霍尔调换这两幅图片的位置，标题就应该被改为《术后术前》（*After and Before*）。

披头士乐队也非常重视人们从左至右阅读的习惯。《艾比路》（*Abbey Road*）是他们最著名的专辑之一。该专辑的封面照片上是 4 人从左至右排成一队走过伦敦艾比路斑马线的样子。在拍摄封面照片时，摄影师抓拍了 6 张乐队来来回回横穿该路口的照片。保罗·麦卡特尼（Paul McCartney）认为，这张披头士乐队成员从左至右横穿马路的照片是最经典的。

图 10-7　沃霍尔，《术前术后》（1961 年）

　　这张照片及拍摄花絮都成了昂贵的收藏品。艾比路路口也成了伦敦热门的观光景点。游客们会模仿披头士乐队，在艾比路路口从左至右列队自拍（见图 10-8）。

图 10-8　游客游览艾比路

不管眼神是向右上方（商业流行方向）还是向右下方（艺术流行方向）移动，这种从左至右的反射性移动习惯已经在所有读者、观众和观众身上根深蒂固。大家可以浏览本书的插图，感受一下眼神的移动方向。

但阅读文字和观看 PPT 演示之间又存在一个重要差别。读者在浏览书和刊物的页面时，目光每次只需要移动 12.7 到 20.3 厘米。而在听演讲时，观众的目光需要从演讲者挪到会议室或大礼堂的大屏幕上，这时目光的移动距离从 0.6 到 6 米不等，具体取决于屏幕的大小。就算演讲者使用手提电脑或 iPad 进行演示，观众的目光也需要从演讲者身上挪到电脑或 iPad 的屏幕上，这个距离也有数十厘米。

不论如何，当新的图像出现在屏幕上时，观众的眼睛会快速做出两种反应：一是将目光移到屏幕左边开始阅读 PPT（后天的习惯）；二是将目光从左至右移动，阅读 PPT 上的所有信息（先天的本能）。

如果 PPT 中的图片、数字和文字过多，观众在从左至右移动目光时无法一次性获取所有信息，就不得不再将目光从右至左移动，然后重新阅读第一次遗漏的信息。观众多次移动目光是违反本能的。PPT 上的内容越密集，观众的目光在屏幕上扫视的次数就越多，耳朵能听进去的演讲内容就越少。观众耳朵听到的内容会与眼睛看到的内容发生冲突，这就是典型的认知失调。

减少观众的眼睛扫视次数

现在我们得出了一条新原则：为了让观众看懂 PPT，必须将其目光移动的次数减到最少，从而使他们的眼睛和大脑要处理的信息量减到最少，让他们能把精力和时间都放在演讲者身上。

最能理解目光移动重要性的当属互联网行业的从业者。为了能制作吸引人的广告和网页，广告商和网站设计师认真地研究了网站访客会如何浏览图像。他们对眼动跟踪软件的需求促成了一个小型产业的发展。在撰写本书时，我在谷歌上搜索"眼动跟踪软件"，得到了 1.42 亿条搜索结果，结果页中的第一页就显示了 6 家不同的公司。

我们同样要认真研究观众在阅读演示文稿时的目光移动规律，在设计PPT 时要将观众的目光移动次数减到最少。如果观众能轻松阅读 PPT，演讲者就能轻松演讲。因此，不要把 PPT 做得过于复杂。

为了能做到以上几点原则，我们在设计 PPT 时可以使用两条元设计技巧。

Suasive 元设计技巧

这两条 Suasive 元设计技巧相辅相成：

- **一目了然**。演讲者需要精心设计每张 PPT，确保观众如同高速公路上的司机一样，即使只是在广告牌旁疾驰而过，也能看一眼就记住广告牌上的全部信息。观众阅读 PPT 时所花的时间越长，认真倾听演讲的时间就越短。一目了然的设计能缩短观众看 PPT 的时间。为了确保观众看一眼 PPT 就能理解所有信息，演讲者要能用一句话概括 PPT。
- **标题 +X**。演讲者在用一句话概括 PPT 时，可以同时使用标题和标题下方的图形素材。借用财务术语来说，标题是"线上项目"，而其他元素则是"线下项目"。X 是指项目列表、柱形图、饼状图、折线图、图标或图片等，这些元素在 PPT 中所占位置较大，容易使 PPT 显得杂乱。内容杂乱的 PPT 是无法用一句话概括的。将标题 +X 技巧与"寓繁于简"的原则相结合，就能让 PPT 变得一目了然，使观众更容易理解 PPT 内容。在理解了 PPT 的信息后，观众马上就会认真倾听，把注意力放在演讲者的探讨和补充上。

如果一张 PPT 的标题是"营收增长"，且这张 PPT 配有一张柱状图，那么它的标题 +X 则是"大家从这张 PPT 上可以看出公司营收在过去 4 年的增长情况"，或"本图展现了公司营收在过去 4 年的增长情况"（见图 10-9）。

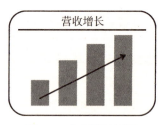

图 10-9　营收增长柱形图

如果一张 PPT 的标题是"产品特色"，且这张 PPT 配有相应的项目列表，那么它的标题 +X 则是"这些是公司产品的主要特色"，或"凭借这 4 大特色，公司成了市场领导者"（见图 10-10）。

图 10-10　项目列表图

如果观众能瞬间懂得 PPT 要传递的信息，就会将注意力重新放到演讲者身上，认真倾听演讲者针对列表中每个要点进行的内容补充和探讨。

一目了然和标题 +X 这两条技巧相辅相成，可以帮助观众立即轻松理解

PPT 的内容。

这两条技巧也可以作为大家设计 PPT 的一种标准。最后，这两条技巧充分遵循了与观众认知有关的科学原理。演讲者若忽视科学的力量，演讲就可能有出差错的风险。总的来说，遵循以下 5 大原则就可以高效地设计出 PPT：

- 以演讲者为中心。
- 寓繁于简。
- 减少观众的眼睛扫视次数。
- 一目了然。
- 标题 +X。

为了能实际运用这些基本原则，让我们来看看设计 PPT 时会使用到的图形工具。

PPT 的 4 种基本图片设计要素

所有演示文稿软件将基本的图片设计要素划分为 4 类：图片型要素、关联型要素、文本型要素和数字型要素。

图片型要素包括照片、草图、地图、图标、商标、屏幕截图和信息图（见图 10-11）。

关联型要素包括表格、矩阵图、层次图和组织结构图（见图 10-12）。

文本型要素包括项目编号列表和句子（见图 10-13）。

图 10-11　图片型 PPT

图 10-12　关联型 PPT

数字型要素包括柱形图、饼状图、面积图、折线图，以及直方图（见图 10-14）。

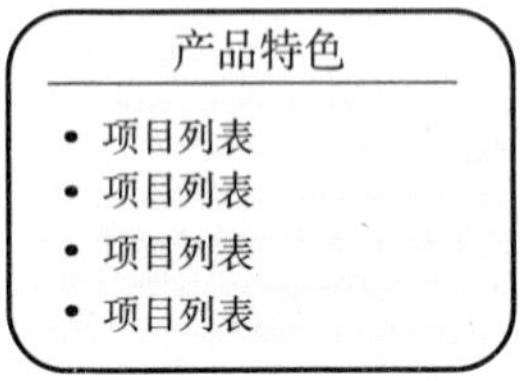

产品特色

- 项目列表
- 项目列表
- 项目列表
- 项目列表

图 10-13　文本型 PPT

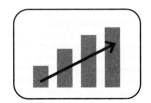

图 10-14　数据型 PPT

当演讲者选择了图片型和关联型要素时，就相当于自然地遵循了寓繁于简的准则。 一张图片可以胜过千言万语。演讲者也可以在使用表格或矩阵时通过将多个不同元素加以组织、提炼和统一，用简单的图形汇集和展现大量信息。

演讲者在使用文本型和数字型要素时最容易出问题。因为软件提供了比较全面的文本和数字处理功能，演讲者使用文本和数字型要素做 PPT 时容易落入"一物多用"的陷阱。在接下来的两个章节里，我们将介绍这些图片设计要素的优秀使用案例供大家参考。第 11 章和第 12 章将重点关注如何设计寓繁于简的 PPT，让 PPT 变得一目了然，便于演讲者借助标题 +X 技巧用一句话概括 PPT。

**魏斯曼
完美演讲**

高效设计 PPT 的 5 大原则

1. 以演讲者为中心。

2. 寓繁于简。

3. 减少观众的眼睛扫视次数。

4. 一目了然。

5. 标题 +X。

PRESENTING TO WIN

THE ART OF TELLING YOUR STORY AND DESIGNING YOUR SLIDES

第 11 章

让文本发言

号外！号外！快来读报呀！

——报童的吆喝

树立简明扼要的共识

PPT 中的文本应该达到标题的设计要求。标题要简明扼要，能体现故事的精髓。在早期的报刊出版业中，如何起标题是一门科学，也是一门艺术。互联网时代对标题有了新的要求：标题必须能迅速优化搜索关键词的数据，成为吸引线上潜在顾客的诱饵。

可惜在演讲领域，简明扼要的共识没有树立起来。在"一物多用"这种传统观念的影响下，多数 PPT 中的文本都是拖沓冗长的。但也有一些演讲者成功地打破了这个模式。

2007 年 1 月 9 日，苹果公司的首席执行官史蒂夫·乔布斯走上该公司年度 Macworld 大会的舞台。乔布斯身着标志性的黑色高领毛衣和蓝色牛仔裤，穿着一双白色运动鞋。他的身后是一块巨大的屏幕，屏幕上只有一个闪闪发光的大型苹果公司商标。他说道：

今天，我们将发布 3 款革命性的新产品。第一款是宽屏触控iPod。

屏幕上显示着一个 iPod 的图标和一句话：宽屏触控 iPod。他接着说道：

> 第二款是革命性的移动电话。

屏幕上的 PPT 再次切换，显示出一台手机的图标以及一句话：革命性的移动电话。他随后说：

> 第三款则是一种突破性的互联网通信设备。

屏幕上又出现一个指南针的图标和一句话：突破性的互联网通信设备。乔布斯总结道：

> 这 3 款产品分别是宽屏触控 iPod、革命性的移动电话和突破性的互联网通信设备。
> iPod、手机和互联网通信器。iPod、手机——大家明白我的意思吗？
> 这不是 3 款单独的设备，而是一台设备提供的 3 种功能，我们称这台设备为 iPhone。

屏幕上的 PPT 立即被切换，漆黑的屏幕上出现一个巨大的白色粗体单词：iPhone。

每张 PPT 都相当简洁，文本内容就是该 PPT 的标题。每个标题由形容词、名词和介词组成，其中不包含冠词或连词。文本以外的内容都由乔布斯来阐述，包括每部分内容之间的衔接和串场。

iPhone 后来给其他公司、整个科技业、社交媒体领域甚至是全球经济都带来了一场革命。乔布斯的新品发布演讲也是如此。他的这次演讲成了所有新品发布演讲的标杆，甚至成了很多其他类型演讲的标杆。

此后，蒂姆·库克（Tim Cook）接任苹果公司的首席执行官，继续带领公司飞速发展，也延续了乔布斯的演讲风格。在苹果公司年度全球开发者大会上，库克上台发表主旨演说。他演讲时，身后巨大的屏幕上，也只有一个苹果应用程序商店的图标在闪闪发光。他用以下这段话开场：

> 现在，应用程序的开发者分享精彩作品的途径就是苹果应用程序商店。大家的创造力和努力付出已经让苹果应用程序商店成为用户寻找最佳应用的最佳地点。下个月，苹果应用程序商店将迎来它的第 10 年。在过去 10 年里，苹果应用程序商店已经从根本上改变了我们所有人的生活方式。

屏幕上突然出现几十个应用图标，铺满了整个屏幕。库克解释道：

> 它让无数新公司得以生存发展，创造了数千万份工作岗位，孵化出全新的产业，而且永远改变了我们的生活。苹果应用程序商店是全球最大的应用程序市场。

屏幕突然又变成漆黑一片，中间浮现出一句话：全球最大的应用程序市场。库克说：

> 现在，每周有超过 5 亿人访问该市场。

黑色屏幕上的文字出现了变化：访客每周达 5 亿人。这次的文字变得更大、更显眼。库克继续说明市场的重要性：

这种情况让人兴奋。截至目前，它是全球最大的应用程序市场。

乔布斯在创立苹果公司之前就对设计颇感兴趣。在就读里德学院期间，乔布斯参加过一位特拉比斯特派修道士讲授的书法课。多年后，他回忆这段经历时这样说：

> 如果我在大学时没有上过那门课，就不可能为 Mac 设计出丰富多样的字体或赏心悦目的字间距。

乔布斯为苹果公司的文化注入了深厚的极简主义设计理念。苹果公司所有的产品和包装都线条流畅、精致时尚，广告和信息也都简洁而不简单，这些无不明显体现了公司的理念。苹果公司最知名的广告语之一就是"非同凡想"（Think Different）。这句口号完全可以作为演示文稿的设计原则。

盖伊·川崎是乔布斯的信徒之一。在苹果公司早期的辉煌岁月里，他被委以重任，出任苹果公司的首席宣传官。川崎后来成为硅谷成功的风投家、作家、主旨演说家和播客主持人。在这段职业发展历程中，川崎因宣传其"演示文稿设计的 10/20/30 原则"而闻名：

> 做推销演讲应该准备 10 张 PPT，放映时间不超过 20 分钟，且所有文本的字号不得小于 30。

川崎的原则也得到了建筑设计师阿斯特丽德·克莱因（Astrid Klein）和马克·戴瑟姆（Mark Dytham）的响应。这两位东京的设计师创办了"设计师交流之夜"活动，并在全球推广这种极简主义的演示模式。每年有 5 万余人会在他们组织的 1 000 多场活动中进行演讲。这种模式的指导方针是：

设计师交流之夜就是最理想的"展示和介绍"模式。20张幻灯片，每张PPT有20秒钟的阐述时间。这个活动就是这样，简单，但吸引人。

克莱因和戴瑟姆承认，他们会设计开发这种极简演讲模式，是"因为人们总是喋喋不休！"

我们基本可以肯定，川崎和这些建筑师希望能避免出现PPT"一物多用"的情况。他们的目标令人敬佩，但他们的原则很难被应用到日常的商业推销中。对商界的"空中飞人"们而言，他们可以参考川崎的原则，并积极尝试下文中的基本设计技巧。

文本型 PPT 的两种形式

PPT 中的文本内容分为项目列表和句子两种形式。这两种形式的存在目的截然不同。项目列表用于阐述核心要点，采用的是标题形式。句子则是为了表述完整的独立思想，要遵循合适的语法结构，有主语和谓语，并且用句号结尾：

参众两院通过了一项教育议案。

这不是标题。大家看电子版和纸质版报纸就会发现，标题主要由名词、动词和形容词组成，通常会省略句子的部分语言构成元素，比如冠词、连词和介词。上面这个句子并未省略这些元素。如果将同样的信息概括成标题，将会是下面这样：

国会通过教育议案

标题传递了同样的信息，但用词更少，也没有句号。这就是标题和句子的区别。

让我们看看另一个句子：

一家软件巨头将会停止为其新老顾客提供免费升级服务。

这句话改为标题则是下面这样：

软件巨头终止免费升级服务

标题传递了同样的信息，但用词更少，也没有句号。这就是标题和句子的区别。编辑们会使用简洁的文字作为标题，原因在于有限空间里的字数越少，字号就可以越大，标题也就更能吸引读者的注意力。更重要的一点在于，编辑通过寥寥数字归纳出报道的核心内容，使读者可以快速浏览整版报纸，从中选择自己感兴趣的新闻报道阅读。但演讲者一心想把演示文稿"一物多用"，再加上他们说起话来滔滔不绝，很难简洁明了地传递信息。为了克服这些陋习，让我们来看看精练文字的方法。

数十年来，大量的研讨会、课堂、刊物、时事通讯栏目、博客和网站都建议有志写作小说的作者尝试用 6 个词语撰写一篇完整的故事，以打磨自己的写作技能。他们往往会举这样一个例子：

待售，婴鞋，全新。

据说这个故事的作者是欧内斯特·海明威（Ernest Hemingway），但从未得到过印证。本书阐述的大多数例子都是事实，并非虚构。我们也可以尝试通过用 6 个词写小说的方法来练习如何做到言简意赅。我们可以将它作为提升写作技能的好办法，就像用发球机来练习网球可以提升实战技巧。

对入门者来说，我们可以尝试为第 6 章中探讨的开场白撰写简明扼要的独特卖点。我们用到的单词数可能会超过 6 个，那没有问题，这个练习会让我们的文字越来越精练。完成这一步后，我们可以接着遵照标题的规则起草 PPT 的副标题或项目列表：主要使用名词、动词和形容词，尽可能少用冠词、连词和介词。只要勤加练习，我们就能用尽可能少的词拟出标题。例如，可以使用句子作为表示相对市场份额的饼状图的标题：

我们在相当大的市场中占据了领导地位。

这句话比较长，且语义含糊。将其改写为标题就可以用更少的词表达更为准确的信息：

大型市场的领导者

标题传递了同样的信息，但用词更少，这就是标题和句子的区别。 只有在必须一字不差地传递信息时，我们才使用句子，比如，在转述顾客的赞赏和行业分析师的认可，或在引用某位权威人士的话时。在引用他人的话时，所引用的内容必须切题且简短。演讲者可以在自己的阐述中对 PPT 进行补充。这样，我们就又回到了以演讲者为中心的模式。**切记 PPT 中的文本仅仅相当于演讲者讲述内容的标题。**

我们会对头脑风暴阶段收集的各种想法进行分组并加以提炼，此后通过语言表达练习来熟悉演讲内容。我们可以采用项目列表的形式对各组想法进行汇总。在撰写项目列表的各要点时要遵循新闻标题的写作原则，以备提示。例如，下面 3 个主题是商业故事中的"常客"：

- 有突破性的产品线
- 爆炸式的市场发展趋势
- 有针对性的增长战略

当这些主题和公司相关时，演讲者要花多长时间来详细阐述呢？可能在每个主题上最多花几分钟。因此，在设计 PPT 时，所有标题和项目列表都必须遵循新闻标题的写作原则，力求简练。

文本型 PPT 的设计技巧

我们将会进一步讨论文本型 PPT 的常见问题，然后通过范例学习如何更高效地阐述信息。如果大家参加过演讲会，就会了解这些文本型 PPT 存在的问题。在分析对比 PPT 修改前后的情况时，也请大家留意如何尽可能减少观众眼睛的扫视次数。

技巧 1：切忌自动换行

让我们从自动换行功能开始探讨。自动换行功能最容易导致文本出现问题，而这种问题在所有文本型 PPT 中都存在。当文本长度超出一行时，软件会自动换行。在进行文档创作时，这个功能非常便捷。但在制作演示文稿时，自动换行功能会迫使观众的视线移动 4 次：首先移动到最左边开始阅读，然后从左至右本能地来回扫视，接着再移回第二行的最左边，再次从左至右移动。这种眼动方式违反了减少眼睛扫视次数的原则。我们可以来感受一下这种眼睛移动方式（见图 11-1）。

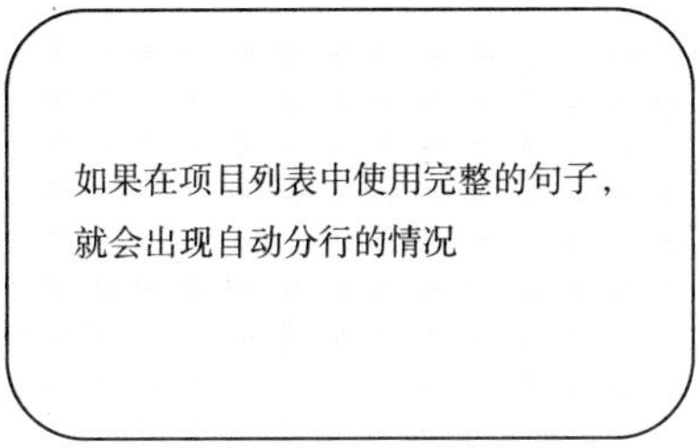

如果在项目列表中使用完整的句子，
就会出现自动分行的情况

图 11-1　自动分行功能迫使眼睛进行多次扫视

使用标题可以剔除多余的词语，把文字缩短到一行，从而将眼睛扫视次数减少到最小。 我们可以感受眼睛扫视一次就完成阅读的情况（见图 11-2）。

使用标题可以减少眼睛扫视次数

图 11-2　使用标题可以减少眼睛扫视次数

伦敦地铁线路图已经成为全球最著名的平面设计作品，被作为文化标志印在 T 恤、咖啡杯和其他英国小摆件上（见图 11-3）。许多专业设计师都十分欣赏伦敦地铁线路图的设计，他们学习这一线路图的设计方法，并将它应用到交通运输体系中。因为伦敦地铁线路充分利用位置、线条、空间和距离等要素来简化复杂的交通体系。不过，在弗朗西斯·加尼翁（Francis Gagnon）看来，该线路图的文本设计最为出色。

加尼翁是信息设计公司 Voilà 的创始人。他在推特网上发文称："既然伦敦地铁线路图可以只使用水平排列的文本，其他人同样可以做到。"

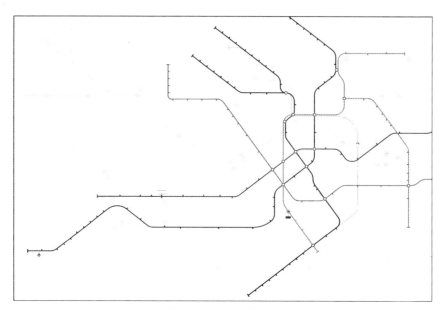

图 11-3　伦敦地铁线路图

　　加尼翁的公司致力于借助信息技术传递复杂的信息。加尼翁毫不保留自己对单行文字这种设计元素的欣赏。**人在浏览单行文字时可以迅速获得其中的信息，对于演讲的观众来说也是如此。**

　　观众的眼睛和大脑必须同时处理两幅画面，一幅是演讲者所在的画面，另一幅是 PPT 所在的画面。PPT 中的内容可能是地图，可能是项目列表，也可能是柱形图。要想观众能轻松处理这两幅画面，PPT 中的文字是单行这点很关键。

　　我们在前文中曾经举例，乔布斯和蒂姆·库克在 PPT 中都经常使用单行标题。或许大家会认为这种风格比较适合主旨演讲，毕竟主旨演讲讲究的是内容的广度，而在日常的演讲中，演讲者注重的是深度。但事实情况并非如此。

数据解决方案的优质供应商 Ziverge 在 PPT 中使用单行标题

FlatMap 是在挪威首都奥斯陆召开的技术软件开发者大会。这个大会相当注重深度。Ziverge 首席执行官约翰·德戈斯（John De Goes）也是演讲者之一。Ziverge 利用工业标准技术设计大型快速数据解决方案。德戈斯的演讲 PPT 成为领英公司 PPT 分享频道（SlideShare）的精选 PPT。这一频道汇集了优质的资源，便于用户通过演示文稿、信息图形、文档文件和其他方式来发现、分享和学习。

德戈斯演讲的主题远远超出我的理解能力，但他所运用的单行标题为他的故事提供了清晰的线索。演示文稿中的第一张 PPT 的主题是待讨论的"4件大事"。德戈斯只使用了几个简单的单词（见图 11-4）。

图 11-4　运用单行标题的 PPT

请大家注意，我并没有听到德戈斯的发言，但在线浏览他的演示文稿时，单行标题让我能跟上他的思路，甚至 PPT 中复杂的符号和计算机代码也没有影响到我的理解（见图 11-5）。

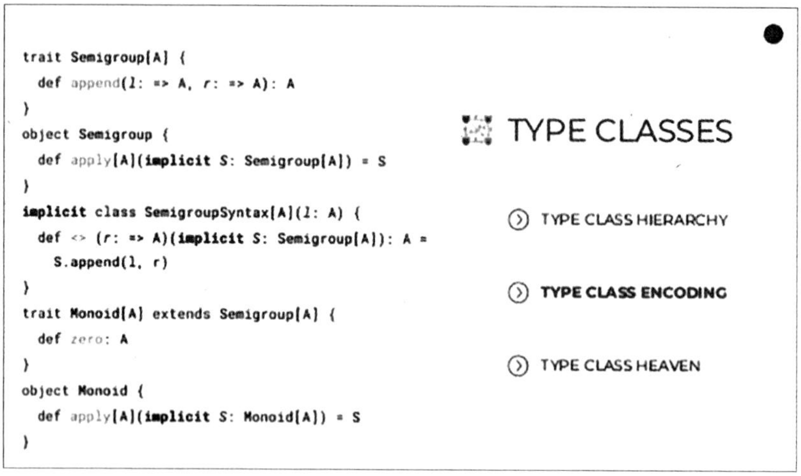

```
trait Semigroup[A] {
  def append(l: => A, r: => A): A
}
object Semigroup {
  def apply[A](implicit S: Semigroup[A]) = S
}
implicit class SemigroupSyntax[A](l: A) {
  def <> (r: => A)(implicit S: Semigroup[A]): A =
    S.append(l, r)
}
trait Monoid[A] extends Semigroup[A] {
  def zero: A
}
object Monoid {
  def apply[A](implicit S: Monoid[A]) = S
}
```

TYPE CLASSES

> TYPE CLASS HIERARCHY

> **TYPE CLASS ENCODING**

> TYPE CLASS HEAVEN

图 11-5　德戈斯的演讲 PPT

PPT 不能独立存在，所以我进一步搜索，找到了德戈斯的演讲视频。他的演讲进一步验证了他 PPT 中的思路，也证实了以演讲者为中心这一模式的正确性。PPT 仅仅用于辅助演讲者的探讨。

技巧 2：精炼文本要点

文本型 PPT 一直是商业演示文稿的重要组成部分，商业人士往往罔顾种种建议，对它"一物多用"。演讲者在演示文稿中大量使用文本型 PPT，是为了让它们发挥文档的作用。当演讲者在项目列表中使用完整的句子时，这些句子就会因排列不下而被分行。文本型 PPT 就这样变得既不是文档，也不是 PPT（见图 11-6）。

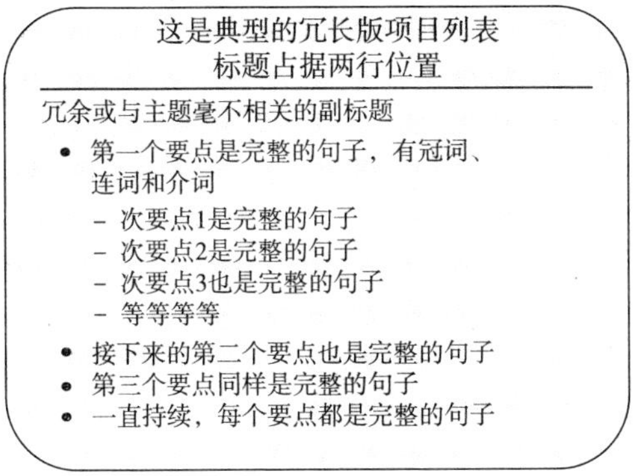

这是典型的冗长版项目列表
标题占据两行位置

冗余或与主题毫不相关的副标题
- 第一个要点是完整的句子，有冠词、
  连词和介词
  - 次要点1是完整的句子
  - 次要点2是完整的句子
  - 次要点3也是完整的句子
  - 等等等等
- 接下来的第二个要点也是完整的句子
- 第三个要点同样是完整的句子
- 一直持续，每个要点都是完整的句子

图 11-6　一物多用的文本型 PPT

这张图看上去眼熟吗？当我在培训课程上展示这张 PPT 时，台下有人叹气，有人窃笑，有人翻白眼。他们的反应足以说明这类 PPT 太过常见。此类 PPT 需要做一台彻底的手术，才能变样（见图 11-7）。

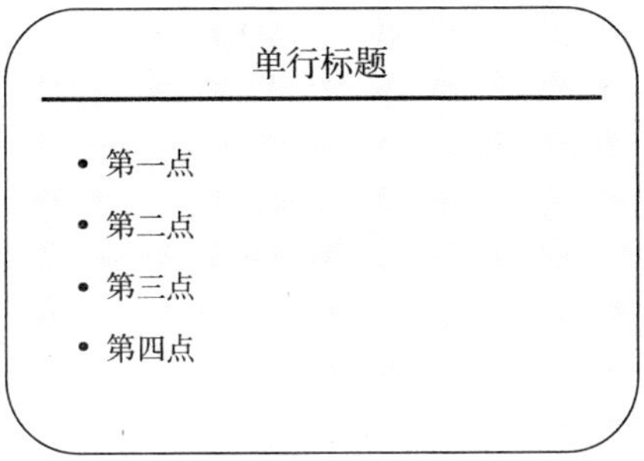

单行标题

- 第一点
- 第二点
- 第三点
- 第四点

图 11-7　遵循寓繁于简原则的文本型 PPT

对比这两张 PPT，我们可以发现如下变化：

首先，标题如果占据两行，就会显得过长。自动换行功能会导致观众的目光需要多扫视一个来回。将两行标题精简为单行标题后，标题变得一目了然，观众扫视一次就能了解标题内容。

其次，副标题被取消。副标题通常只是重复标题内容，或本身是与标题毫不相关的新内容。这需要观众努力解读新信息，还要厘清主、副标题之间的关系。更糟糕的是，演讲者在拟副标题时常常会错误地认为，主标题或副标题应提前引出 PPT 的内容。这完全违背了以演讲者为中心的原则。如果 PPT 确实需要副标题，副标题的内容必须与主标题存在明显关联。因此，最好省略副标题，由演讲者来阐述相关信息。

图 11-6 中的第一个要点是一个完整的句子，也出现了自动换行的情况。这会导致观众的眼睛要多扫视一个来回。所以正确的做法是将这句话简化为单行标题，将其他各要点和次要点也简化为单行标题的形式。

还有非常重要的一个事项要请大家注意。按照常规做法，很多演讲者会在次要点前使用破折号作为项目符号。很多人在起草文档时有这个习惯，在白板上记录和书写时也会这样做。破折号很像减号，减号对商人来说意味着亏损，在财务人员看来尤为如此。或许数字工作者不会做这样的联想，但为什么要冒险传递这种让人在潜意识中感觉不吉利的信号呢？

我们可以将默认的项目符号设置为圆点。这种做法是一种改进，但仍然会让 PPT 显得杂乱。**为了避免杂乱和混淆，可以只在要点前使用圆点作为项目符号，取消次要点前的项目符号，仅用缩进来表示层级关系，这样就能取得寓繁于简的效果。**

最后，我们是否真的需要次要点呢？很可能并不需要。次要点通常会导致 PPT 内容变得复杂，除了给观众增加负担外别无他用。演讲者完全可以口头阐述这些次要点的内容。这就是寓繁于简的文本型 PPT 的设计方法。

文本型 PPT 不再承担文档功能后仅用于展示。我们可以遵循以下简单的原则进行设计：

- 每张文本型 PPT 只阐述一个概念，用单行标题来表述。
- 最好取消副标题。
- 让每张 PPT 变得一目了然，可采用"标题 +X"的方法来阐述，便于观众看一眼就能了解 PPT 的内容。
- 要点只包括关键词语，例如名词、动词和修饰语。避免使用冠词、连词和介词。尤其要避免使用介词，因为介词不仅会增加单词数量，还会导致关键词语被间断。

让我们来看看下面两句话的区别：

我们公司的优势

公司优势

为了让文本型 PPT 显得整洁利落，我们可以尝试 4×4 原则：即一共列 4 行文本，每行使用 4 个词。如果主题较多，则可以列 6 行，每行仍然不超过 4 个词。

技巧 3：设置适当的行间距

下图中左边的 PPT 在项目列表中遵循的是 4×4 原则（见图 11-8）。但所有的内容都堆积在 PPT 的上半部分，下半部分空白。这样的布局不仅会导致 PPT 头重脚轻，空白区域也会让观众误以为演讲者还要补充更多要点。

再来看看下图中右边的那张 PPT。项目列表均衡地排列在整张 PPT 上，每行设置有适当的行间距，整张图片显得更加匀称。

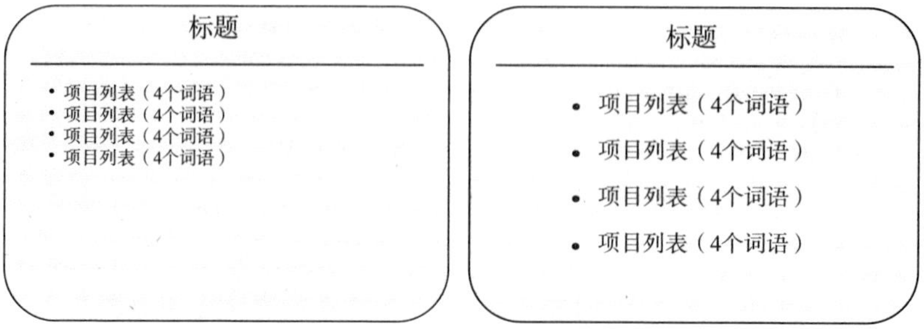

图 11-8　PPT 文本内容集中于顶部（左）和使用适当行间距（右）的情况对比

技巧 4：用平行结构减轻观众的负担

请看下图中的项目列表（见图 11-9）。读者在理解这个项目列表时需要花费一点时间，因为这一项目列表中的各要点采用了不同的语法结构，每个要点的第一个单词词性不同。第一点使用名词开头，第二点用副词开头，第三点用形容词，第四点用名词开头。这种情况类似于会计中的"浮点十进制"，将不同的数字用不规则的小数位数来表示，会导致读数难度加大，这对所有财务人员来说都是噩梦。就项目列表 PPT 而言，项目列表中各要点的句子成分不规则对观众来说也是噩梦，因为他们每读一行都要重新开始思考，处理信息的时间非常长，就像我们刚才尝试时一样。

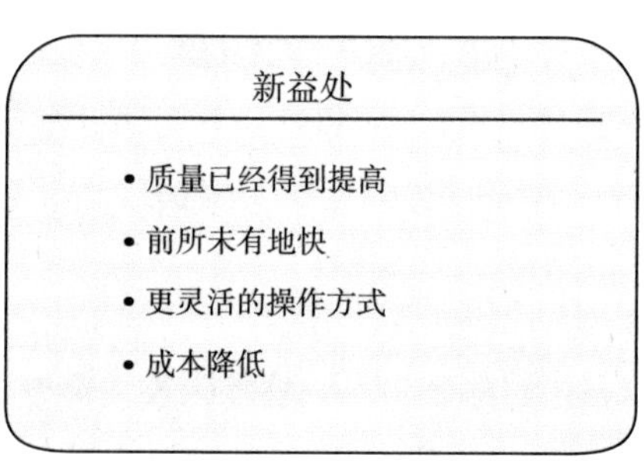

图 11-9　采用不同语法结构的项目列表

思考会导致观众分心。为了避免这种情况，我们在创作项目列表时要使用平行结构，即每个要点都使用同样的词性开头。如果项目列表的每一个要点都是以名词开头的（见图 11-10），观众就会觉得内容一目了然，理解这些内容所需时间也会相对变少。我们可以分别阅读图 11-9 和图 11-10 来感受一下区别。

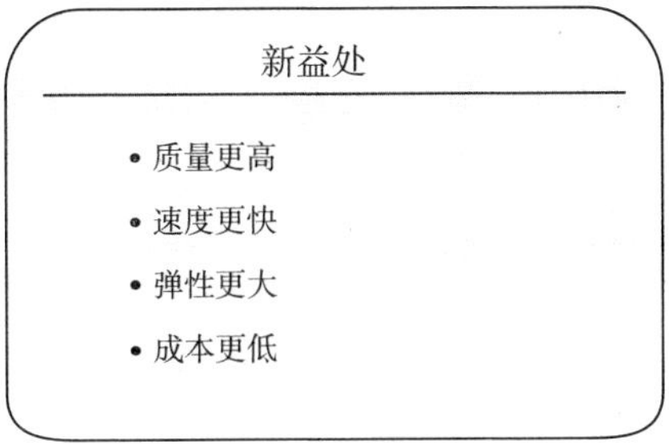

```
┌─────────────────────────────┐
│            新益处            │
│  ─────────────────────────  │
│                             │
│     • 质量更高               │
│                             │
│     • 速度更快               │
│                             │
│     • 弹性更大               │
│                             │
│     • 成本更低               │
│                             │
└─────────────────────────────┘
```

图 11-10　采用平行结构的项目列表

当项目列表各要点的主题和形式都相互关联时，我们可以将它们一次性全部展示出来。

魏斯曼演讲实例

Sestina 生物公司使用平行结构 PPT

Sestina 生物公司的首席执行官比尔·科尔斯顿（Bill Colston）制作了一份融资用演示文稿。Sestina 是一家生命科学公司，公司建有一个科技平台，致力于将基因工程技术和数字生物学进行结合。

为了介绍公司的投资逻辑，科尔斯顿设计了一张使用平行结构制作的

PPT，PPT 项目列表中的每个要点都只占一行，且均使用形容词作为开头（见图 11-11）。

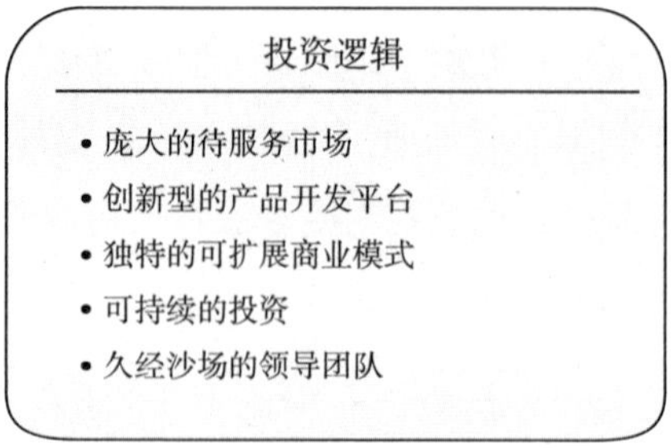

图 11-11　Sestina 生物公司投资逻辑 PPT

PRESENTING TO WIN

有时候，虽然项目列表中的各要点都围绕中心思想展开，但并不适合使用平行结构（见图 11-12）。

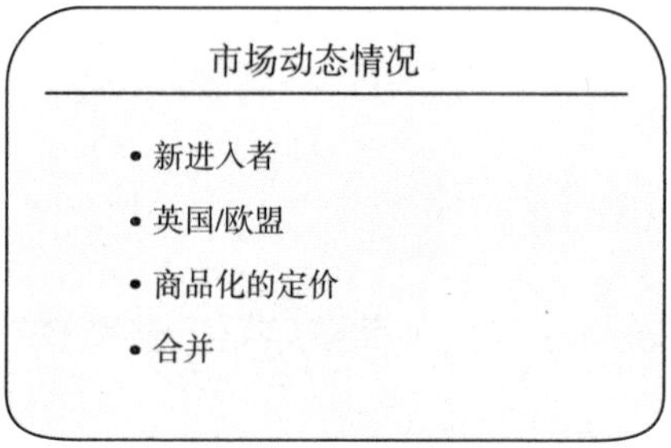

图 11-12　围绕同一中心思想的多元化项目列表

在这种情况下，我们仍然可以一次性展示所有要点内容。但不管何时，演讲者都必须先用“标题 +X”技巧概括中心思想：“这些都是影响公司市场的动态情况。”此后可以继续探讨项目列表中的每一条要点。

技巧 5：简化项目列表层级

有些演讲者会觉得一级项目列表不够用。为了详细阐述自己的观点，他们会增加第二级项目列表。

有些演讲者认为这样还是不够，于是他们会在第二级项目列表下增加第三级项目列表。还有一些演讲者会屈从于内心深处的文档精神，一层一层往下加，简直像是要建起一栋高楼（见图 11-13）。

图 11-13　使用第二级项目列表的错误示范（左）和正确示范（右）

如果你的确需要第二级项目列表，请到此为止，不要再增加层级。每个第一级要点下的第二级次要点的数量应该相同。

如果第一条要点下有两条次要点，那么其他各要点下也应该有两条次要点。这样可以保证 PPT 具有一定的对称性，便于观众建立识别模式。

切记第二级项目列表不得使用项目符号，以免显得杂乱，可以使用缩进来表示层级关系。请注意，只有第一级项目列表才能使用项目符号，这样演讲者就能做到寓繁于简了。

技巧 6：把词性作为换行标准

部分文本型 PPT 上的文字是演讲者经过仔细斟酌，千辛万苦与各方达成一致的成果，所以无法更改。企业的愿景宣言和公司的标志性简介就属于此类。如图 11-14 所示，左边 PPT 中的文字无法被放在同一行。如果使用自动换行功能，句子成分就容易变得错乱。比如，"杰出制造商"这一词组可能会被分为两行；"尖端科技"一词可能被分到两行；"广阔的市场机会"一词也可能会出现同样的问题。

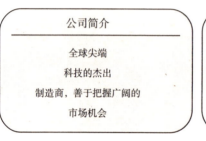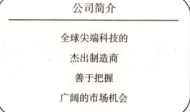

图 11-14 碎片化的分行（左）和有逻辑的分行（右）的对比

我们应该将形容词和其所修饰的名词放在同一行。大家可以再看看右边那张 PPT，观众在看这张 PPT 时的目光移动方式会更加自然。

技巧 7：正确使用所有格和复数形式

这个世界上的读者有两种，一种比较平和，一种比较激进。激进的读者非常注重细节，他们对标点符号、语法、拼写和句子结构等方面的规则很敏感，会对这些规则仔细琢磨、认真践行。他们最津津乐道的就是牛津逗号 [①] 和句号后的字间距。有一条关于标点符号的规则是无可辩驳的，可惜

---

① 牛津逗号是指当句子中列举多个对象时，连接词"和／或"（and/or）前的逗号。——译者注

大多数演讲者在制作英文文本型 PPT 时常常违反这条规则。他们的观众中很可能有激进派人士，这些人还可能是决策者，所以演讲者必须严格遵守这一规则，避免让观众有任何不快。这条规则规定，只有两种情况下可使用撇号：

- 表示所有格，表示"……的"。例如，IBM's new product（IBM 的新产品）和 the company's headquarters（公司的总部）。
- 表示单词或短语的缩写，即该单词或短语中间省略了一个或多个字母。例如，I'll（I will），can't（can not），you'd（you would），haven't（have not），wouldn't（would not），shouldn't（should not），couldn't（could not）。

可惜有些人会错误地将"'S"当作复数符号，或者当作首字母缩略词和数字的复数形式。如图 11-15 所示，左边的 PPT 就错误使用了这个符号，这种错误会立马拉响激进型读者的警笛。首字母缩略词复数的正确表示方法是在其词尾加小写的"s"，没有撇。正确示例参见图 11-15 中右边的 PPT。

标题	标题
OEM'S	OEMs
VAR'S	VARs
PC'S	PCs
ASP'S	ASPs
SKU'S	SKUs
20'S	20s

图 11-15　复数形式的错误（左）和正确示范（右）

如图 11-16 所示，左边的 PPT 中存在一个撇号使用错误。两个撇号在句中表示不同的含义：第一个用来表示首字母缩略词 CD 的复数，第二个表示 CD 的所有格。前者的用法是错误的。

图 11-16　撇号在首字母缩略词后的两种不同用法

复数的正确表示形式是在单数名词的词尾添加小写的 s，不用再加撇号。而所有格的正确表示形式是加撇号后再加小写的"s"。图 11-16 右边的 PPT 为正确的用法示例。

有人可能会有不同意见："等等！第 6 章里 M&M 的品牌标志呢？它就是在首字母缩略词后加了撇号来表示复数的！"是的，的确如此。但这种用法是正确的，因为这里的撇号实质是表示公司原名称"Mars&Murrie"的所有格。

我们在句子中必须遵守用"'s"表示所有格的做法。但因为文本型 PPT 中的文本主要是标题而非完整的句子，所以可以破例省略"'s"。让我们来看看这两者之间的差别：

IBM's New Product（IBM 的新产品）

New IBM Product（IBM 新品）

省略了"'s"后，以上文字变得更易于观众阅读和理解了。

优化文本型 PPT 的指导方针

不管是我本人，还是其他演讲顾问或观众都建议演示文稿不能"一物多用"，但"一物多用"的传统依然在延续。原因在于部分观众依然要求演讲者将演示文稿作为文档文件提供给他们，而这些观众就是演讲者的上帝，演讲者必须满足他们的要求。

公正一点，我必须承认，"一物多用"的文本型 PPT 在设计上已经有所改进。很多文本型 PPT 会附上图片、图标、表格和信息图形，但文本依然是整张 PPT 的中心。许多文本型 PPT 的设计标准已经向寓繁于简靠近，只是仍然存在改进空间。

如图 11-17 所示，PPT 的制作严格遵守了前文的建议，例如，项目列表中每个要点只占一行、采用平行结构、项目列表最多有两级以及第一级要点下的次要点数量相同等。但是该 PPT 看上去实在是平淡无奇。阅读这种 PPT 就像做家务活一样烦琐无趣。

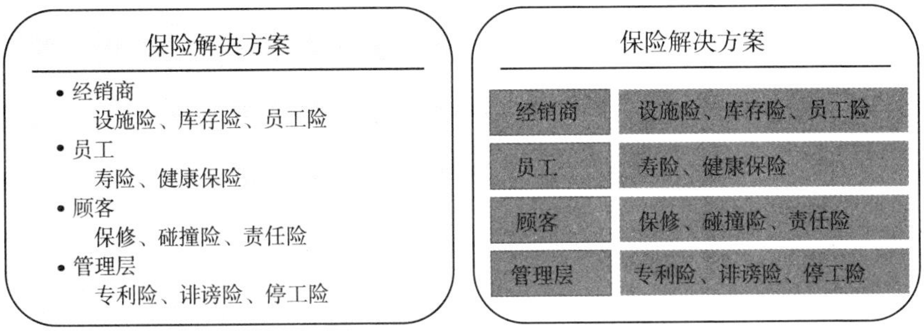

图 11-17　显示效果设计的前后对比

我们可以让 PPT 变得更有趣、更好看，方法就是像右边的那张 PPT 一样，将文本内容放在长方形文本框内。做这些工作时无须增加或删减任何文字。

所有软件的设计工具箱都提供了丰富多样的功能，例如填充、字体、线条颜色、纹理、阴影、映像、柔化边缘、三维旋转和大量可嵌入文字的形状。工具的选择因人而异。正如一句拉丁语格言所说："品位无关对错。"演讲者在设计 PPT 时依然要遵循观众至上的原则，任何 PPT 都应该让观众一目了然。

演讲者经常会积极地深挖工具箱中的各种功能，结果导致 PPT 中效果杂乱，适得其反。与其照搬具体的建议，在风格领域艰难地摸索，不如让我为大家提供几条高水准的指导方针。大家只要遵循这些指导方针，就可以避免走上歧路。

设计字体、字号和颜色

每个演示文稿软件都有几十种字体可供选择。一些在乎成本的演讲者可能会认为："我们已经花钱购买了这些字体，钱要花得值得，各种字体都要用上。"结果最终的成品看上去就像绑匪发出的索要赎金信。如图 11-18 所示，左边的 PPT 就是这种情况的生动写照。PPT 中的字体要简单，传递信息时使用的字体种类要少，就如图 11-18 右边那张 PPT 一样。

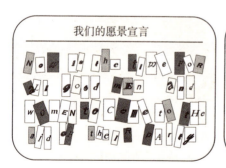

图 11-18　字体花里胡哨（左）与字体寓繁于简（右）两种效果的对比

选择字体时不能冲动，不能过度发挥。整个演示文稿可应用两种字体，最多不能超过 3 种。这样做出的 PPT 才能保持统一的外观，传递清晰连贯的信息。

一个让 PPT 变漂亮的简单方法就是把标题设计为一种字体，把项目列表换成另一种字体。另一个方法则是使用字号不同的相同字体，将标题字体放大，将项目列表的字体缩小。第三个方法是为标题和项目列表选择不同的字体颜色。

谨慎使用渐变填充效果

将背景色设置为渐变填充的情况很常见。在这种情况下，背景色浓度会从顶部向下逐渐发生变化，或者变深，或者变浅。背景色的起始浓度是可以选择的。如图 11-19 所示，左边的 PPT 采用了渐变填充的效果。这种视觉效果乍看起来不错，但大家很快就会发现，项目列表中的最后一个要点不清晰。设计工具箱里还有另一个陷阱，即双色渐变，效果如图 11-19 右边的 PPT 所示。

图 11-19　渐变填充看上去效果不错，但会给阅读带来障碍

大家现在应该发现了，右边 PPT 中项目列表的第一点根本就看不清，最终效果和左边的 PPT 一样。部分演讲者会在此基础上继续增加线条和边

框。但切记，使用的设计元素越多，效果越差。

有些出色的 PPT 背景颜色就是纯黑色，比如乔布斯在 iPhone 新品推介会上用的演示文稿，奈飞公司的 IPO 路演演示文稿，莱斯格的 TED 演讲演示文稿。有些 PPT 采用了纯白色背景，比如德戈斯的 PPT。

巧用对比色

所有 PPT 都应该做到内容清晰可辨，**文字与背景的颜色应该采用对比色**。平面设计师会使用颜色反转技术，让前景颜色与背景颜色产生强烈反差，例如，在黑色背景上使用浅色文字，或在浅色背景中使用黑色文字（见图 11-20）。

图 11-20　通过颜色反转来创造对比效果

我们可以通过颜色反转来创造对比效果。光谱色包括红、橙、黄、绿、青、蓝和紫 7 色，与彩虹的颜色一致。在这些颜色中，红、橙、黄是暖色，青、蓝、紫为冷色，而绿色是中间色。暖色和冷色可以搭配创造颜色反转效果。

颜色的设置也要寓繁于简，这是我们一直坚持的原则。有些演讲者会因为五花八门的设计工具而迷失方向。**在进行 PPT 设计时，只选择一到两种平面设计效果可以让 PPT 在清晰易懂的同时也具有一定的美感。** 演讲者不能随心所欲设置 PPT 中的颜色，最多只能使用两到三种，而且所选择的颜色与公司的商标色应互补。演示文稿中各张 PPT 的颜色要保持统一。

以莱斯格和其极简主义演讲为范例，莱斯格使用的 PPT 数量较大，我们无法效仿。我们可以学习每张 PPT 所体现的极简理念。最后，请大家根据下面的指导方针来优化所有的文本型 PPT：

- PPT 的设计风格前后保持统一。
- 字体和大小写始终保持一致。
- 字号最小为 24 或 28 磅。
- 不要使用缩略语。
- 使用对比色或反转色来突出文字，以便阅读。
- 将公司商标作为水印嵌入 PPT 中，并巧妙地处理成浮雕质感，不要让公司商标像霓虹灯招牌一样过于显眼。
- 避免在每张 PPT 上堆放日期、版权声明和"公司机密"的字样。如果公司要求每张 PPT 上都必须标注"公司机密"，请尽可能将字体缩小，并将其放在 PPT 的边缘处。
- 留白。不要将每张 PPT 都塞满信息。广告商在报刊中做广告时有时只在一版报纸中放一张图片或一两行文字，其余的地方全部留白。找找此类广告，体会留白如何让这些广告瞬间抓住读者的眼球。学会欣赏空白区域给人带来的整洁感。

大家或许已经注意到，我并没有提有衬线字体、无衬线字体、对齐方式（左对齐、右对齐、居中）或大小写规则（大写、小写、句首大写、首字母大写）等。这些排版风格都取决于个人选择。对此，我依然坚持那句拉丁语格言：品位无关对错。

遵循这些指导方针所设计出的文本型 PPT 风格统一、简洁明了，能给观众带来巨大的帮助。在第 12 章中，我们将会发现，这些文本型 PPT 的基本设计原则也同样适用于数据型 PPT。

魏斯曼
完美演讲

文本型 PPT 的设计技巧

1. 切忌自动换行。
2. 精炼文本要点。
3. 设置适当的行间距。
4. 用平行结构减轻观众负担。
5. 简化项目列表层级。
6. 把词性作为换行标准。
7. 正确使用所有格和复数形式。

PRESENTING
TO WIN

THE ART OF TELLING
YOUR STORY AND
DESIGNING YOUR SLIDES

第 12 章

让数据说话

> 在政界，有两样东西很重要，第一样是金钱，第二样
> 我不记得了。
>
> ——马克·汉纳

"在政界，有两样东西很重要，第一样是金钱，第二样我不记得了。"这句话是美国共和党全国委员会前主席马克·汉纳（Mark Hanna）所说，它同样适用于商界。金钱和记录金钱流向的数据是公司生命力的源泉，是商人每天接触的东西。财务人员负责"守护"这些金钱和数据，他们要记账、整理和分析数据、撰写报告并展示财务结果。

　　财务领域的人都熟悉"管理层讨论与分析"（也被简称为"MD＆A"）这个模板文件，它是很多财务文件中的常见组成部分，其主体是文字，还搭配有一部分图表。

　　演讲者的角色就相当于财务文件中的"管理层讨论与分析"部分。我在这里要再次强调以演讲者为中心的模式。演讲者必须根据文本标题补充内容，必须在图表的基础上进行讨论和分析。因为不管是数据还是文本，它们都不会说话。所有使用数据型 PPT 的演讲者都可以尝试进行"管理层讨论与分析"。为了做到这一点，演讲者设计的 PPT 必须能佐证自己的阐述。关于数据型 PPT 的作用，我们可以想想汤姆·克鲁斯的电影《甜心先生》（Jerry Maguire）中那句著名的口号："让我看到真金白银！"（Show me the money!）饰演体育明星经纪人的克鲁斯在电影中反复提及这句话，向橄榄球运动员展示自己能给对方带来的维惠。

PPT 不能像财务文件那样详细地显示公司的资金状况，如果 PPT 包含了过多的细节，观众就不得不通过反复扫视 PPT 来处理信息。这样，他们就没法再分心倾听演讲者的阐述了！

追求数据可视化

企业持之以恒地探寻能够清晰表达数据含义的方法，他们将目光投向了数据可视化的方法，致力于使用表格和地图等视觉手段来表现数据和数据中的信息。数据可视化产业是一个正在迅猛发展的小产业。人们对数据可视化的应用从史前洞穴绘画出现开始就已经存在，但科技的发展大幅提高了数据可视化的范围。在撰写本书时，我在谷歌上搜索"数据可视化"这个词条，得到了 1.59 亿条搜索结果，包括无数该领域的软件、学校、课程、顾问、书籍、协会和专业会议等。

瑞典执业医师、大学教授和公共演讲者汉斯·罗斯林（Hans Rosling）就是数据可视化领域的卓越典范。在 BBC 纪录片《统计的乐趣》（*The Joy of Stats*）中，罗斯林展示了一张散点图，图中包括与 200 个国家的 200 年历史相关的 12 万个数据。他的展示方式非常简洁明了。罗斯林走进一间空荡荡的大房间，开启一个由地板延伸至房顶的透明屏幕。他的手在屏幕上划过，屏幕上出现了横轴和纵轴。在他说话的同时，屏幕上会弹出不同颜色的动态透明气泡，这些气泡的大小和位置会根据演讲内容发生变化。他在短短 4 分钟内讲完了整个故事。

罗斯林使用的展示技术高端且复杂，我们可能永远都没有机会使用，但他的演示文稿简洁清晰，是我们在使用传统演示文稿软件进行 PPT 设计时要学习的典范。

数据型 PPT 的设计技巧

我们先来看看设计 PPT 时应该遵守的 5 个总原则：

- 以演讲者为中心。
- 寓繁于简。
- 尽最大可能减少眼睛的扫视次数。
- 一目了然。
- 标题 +X。

为了严格遵守这 5 大设计原则，就让我们逐一分析几种在 PPT 中展示数据的主要形式。

柱形图

我们先从柱形图开始。演讲者对柱形图的使用最频繁，这种方式也常常被滥用（见图 12-1）。

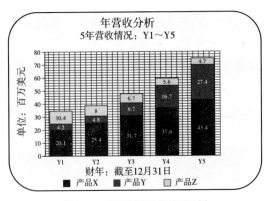

图 12-1　柱形图设计的反面示例

与信息量过大的文本型 PPT 一样，此类 PPT 也需要做彻底的"手术"。下图给我们展示了"手术"后的结果（见图 12-2）。

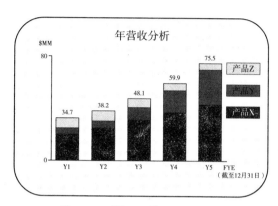

图 12-2　对图 12-1 简化后的柱形图

让我们来看看这两张图有哪些区别。首先，第一张图中的副标题是多余的，它只是在重复标题内容。而且，图中的 5 根柱子都清楚标明了年份，因此没必要在副标题中重复强调年份。

其次，第一张图有两个标签，一个位于左边（单位：百万美元），文字采用了竖排的方式，还有一个标签在下方（财年：截至 12 月 31 日）。这两个标签信息量不大，但占据了很多空间。为了简化表述，第二张图将"财年"改为首字母缩略词 FYE，将美元金额改为 MM。我们也可以使用 M 表示美元金额，这两种形式对专业财务人员来说都是可接受的。

请大家注意，为了能反映普遍情况，在本书所有数据型 PPT 中，我们都用 Y1、Y2、Y3 来表示年份。如果图中展现的是某一季度的情况，我们可以用阿拉伯数字来表示月份。

此外，图 12-1 所示的 PPT 上有 32 个数字：纵轴有 9 个，5 根柱子上有 15 个，横轴上有 5 个日期，副标题中和坐标轴下方还有 3 个数字。5

根柱子表示营收结果，每一根柱子又被分为 3 个部分，用不同颜色标识，代表 3 种不同的产品。这张图还使用了网格线，这些线看上去就像是地下室窗户上挂的廉价竹帘。

观众真的需要了解每款产品的营收数据吗？这点要根据具体情况来判断。在本案例中，标题已经点明年度营收的增长情况，那么就没必要展示每款产品的营收数据。如果图片强调的是每款产品的情况，这些数据就需要保留，标题也应该做相应的更改。

如果观众希望了解特定年份的营收情况，他们需要在纵轴和代表该年份情况的柱子之间交叉扫视，就像是在看乒乓球比赛。这是一个无用的动作，因为纵轴和柱子距离那么远，人类的眼睛很难快速找到具体的刻度标记。我们可以将总金额直接标在每根柱子的顶部，以减少观众眼睛的扫视次数。同时，让纵轴只显示范围，即最大刻度和最小刻度。

最后，在图 12-1 所示的 PPT 里，图例在底部，用于说明不同颜色或阴影代表的产品。观众必须一再上下扫视来对照图例看柱形图，这会让人头晕目眩。我们可以把图例从下方往上移，摆在最右边，也就是眼睛扫视的终点位置，以减少眼睛的扫视次数。为了让图片更加清晰，可以把图例中的文字放置在长方形边框内，而不是按照传统做法使用让人难以看清的小正方形。长方形边框的颜色必须和柱子的颜色一一对应。大家可以感受一下图 12-2 所示 PPT 是否一目了然。设计柱形图的 4 个简单原则是：

- 把数据放在柱子的顶部。
- 纵轴只保留最大刻度和最小刻度。
- 给图例设置合适的颜色或阴影，并且确保文字大小合适。
- 数据一目了然，尽可能让观众不用来回寻找数据。

我们在第 5 章中介绍过搜诺思做 IPO 路演的故事。为了证明市场潜力，公司首席执行官斯宾塞希望给投资者展示 4 种积极的发展趋势。这 4 种趋势都是向右上方发展的理想上升趋势，所以斯宾塞决定将 4 张柱形图集中放在一张 PPT 内，给观众更大的视觉冲击。这 4 张图都非常简洁明了，他将数据直接放在柱子顶部，并且省略了纵轴（见图 12-3）。

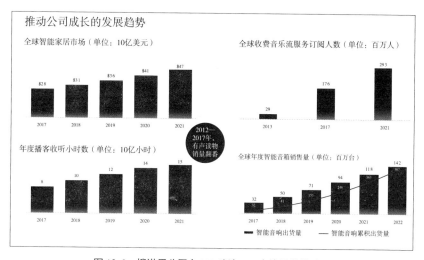

图 12-3　搜诺思公司在 IPO 路演 PPT 中使用的柱形图

魏斯曼演讲实例

铃盛云通信公司制作了一目了然的柱形图 PPT

铃盛是一家云通信公司。公司首席财务官米德施·德鲁夫（Mitesh Dhruv）在面对分析师进行演讲时也决定使用复杂的柱形图来介绍公司的财务状况。德鲁夫打算从 3 个方面（百分比、数量和金额）介绍网络预订和营收增长情况。在柱形图中，他用不同颜色给柱子编码，将相关数据标在柱子上方和柱子之间，演讲过程中再通过动画逐一展示（见图 12-4）。整个

PPT 相当简洁。

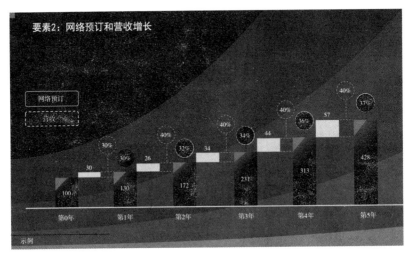

要素2：网络预订和营收增长

网络预订

营收一营收

100   130   172   231   313   428
30   26   34   44   57
30%   30%   32%   34%   36%   37%
       40%   40%   40%   40%
示例

第0年   第1年   第2年   第3年   第4年   第5年

图 12-4　铃盛公司 PPT 中的柱形图

在"管理层讨论与分析"中，德鲁夫分析了网络预订的增长对软件的服务模式有哪些影响，这些影响最终会如何被转化为整体的营收增长。他在最后总结称，网络预订就是软件服务模式的先导军，最终能提升铃盛公司和股东的价值。

——————————————— PRESENTING TO WIN

大家应该已经注意到，前面所有的柱形图都是二维图，而且都遵循了极简原则。有些财务人员更喜欢使用三维的柱形图和饼状图。这个选择仅与个人爱好有关，每个人的品位无关对错。

在图 12-5 左边的 PPT 中，演讲者采用堆积方式排列图片标题中的文字"REVENUES"（营收），观众的眼睛因此要左右扫视 8 次。如果像右边的 PPT 一样，采用横排方式排列图片标题，观众只要扫视一次就可以看完整个标题。

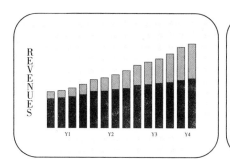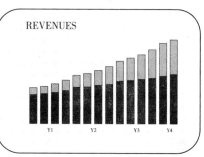

图 12-5　堆积（左）与横排（右）对齐方式对比

竖排与堆积这两种对齐方式有些类似（见图 12-6）。使用竖排标题的做法源自对纸质书的翻阅习惯，读者阅读到竖排标题时可以翻转手中的纸质书。但在看演示文稿时，观众为了看懂竖排文字，不得不将头向一侧歪 90 度。

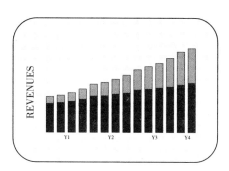

图 12-6　采用竖排方式展示标题

在给柱形图标注标题文字时，请采用横排形式，便于观众阅读。 请尽可能减少观众的眼睛扫视次数和头部运动频率。

折线图

折线图的设计原则同柱形图（见图 12-7）。与柱形图一样，折线图的相关数据应标在线条的转折点处，纵轴只显示最大和最小刻度数字。每根线条的图例应使用与该线条一样的颜色或阴影，而且位于图的最右端，也就是眼睛扫视的终点位置。

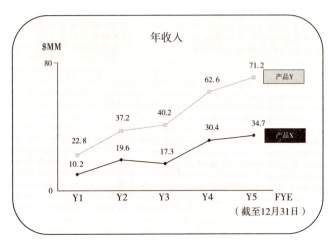

图 12-7　年营收折线图

饼状图

饼状图简单易懂，我们从每块扇形区域的大小可以清楚看出其在整体中所占的比例。图 12-8 左边 PPT 中的饼状图包括 3 组数据，分别代表不同销售区域的销售量和所占比例（见图 12-8）。可惜这 3 组数据的标签挤在各自对应的区域，观众不得不停下来费力思考每一块区域代表的数据信息。我们应该如右图右边的 PPT 所示，将数据分开标记，进行清晰的展示。

在设计饼状图时，如果文字标签过长，可以放在饼状图的外部，而百分比和数字简洁明了，应该放在饼状图中间。

与柱形图的标签一样，饼状图的文字标签应该放在对应的饼状区域旁，并使用相应颜色或阴影的长方形边框装饰。如果某一块扇形区域太过狭窄，可以将数字放在扇形区域的外面，并添加引线。

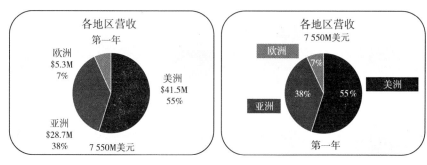

图 12-8　饼状图设计错误（左）与正确（右）示例

如果饼状图中各区域的大小对比明显，可以省略对金额数字的标记。如果演讲者想探讨与金额相关的因素，则不可以省略。

多数演讲者会在财务图表的底部绘制时间轴，这是一种常规做法。所以，在设计饼状图时也应在底部增加日期。

在第 11 章中，我们分享过 Sestina 生物公司首席执行官比尔·科尔斯顿的项目列表 PPT。

科尔斯顿希望向潜在投资者展示公司各产品线的市场潜力。他仅用一张简单的饼状图就展示出了所有的数据（见图 12-9）。他在设计这张饼状图时遵循了一条简单的指导原则：**将带颜色的标签置于饼状图外部、数据放在饼状图内部、日期栏放在底部。**

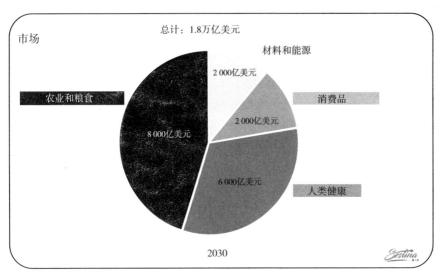

图 12-9 Sestina 生物公司用于展示产品线市场潜力的 PPT

数字型 PPT 的排版学问

遵循观众的阅读习惯

在第 9 章中，我们介绍了先天的本能和后天的习惯会让观众自然地从左到右进行阅读。**而走向自左下向右上、类似于冰球杆形状的图形会传递出增长的信号，代表着演讲者要摘取成功的果实，这对商业人士具有很大的吸引力。制作数据图表时尤其要注意这两点。**

可惜很多演讲者在设计柱形图时会违背这些规律。报刊和金融出版物的编辑，甚至是专业的平面设计师也会犯同样的错误。他们错误地认为最重要的数据应该摆在第一位。在图 12-10 左边的 PPT 中，演讲者用第一根柱子代表自己的优秀业绩，用其他柱子代表竞争对手稍显逊色的数据。整张PPT 呈现一种左高右低的下滑趋势，而且观众的目光最后会落在竞争对手的商标上。

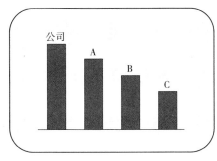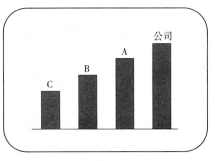

图 12-10　逆冰球杆走势（左）和冰球杆走势（右）效果对比

其实，我们可以用最后一根柱子代表自家公司的优秀业绩。这样整个柱形图就会呈现积极向上的走势，形状类似冰球杆。此外，观众在看该图片时，目光最终会停留在演讲者的公司商标上。

在常见的商业 PPT 中，制作者在使用月相图（moon chart）时往往会将公司位置放错。月相图通常用来做对比，从而突出演讲者与竞争者的差异。月相图有多个不同填充度的圆圈：满月形代表全值，上、下弦月形代表半值，而新月形则代表没有价值。在图 12-11 左边的 PPT 中，演讲者将自家公司与另外 3 家竞争对手进行比较。演讲者把自家公司放在了第一栏，并给自家公司的每种特色都打出了满月的评分。观众会先看到这家公司的商标，但目光最后会落到其竞争对手的商标上。所以我们应该像右边的 PPT 展示的那样，将自家公司放在最后一栏。

演讲者在做展现公司发展路径的 PPT 时，也容易违背冰球杆走向原则。在做产品发布路线图时，我们往往会采用从左至右的箭头。如果箭头像图 12-12 左边的 PPT 一样是朝下的，传递出的整体信息是产品在走下坡路。

如果像右边的PPT那样改为箭头朝上，产品发布路线图就可以创造冰球杆效应。

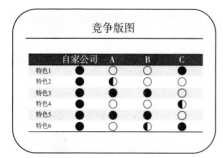

图 12-11　月相图：自家公司放在第一栏（左）和最后一栏（右）的对比

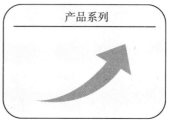

图 12-12　箭头向下（左）和箭头向上（右）的效果对比

在第 9 章中，我们介绍过 Inphi 首席执行官塔马。他曾撰写博客分析新冠疫情对 Inphi 业务的影响。塔马也希望能制作一份演示文稿，用其中一张 PPT 来显示 Inphi 的业务相当稳定。他给我发来了第一版草稿，也就是图 12-13 左边的那张 PPT。我提醒塔马注意冰球杆效应。他心领神会，立马安排高级助理、PPT 专家莫莉·巴伯（Molly Barber）修改 PPT。巴伯快速调整内容的排列顺序，发来了右边那个版本的 PPT。修改后的文字整体排列趋势已经变为右上走势。

我们再来看另一个设计。很多演示文稿会放上产品照片，再在一旁配以用来介绍该产品的项目列表（见图 12-14）。但按照左边 PPT 的布局，为了阅读列表中的 4 个要点，观众的目光需要左右扫视 4 次，每次扫视结束时目光都会落在产品图片上。为了减少观众眼睛的扫视次数，我们可以将图片放在左边，将项目列表放在右边，就如右边那张 PPT 一样。

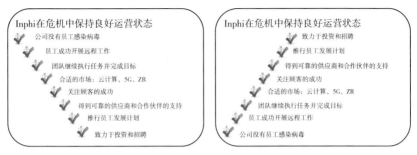

图 12-13　Inphi 第一版（左）和第二版（右）PPT 对比

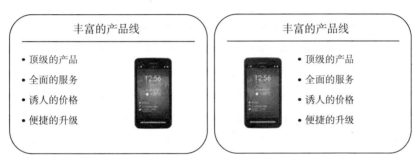

图 12-14　图片放右边和图片放左边的效果对比

　　按照右边这张 PPT 的布局，观众可以只看一次图片，然后将所有注意力放在项目列表的各要点上。

　　让我们再来看看另一个体现从左至右阅读习惯的例子。演讲者常会在商业 PPT 中用环绕成圆形的箭头表示连通性。箭头的方向非常重要。在图 12-15 左边的 PPT 中，环形箭头的方向是逆时针，会给人恶性循环的感觉。如果按照从左至右的阅读习惯，将环形箭头设置为右边 PPT 中的顺时针方向，就会得到一张表示良性循环的图。

图 12-15　表示恶性循环的图（左）和表示良性循环的图（右）

上面的例子都展现了从左至右的阅读习惯对观众的影响。演讲者在传递视觉信息时，还有一个维度需要考虑，那就是深度。

用朝外的箭头传递积极信号

塔马希望在演示文稿中展现推动 Inphi 业务增长的积极因素。但在图 12-16 上部的 PPT 初稿中，这些箭头的方向都是朝内的，传递出一种内向坍塌的感觉。

在塔马发现箭头方向不同会带来效果差异后，他安排巴伯修改了箭头的方向，让箭头统一朝外。短短几分钟后，巴伯发来了修改版本，也就是下部的这张 PPT。

观众可能不会注意到这些细微的设计差异，但他们的本能和习惯促使他们下意识去留意一些视觉线索。PPT 的设计应该传递积极的视觉信号。

现在是时候汇总我在前文中探讨的所有基本设计概念，并将它们组合运用在演示文稿中了。这将是我们在第 13 章中探讨的内容。

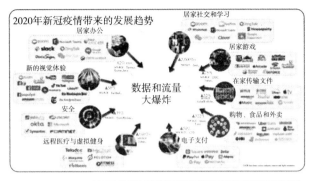

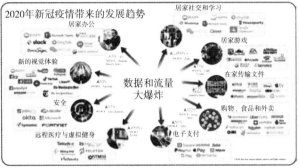

图 12-16　箭头朝内（上）和朝外（下）的区别

魏斯曼
完美演讲

数据型 PPT 的排版技巧

1. 遵循观众的阅读习惯。
2. 用朝外的箭头传递积极信号。

PRESENTING TO WIN

THE ART OF TELLING YOUR STORY AND DESIGNING YOUR SLIDES

第 13 章

让故事更流畅

别告诉我这弯明月有多亮，只需将这满地琉璃照进我的眼睛。

——安东·契诃夫

历史和流行文化基本不会有交集。但知名历史学家阿曼达·福尔曼（Amanda Foreman）在《华尔街日报》撰文探讨连环漫画时，将这两个毫无交集的学科融合在了一起。在《用图片讲述精彩故事》（*The Power of Telling Stories in Pictures*）一文中，她称"连环画叙事艺术"（narrative sequential art）的出现可以追溯到公元前 2450 年。当时的苏美尔人在石头上雕刻图画以纪念战争胜利。

希腊人、罗马人、亚洲人和玛雅人等都用连环画的方式讲过故事。但现在的商业演讲者却放弃了图形，改用语言来讲述自己的故事。他们忽视了写作中永恒的戒律：眼见为实，耳听为虚。这句话源自伟大的俄罗斯小说家契诃夫，我们在前文中曾经介绍过。

以前的家庭录像记录在 8 毫米的胶片上。而自手机面世之后，家庭录像的功能被转移到手机上。人人都可以使用手机进行视觉叙事。

撰写本书时，我在谷歌上搜索了"视觉叙事"这一词条，得到了 1.01 亿条搜索结果。手机中的超高速镜头、数字编辑、滤镜、慢动作、定格、效果转场和特效等功能让人人都能轻松制作漂亮有趣的视频，然后发布在社交平台上。

商界人士会在这股潮流中用视觉手段来提高自己讲故事的能力。许多公司也会投入大量的时间、精力和资金来制作精致的视频，讲述自己的故事。但此类视频无法取代商界的"空中飞人"日常进行的推销活动。在这些日常推销活动中，他们只能带着 PPT 投入战斗。商业人士可以在自己的演示文稿中插入漂亮的视频片段，但这些推销演讲关系着公司的生计，还是要靠 PPT 来辅助。

正因如此，我们才需要探讨视觉叙事。接下来，我将为大家讲述如何设计出具有连贯性的 PPT。

用故事线串连 PPT

我们先从对 PPT 进行"洗牌"的传统做法开始讨论。这种做法使连在一起的两张 PPT 之间存在一定的逻辑联系，却打乱了整个演示文稿的逻辑顺序。

演讲者采用 PPT 浏览视图可以了解所有 PPT 之间的逻辑顺序（见图 13-1）。PPT 浏览视图也被称为故事板或分镜头脚本。

在"洗牌"之后，每张 PPT 都会从头开始讲述故事，这导致观众和演讲者本人都难以跟上故事的思路。

还记得演讲的第三宗罪吗：没有明晰的结构或脉络。所有演示文稿必须有整体的脉络，用于将所有 PPT 串连在一起。这个脉络就是故事线（见图 13-2）。

设计故事线即通过归纳逻辑和演绎逻辑对一系列罗马石柱进行排序。

我之前的探讨主要停留在理论层面，只针对叙事技巧而没有针对 PPT 进行实战层面的分析。图片可以辅助叙事，甚至能和口头叙述相互配合，创造清楚且有条理的逻辑递进效果。

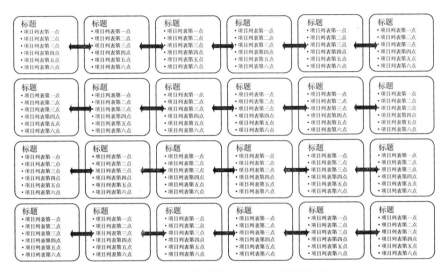

图 13-1　PPT 浏览视图下所有 PPT 的逻辑顺序

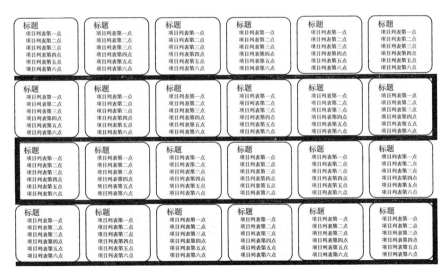

图 13-2　PPT 浏览视图下的故事线

在书籍、报刊、报告和白皮书中，设计师和编辑们为读者提供了各种各样的指示标志，帮助他们跟上作者的思路。这些指示标志包括目录、索引、图例和页眉页脚中的书名与标题。

俄罗斯小说家会在正文前列出小说中人物的姓名和绰号。剧作家会在剧本第一幕前列出角色名单。这些出版业的传统做法让读者能轻松浏览纸质文本。

但演示文稿和纸质文本不一样，演示文稿的指示标志就是 PPT 本身。当前一张 PPT 从屏幕上消失，新的 PPT 出现时，观众根本不可能倒回去重看。因此，演讲者必须为观众提供视觉标记。

在第 14 章中，我们将介绍一系列图片设计技巧，如字体、颜色、形状和图片等，来保证 PPT 的连贯性。但在此之前，在从故事框架向故事板过渡时，请确保严格遵循自己在理论阶段认真打造的故事框架（见图 13-3）。

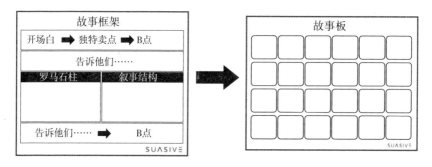

图 13-3　将故事框架转化为故事板

5 个步骤，制作完整的故事板

在设计演示文稿时，可以通过 5 个步骤来确保故事有逻辑顺序：

1. **延续叙事结构**。把故事的主干部分搬上故事板，每个部分用一组 PPT 来表现。

2. **只添加标题**。给每张 PPT 添加标题。

3. **针对标题进行语言表达练习**。我们会针对罗马石柱进行语言表达练习，同样使用"一个长句"来阐述标题。

4. **增加设计元素**。采用标题 +X 的技巧，为每张 PPT 增加文本、数字、图片和表格。

5. **保持图片设计的连贯性**。通过视觉元素来强化叙述内容的连贯性。我们将在第 14 章中探讨平面设计的各种功能。

不管是制作 60 秒的商业广告还是投资数百万美元的电影大片，导演都会使用分镜头脚本来设想影片成品的样子。职业的分镜画师们会从摄影角度绘制草图，说明每个场景的影像构成，然后将各个画面排列在一起，通过连续画面铺开剧情（见图 13-4）。

图 13-4　典型的媒体分镜头脚本

主流的演示文稿软件也
提供了类似于分镜头脚本的功
能。 在 Google Slides 中，
这个功能叫作网格视图。在微
软 的 PowerPoint 中， 这 个
功能叫作 PPT 浏览视图。而
在苹果公司的 Keynote 中，
这个功能则叫作看片台。图
13-5 是 Suasive 的故事板(见
图 13-5)。

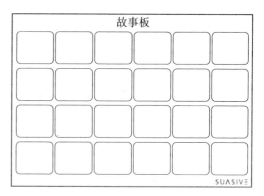

图 13-5　Suasive 故事板

为了能简单地用图说明制作故事板的过程，Suasive 故事板只设置了
4 行，每行可以放置 6 张 PPT。大家可以根据自己的需要调整。

步骤 1：延续叙事结构

把故事的主干部分搬上故事板，每个部分用一组 PPT 来表现，这样可
以延续故事框架的逻辑顺序（见图 13-6）。

第一行的 PPT 是演示文
稿中的简介部分，由开场白和
议程组成。假设故事采用了机
会‑策略型叙事结构，那么接
下来第二行的 PPT 则用来展
示商机。第三行的 PPT 用来
介绍公司把握商机的策略。第
四行的 PPT 用来做最后总结。

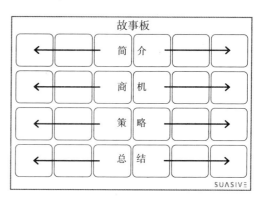

图 13-6　主干部分的故事板

有了这种全景式的视角，我们可能会决定将某个部分的 PPT 调换顺序，或者将某些 PPT 调换到另一个部分，又或者我们会删除部分 PPT，但整个故事线并不影响。

演示文稿软件也有类似的功能，可以帮助大家将 PPT 分组。但大家在这一步不用考虑字体、颜色和尺寸等设计因素，我建议大家在第一步时只使用关键词、骨架线和箭头，重点关注如何保证故事线的连贯性即可。

步骤 2：只添加标题

接下来，给每张 PPT 添加标题。切记，标题绝对不能超出一行。项目列表、图片和表格等其他内容可以放在下一步处理。在这一步，我们只需要通过标题来确保故事的叙述逻辑（见图 13-7）。

图 13-7　只包括标题的故事板

步骤 3：针对标题进行语言表达练习

在第 7 章中，我们介绍了语言表达练习的诸多好处。请大家做如下几步：

- 用"一个长句"将所有罗马石柱串联起来，验证它们之间的逻辑顺序。
- 通过反复练习树立信心。
- 计算并确认演讲所需时间。

在这一步，我们会使用演示文稿的初稿来进行语言表达练习。先从最重要的 90 秒开场白和议程开始，边演示 PPT 边进行语言表达练习（见图 13-8）。

图 13-8　开场白的语言表达练习

为便于大家进行练习，我在此再强调一次第 7 章中介绍过的开场顺序：

- 开场白。

- 过渡到独特卖点。

- 独特卖点。

- 过渡到论点证明（证明独特卖点的正确性）。

- 论点证明。

- 过渡到 B 点。

- B 点。

- 过渡到"告诉观众打算说什么"。

- 用一个长句将议程串联起来。

- 明确议程就是路线图，并且预计演讲所需时间。

- 过渡到第一个罗马石柱。

现在，用图 13-8 中的前 6 张 PPT，按照上述步骤进行语言表达练习：

- **第一张 PPT：公司图标**。这是观众看到的第一张 PPT，相当于剧场的大幕，是演出顺利开始的标志。当灯光变暗，剧场大幕缓缓拉开，表演开始。这张 PPT 的内容包括演讲者的公司名称和商标（有时也包括观众所在公司的名称和商标）。为了更具针对性，演讲者甚至可以在这一页加上演讲的具体地址和日期。演讲者在与观众打招呼时可以将这张 PPT 作为背景。

语言表达练习："感谢大家莅临……"

- **第二张 PPT：演讲者**。为了将演讲者作为中心，这张 PPT 仅展示演讲者的姓名和头衔，作为开场白的简单背景。千万不要在这张 PPT 上放图片，观众的注意力只能在演讲者身上。

语言表达练习：做开场白并过渡到产品的独特卖点。

● **第三张 PPT：独特卖点**。选择一张简单的图片来表现产品的独特卖点，图片要一目了然。

语言表达练习：采用"标题 +X"的方法来介绍产品的独特卖点，然后简要介绍公司的业务和运营状况。接下来过渡到论点证明环节：

● **第四和第五张 PPT：论点证明**。这两张 PPT 都是论据。在图 13-8 中，这两张 PPT 的内容分别是"营收"和"顾客"，演讲者也可以使用其他证据来证明独特卖点的价值，例如"知名人士的背书"或"市场份额"。

语言表达练习：通过论点证明来证实产品的独特卖点业绩优异。然后借着该推论之东风顺势提出 B 点，并且过渡到下一环节：

● **第六张 PPT：议程**。用一个长句将所有罗马石柱串联起来。

语言表达练习：大声将那个长句讲出来。然后告知观众自己预计的演讲时长，再过渡到下一张 PPT 中的第一个罗马石柱。

接下来继续使用"长句法"针对其他 PPT 页面进行语言表达练习。演讲者可以用一个长句将故事板中所有 PPT 的标题串联起来（见图 13-9）。

我们现在有了一个连续的故事线，可以将所有的 PPT 串联起来（见图 13-10）。

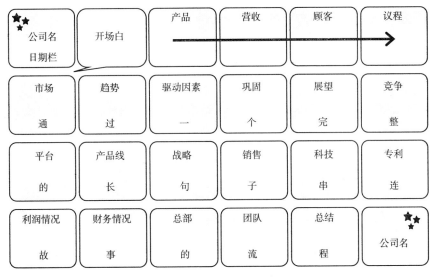

图 13-9　使用一个长句串联所有的 PPT

图 13-10　故事线

步骤 4：增加设计元素

当通过前 3 步确定好故事的逻辑顺序之后，我们终于可以为 PPT 添加一些设计细节了。这些设计细节就是"标题 +X"方法中的 X 部分，也就是标题之外的内容。这时候，我们可以使用图片设计的 4 种元素：文本、数字、图片和表格（见图 13-11）。

大多数演讲者会在设计 PPT 时错误地跳过前面 3 步，直接从这一步开始。请注意，我列举出的 PPT 的 X 部分都相当简单，仅为示意图。大家现在已经了解 PPT 设计的多种技巧，而我在这一步尽量展示简单的示例，确保大家把关注重点放在故事线上。

图 13-11　补充"标题 +X"方法中的 X 部分

步骤 5：保持图片设计的连贯性

完成这一步后，大家可能会发现，在这种视图之下，每张 PPT 都很个性。这导致 PPT 之间存在视觉落差，破坏了设计者运用归纳逻辑和演绎逻辑所创造的连贯性。

你可以通过叙事来确保 PPT 各页内容的连贯性，但同时也可以通过图片设计来进一步提高 PPT 内容的连贯性。 这就是故事板设计流程的第五步。我也有 5 种方法可以用来保证图片设计的连贯性，我们将在第 14 章中接着探讨这个内容。

魏斯曼
完美演讲

制作故事板的 5 个步骤

1. 延续叙事结构。
2. 只添加标题。
3. 针对标题进行语言表达练习。
4. 增加设计元素。
5. 保持图片设计的连贯性。

PRESENTING TO WIN

THE ART OF TELLING YOUR STORY AND DESIGNING YOUR SLIDES

第 14 章

让 PPT 更连贯

亲眼所见胜过千言万语。

——弗雷德·巴纳德

建立 PPT 之间的关系

"亲眼所见胜过千言万语"这句话在美国家喻户晓。我在互联网搜索该词条后得到了超过 3 700 万条结果，发现这句话源自美国广告业高管弗雷德·巴纳德（Fred R. Barnard）。据说他在 20 世纪 20 年代提出了这一观点。

这句话最早究竟是谁提出的这个问题就交给萨菲尔去解决吧。每当我遇到语言问题时，我都会求助这位专家。他在《纽约时报》上开设的《语言漫谈》专栏内容非常精彩，能为读者解答许多问题。巴纳德称这句格言是中国谚语，并请了一位书法家来书写这些汉字。巴纳德后来承认，他说这句格言源自古亚洲，是为了让人们能把它当回事。萨菲尔由此得出结论：

他说得没错，我们的确会盲目认为图片比文字更重要。

我们可以借助图片的重要性来提升演示文稿的连贯性。为了证明图片设计的连贯性非常重要，让我们先通过图 14-1 做一个简单的练习。我们在第 13 章中曾经见过这张图。请逐张浏览故事板上的 PPT。

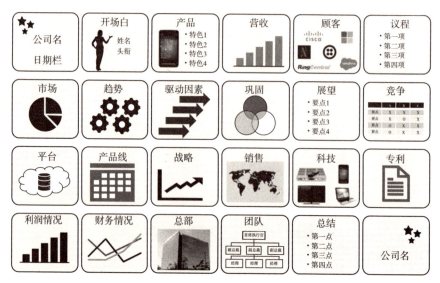

图 14-1　故事板

　　每当演讲者切换到下一张 PPT 时，大家可能都要重新调整思路。因为每张 PPT 各不相同，观众在看到一张新 PPT 时不得不重新调整思路。想想看，观众们并没有全景式的视角，每次只能看到一张 PPT。结果就是他们每次看到新 PPT 时，不得不更加努力地去思考前后两张 PPT 之间的关联，根本无暇顾及演讲者所讲的内容。

5 项技巧，提高图片设计连贯性

演讲者可以通过 5 项技巧来提升 PPT 图片之间的连贯性：

1. **设置缓冲页**。在 PPT 的各主要部分之间加入一些页面，它们可以起到过渡作用。

2. **使用索引或色标**。使用重复出现的某个物体当作索引，通过不同的颜色来标记演示文稿的不同部分。

3. **运用图标**。使用象征性的图片来表现各个想法之间的关系。

4. **设置基准项**。把某一图形作为故事中不可分割的一部分，在演示文稿中重复使用。

5. **留出预期空间**。演讲者会在制作 PPT 时留白，并在后面的 PPT 中填充这些空白区域，这种做法会让观众在潜意识中对演讲产生一定的期望并在演讲的后续进行过程中得到满足。

技巧 1：设置缓冲页

缓冲页可以用来分隔演示文稿的各个主要部分。**缓冲页就像是活页夹里的分隔页，在前后内容之间起过渡作用**。分隔页的设置源自出版业。拿起任何一本非虚构类图书，你都会发现整本书被分为多个部分和章节，而且每个部分之间会有一页纸用来分隔前后两部分内容，这张纸上一般仅印有下一部分的序号和部分名。

作为过渡，缓冲页标志着上一部分的结束和下一部分的开始。编辑和作家们称这种起过渡作用的单页为"中扉页"或"篇章页"。看到书中的中扉页，读者就会立刻在脑海中给上一章画上句号，并做好准备期待下一章节的内容。在演示文稿中，我们可以在屏幕上展示缓冲页，表示上一部分已经结束，下一部分即将开启，以便请观众们做好准备。缓冲页就是精致西餐中的开胃小菜，食客只有在吃完开胃小菜后才能更准确地品尝出下一道菜的味道。

一行文本是一种非常简单有效的缓冲页形式（见图 14-2）。为了让缓冲页有别于其他 PPT，演讲者应该把这行文本垂直和横向居中，用这一行文本预告下一部分的内容。

例如，缓冲页内容可以分别与"市场机遇"和"独家技术"有关。这两张缓冲页的作用就是引出后续相关主题的 PPT。

演讲者可以使用简单的图片或标志制作缓冲页（见图 14-3），也可以使用公司商标、与演示文稿主题相关的图片或者能体现演示文稿后续部分内容的标志。

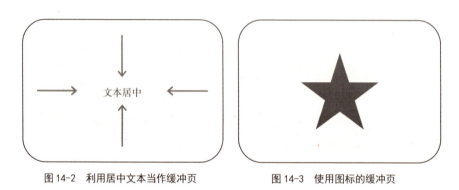

图 14-2　利用居中文本当作缓冲页　　　　图 14-3　使用图标的缓冲页

魏斯曼演讲实例

美国知名风险投资公司 Wealthfront 使用缓冲页过渡 PPT

Wealthfront 由安迪·拉切列夫（Andy Rachleff）创立，提供自动化投资服务。基准资本公司是硅谷的顶尖风投企业，我曾指导过拉切列夫和他的合伙人为该公司筹集初创资金。拉切列夫很快就从求知若渴的学生变为人气火爆的老师，在斯坦福大学商学院开设了自己的科技创业课程。此后，他带着自己在基准资本公司积累的经验来到 Wealthfront。在为 Wealthfront 制作的股权计划演示文稿中，拉切列夫使用了 4 幅简单的图片来代表公司管理的 4 类股权激励形式：加号代表新员工，梯子代表晋升，星星代表绩效，松树代表老员工（见图14-4）。

图14-4　Wealthfront 演示文稿中的缓冲页

　　在演示文稿中，拉切列夫首先用亮色突出显示缓冲页中的加号图标，接下来播放了 5 张与新员工相关的 PPT。接着，他再次播放缓冲页，用亮色突出显示了梯子图标，之后播放 4 张关于晋升的 PPT。在绩效和老员工这两部分内容上，拉切列夫也采用了同样的处理方式，都是将相关 PPT 放置在缓冲页之后。在讲述完这一系列内容后，拉切列夫对这部分内容进行总结，此时依然用缓冲页作为背景，但把所有内容的亮色突出显示均取消了。在这些缓冲页之间，拉切列夫用表格、面积图和项目列表等元素辅助自己的叙述。缓冲页在整个演示过程中起到了过渡的作用。

演讲者可以将议程 PPT 当作缓冲页，在每一部分内容结束时重新展示议程 PPT，展现整个故事的进展。

演讲者可以在每张缓冲页中展示完整的议程，并对下一部分的主题加粗或采用亮色突出显示。请大家注意，在设计 PPT 时不要将已经探讨过的内容主题的颜色调暗或进行半色调处理，否则观众在回看之前的内容时会看不清楚，不得不眯着眼睛或者拼命睁大眼睛看。

PPT 中的整个项目列表都应该保持全色调，演讲者只对接下来要讨论的内容进行加粗和亮色处理或用其他颜色突出显示即可。我们可以对比这两种处理方式的差别（见图 14-5）。

图 14-5　淡化处理文字（左）与加粗处理文字（右）的区别

大家请注意，只有超出 30 分钟的较长的演示文稿才适合使用议程当作缓冲页。演讲者如果在较短的演示文稿中使用议程当作缓冲页，那么每隔一两张 PPT 就会出现一次议程，观众会认为自己被轻视："我知道了！不用一再提醒我！"在演示时间更长且更复杂的演示文稿中，用议程作为缓冲页可以帮助观众了解演讲进程，跟上演讲者的思路。

技巧 2：使用索引或色标

拉切列夫为 Wealthfront 制作的演示文稿分为几个部分，每个部分只有寥寥几张 PPT。**如果 PPT 数量较多，演讲者可以使用索引或色标法为大家提供直观的地图。**演讲者可以选择一个图标（例如饼状图或金字塔）当作索引，对饼状图的每块区域或金字塔的每一层采用不同的颜色进行区分。演讲者可以在每张 PPT 的角落都放上这个饼状图或金字塔，让它重复出现。在结束上一部分内容进入下一部分的演讲时，可以更改每块饼状图和每层金字塔的颜色，或用亮色显示下一部分对应的那块饼状和那层金字塔，帮助观众随时了解演讲进程。

这种技巧特别适用于技术演讲。演讲者在进行技术演讲时会用到多张 PPT，对每个部分的探讨都非常深入、细致。某硅谷集成电路公司的员工制作了一份技术演示文稿，用于介绍其芯片设计的 4 大战略。文稿的每一部分内容都由很多张 PPT 组成，该演示文稿首先对整个战略进行了简要概述。演讲者使用被平分成 4 块的饼状图代表公司的 4 大战略，每一部分采用不同的颜色和阴影表示（见图 14-6）。

在讨论第一条战略时，演讲者会将饼状图缩小，并移至 PPT 的右上角，作为索引。在图 14-7 左边的 PPT 中，演讲者保留了饼状图第一部分原来的颜色和阴影，而没有对其他部分填充颜色。在使用多张 PPT 阐述第一条战略之后，演讲者开始讲述第二条战略。这时，在第二部分 PPT 中，饼状图第二部分的颜色和阴影被高亮，如图 14-7 中右边那张 PPT 所示。

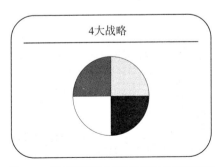

图 14-6　采用不同颜色进行标记的索引饼状图

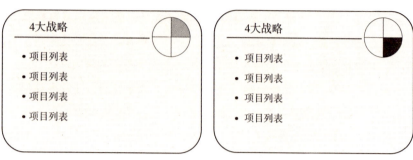

图 14-7　用索引或色标来显示演讲进程

　　演讲者在演讲的后半部分也采用同样的方法依次突出显示饼状图中的另外两块区域，最终完成 4 块区域的颜色填充，按照演讲叙事结构完成演讲。

技巧 3：运用图标

　　图标是用来表现演讲中各部分内容之间关系的符号。让我们来看看大家熟悉的图标，探讨如何通过这些图标来呈现演讲者的思路和演讲流程。

　　在中国古代的宇宙观中，阴和阳是两股相生相克的生命力量。对西方观众而言，阴阳表示"彼此调和"。我们可以使用两仪图来形容两个相关实体融合的好处，例如两家公司合并的好处，或两款产品结合的好处（见图 14-8）。

图 14-8　两仪图

　　在确定了两个讨论对象彼此调和的关系之后，我们可以将两仪图一分为二，然后在新 PPT 中只显示表示"阴"的黑色部分，就像图 14-9 中左边的 PPT 一样。我们还可以在这一页 PPT 中增加项目列表，用于讨论这一部分的细节。在完成"阴"这一部分的探讨之后，演讲者可以将 PPT 切换到代表"阳"的白色部分，并增加新的项目列表，进而探讨新内容。

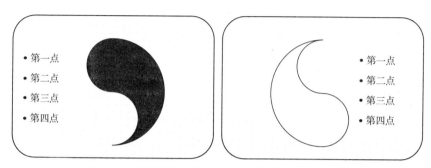

图 14-9　分别展示带项目列表的阴（左）、阳（右）部分

我们在第 5 章中曾经提到，人们普遍认为数字"3"是比较容易被记住的。如果演示文稿包括 3 部分内容，我们可以借助一个图标来表示这 3 者之间的关系。有很多图标可以用于表示三重关系，比如三角形、3 个环环相扣的箭头以及 3 个相交的圆（见图 14-10）。如果你选择 3 个圆相交的图标，请确保将两个圆摆在下方，图标的底部比顶部宽会让整个图片显得稳定。同理，如果演讲包括 4 个部分，演讲者则可以使用四角星这一图标。如果演讲者要强调在相互影响的多股力量中，公司位于核心位置，可以使用原子核图标。

图 14-10　三个圆相交、四角星和原子核图标

不管使用哪种图标，演讲者都应该像使用两仪图一样，依次针对每个主题补充详细内容，在完成对每个主题的讲述后再回到主图标，以保证演示内容的连贯性。

技巧 4：设置基准项

在使用索引或色标标记演示文稿时，重复使用的图片是通用图标。而在使用基准项方法提高演示文稿的连贯性时，重复出现的图片是演讲不可分割的一部分。这个图片可以是照片、草图、地图、图标、截图、商标或剪贴画。

演讲者在使用这种方法时，需要在第一页 PPT 上摆放一张图片和一份项目列表。在图 14-11 中，PPT 中的图片是一张照片。在第二张 PPT 中，那张图片依然处于相同的位置，但项目列表的内容已经被更换。新项目列表与第一张 PPT 中项目列表的内容存在一定关联。相似的设计可以让观众明白，这两张 PPT 是连贯的。在第三张 PPT 中，图片位置仍然没有变化，但项目列表已经被更换成与前两页 PPT 存在一定关联的新内容。这种方式能营造视觉连贯性。

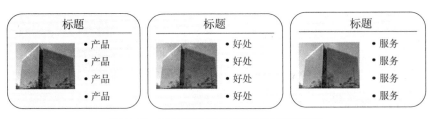

图 14-11　通过基准项来体现演讲连贯性和进程

基准项为什么能有效地营造出连贯性呢？我们可以从神经学角度来解释这个问题。在观众看到新 PPT 时，他们能立即辨认出此前已经看见过的基准项，无须再次处理相关信息。因此，他们的眼睛会快速跳过基准项，阅读新项目列表中的新信息。又因为新信息与上一张 PPT 的信息存在一定的关联性，观众就能感受到前后两张 PPT 是连贯的。

我们也可以精确设定基准项的尺寸和位置，然后用另一个尺寸相同且位置相同的图形来替代它，从而营造视觉上的连贯性。在这种情况下，尽管新 PPT 中出现了新的图形，但前后两张 PPT 中的图形尺寸和位置一致，观众会下意识地认为两张 PPT 存在一定关联。在图 14-12 中，我们用柱形图替代了照片，但柱形图和照片在完全相同的位置，且大小完全一致。

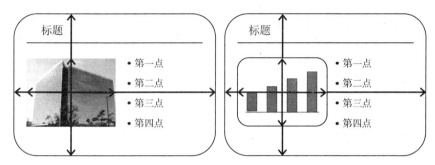

图 14-12　使用大小和位置相同的不同图片作为基准项

在利用基准项增强演示文稿连贯性的过程中，演讲者可以同时使用 PPT 标题和图片作为基准项。在图 14-13 中，标题和立方体图片都是基准项。在这两张 PPT 中，标题和立方体图片都被固定在同一个位置。左边 PPT 的副标题为"基本产品"，立方块上的标签是"Alpha"；而右边 PPT 的副标题已经被更改为"高级产品"，立方块的标签也变为"Beta"。观众虽然会被新信息吸引，但也能看出两张 PPT 之间存在关联。

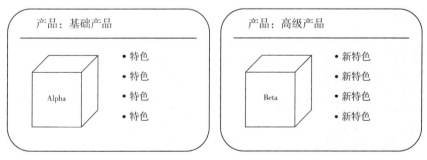

图 14-13　将标题和立方体图片当作基准项

京瓷等公司利用基准项方法设计 PPT 和广告

Highspot 由多位微软前高管创立，为客户提供领先的销售支持工具和软件。公司的创立者之一兼首席营销官乔恩·佩雷拉（Jon Perera）借助基准项方法和冰球杆效应来展示销售支持流程的 7 项基本要素。他所做的 PPT 的内容布局是呈右上走势的，文本布局的最高处是美元标志（见图 14-14）。

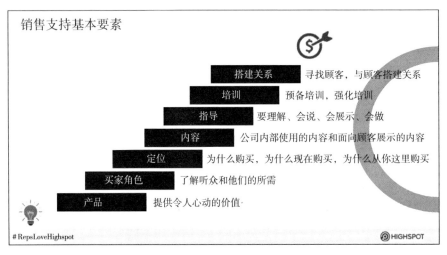

图 14-14 Highspot 使用基准项方法制作的 PPT

在展示这张 PPT 时，佩雷拉分析了提高销售效率的 7 个要素。他使用 7 个长方形作为基准项，展示后续的 PPT。后续每张 PPT 的标题各有不同，标题旁边的列表中列举了践行每种要素时可能会进入的误区。最后一张 PPT 再次总结性地列举了这 7 个长方形和一系列新的项目列表，用以展示 Highspot 针对每项要素提供的最佳解决方案。

京瓷（Kyocera）是一家生产精密陶瓷和电子产品的日本公司。公司在

广告中使用过这样一句话作为基准项："文件重要，科技同样重要"。（见图 14-15）

文件重要，

科技同样重要。

KYOCERA
文件解决方案

图 14-15　京瓷广告：使用一句话作为基准项

这句话后来被应用在很多地方，"科技"一词迅速被其他词语替代："工作流程""访问权限""扫描""应用""移动""打印""安全""创新""解决方案""公司"等。这句广告语传递出一个明确的信息：京瓷提供各种重要的服务，助力客户制作重要的文件。

美国联合包裹运送服务公司（UPS）在制作广告时也用了基准项方法。公司在广告语"同一屋檐下，服务应有尽有。"（Can you believe all the ings we fit under one roof？）中使用后缀"ing"（服务）作为基准项（见图 14-16）。

图 14-16　UPS 使用后缀"ing"（服务）作为基准项

在 UPS 此后制作的一系列动画广告中，它展示了近 20 种服务类型，包括"打印"、"复印"和"传真"等。把这些词语都标为黑色,并在每个名词后加上白色的"ing"后缀作为基准项。最后,UPS 以"我们还遗漏了什么服务吗?"(Have we missed any ing?)这一问题结束了动画广告。这句话明确指出,UPS 提供的服务类型多样。

耐克公司制作了一段精彩的视频广告。公司的官网称,这部广告片以动态分屏的形式呈现,聚焦了 36 对从事不同运动项目的运动员,展现了他们的运动风采。广告中运动员们从左边开始依次向右做动作,他们的动作会跨过左右两块屏幕,右边屏幕中的运动员会接着做同样的动作。由于左右屏幕中运动员的背景和动作都很类似,这些背景和动作就成了基准项,让广告变得流畅、连贯。下图是广告中的一个静止画面(见图 14-17)。画面中,两组运动员高举手臂进行庆祝。他们表达庆祝的手臂在两块屏幕的连接处碰在了一起。

图 14-17　耐克公司广告:以运动员的动作为基准项

在这则广告片中,有一幕展现了一位运动员穿着健身服走进屏幕,另一位运动员穿着队服走出屏幕。有一幕展现了一位男性运动员开始做动作,随后另一位女性运动员完成了这个动作。还有一幕展现了一位残疾运动员开始做动作,然后另一位健康的运动员接着完成这个动作。每组运动员所做的动作都是在两块屏幕上接力完成的,这则广告传递出的信息是:耐克为所有运动员提供装备。

这则广告的创作无疑运用了复杂的专业数字编辑技术，这些技术是普通剪辑软件无法提供的，做日常商业演讲也不需要运用这样复杂的技术。但我们可以从这则出色的广告中学习如何利用基准项来创造连贯性。

技巧 5：留出预期空间

假设我们正在看电影，电影中有一位女子孤零零地站在取景框的正中间，占据了大部分屏幕（见图 14-18）。随着镜头慢慢拉远，这位女性缩小到了屏幕的一边，而屏幕的另一边变得空无一物。这位女性依然在屏幕上，但我们的注意力会逐渐被屏幕的右半部分吸引。那里可能有一间空荡荡的房间，也可能有一条繁华的街道。你觉得屏幕右边会有什么呢？

图 14-18　电影中的预期空间

当我把这个问题抛给客户时，他们一无例外地回答："有人或物体将要进入这个镜头。"他们说的当然没错。多年的观影经验让我们意识到，当屏幕上有空白时，这个空白随后一定会被填满。因此，在这个被我们想象出来的电影屏幕上,这位女性的同伴随后出现在了那个空白中(见图 14-19)。

图 14-19 观众观影时的预期得到满足

我们在 PPT 中也可以使用简单的图片设计元素给观众创造这种预期效果。在图 14-20 左边的 PPT 中,我们可以看到两个文本框,其中一个是空白的。我们可以预计到右边空白的文本框之后将会被填入内容,而且条目应该与左边文本框内的 4 条相对应。如果右边的文本框中只有 3 条内容,大家会感到失望。如果有 5 条,又会让人感到困惑。4 条才符合大家的预期。如右边那张 PPT 一样,当空白空间内被填入 4 条内容后,观众的预期会得到满足。这向观众传递了一条信息:我们公司懂得观众的需求,能够为观众提供合适的解决方案。

图 14-20 在商业演讲中,观众的预期得到满足

这些用于保证图片设计连贯性的技巧可以让整个 PPT 变得条理清晰。

只有巧妙应用这些技巧，才能让观众理解冗长复杂的故事。同时，演讲者还要清楚故事板的创作流程技巧：

1. 延续叙事结构。
2. 只添加标题。
3. 针对标题进行语言表达练习。
4. 增加设计元素。
5. 保持图片设计的连贯性。

单独阐述 B 点和维惠

我们用 4 个章节探讨了 PPT 的设计，在这一过程中并未提到维惠，只在讲述开场白序列的组成部分时简要提及了 B 点。但在本书前半部分，我一再强调演讲者必须多次阐述维惠和 B 点。那么问题来了：我们应该把 B 点和观众的维惠放在故事板的哪张 PPT 中呢？

答案是哪张都不放。B 点和维惠不会出现在任何一张 PPT 中，更不会出现在 PPT 中的标题或副标题上。在第 11 章中，我们曾经提到，很多演讲者错误地认为应该把维惠和 B 点放在演讲开头。这种做法存在一定的误导性，不仅否定了演讲者的中心地位，还提前透露了演讲的点睛之笔。

作为演讲者，我们必须在 PPT 演示结束时再阐述 B 点和维惠，带领观众得出我们预设的结论。演讲者要时刻以自己为中心，谨记讲故事的是自己，而不是 PPT。

假设某公司的首席执行官在面向潜在投资人进行演讲时，用图 14-21 中的 PPT 结束演讲。

首席执行官可以先分析产品优势，然后总结这张 PPT："大家可以看出，我司的产品可以为客户提供丰富多样的好处。"说完继续展示下一张 PPT。这种做法会使他浪费一个宝贵的机会。首席执行官应该这样说：

产品优势

- 可靠性更高
- 可扩展性更强
- 使用更便捷
- 上市速度更快
- 总拥有成本更低

图 14-21　展示产品优势的 PPT

我公司的产品会给顾客带来丰富多样的好处，也会为公司争取到许多回头客，并将这些客源转化为公司的经常性收入。我们能够把经常性收入转化为股东价值，因此，我们公司是绝佳的投资对象。

这番话里包括了两个维惠和一个 B 点，但这些内容都没有出现在 PPT 中。演讲者会通过叙述来引导观众得出这个结论。请大家提升自己的说服力，让观众听到我们的故事。

魏斯曼
完美演讲

提高图片设计连贯性的 5 项技巧

1. 设置缓冲页。
2. 使用索引或色标。
3. 运用图标。
4. 设置基准项。
5. 留出预期空间。

PRESENTING
TO WIN

THE ART OF TELLING
YOUR STORY AND
DESIGNING YOUR SLIDES

第 15 章

让 PPT "动" 起来

在大众传播领域中，图片是最容易被理解的语言。

——华特·迪士尼

华特·迪士尼在 1928 年将米老鼠推向世界，迪士尼公司从此迈上了一条康庄大道，发展成全球大众传播和娱乐巨头，业务涉及电影制作、主题公园、电视网络和流媒体平台，并生产出种类繁多的衍生品。迪士尼公司是动画技术的先驱。最初，迪士尼只是在叔叔的车库里架了一台简单的摄像机。但现在，动画领域已经发展成熟，价值数百万美元的电影大片和电视广告都在使用多样的计算机图像合成（CGI）技术。

我并不是要帮助大家成为下一个迪士尼，但本章介绍的所有技巧都基于基本的电影制作原则，这些也是迪士尼公司的员工和其他专业动画制作人员所遵循的原则。我们可以运用这些技巧，赋予 PPT 生命，让它们变得生动。

在电影院里，导演和剪辑师会通过构图、运镜和蒙太奇手法调动观众的情绪。镜头前物体的移动、镜头自身的移动以及镜头的组合使用都可以让观众产生各种情绪。

在浪漫的爱情电影中，当爱人久别重逢、热情拥抱时，导演往往会采用长镜头和慢镜头来表现两人忘却一切沉浸在爱情中的喜悦。在警匪片中，汽车追逐戏一般是用多机位拍摄的，镜头角度往往与车辆行进方向呈锐角，剪辑师需要使用短促的镜头营造紧张的气氛。在西部片中，当西部定居者的车队在屏幕上穿过时，镜头会慢慢拉远，从近景切为远景，屏幕上会出现整个大草原的全景，让观众体验到这趟旅程的艰险。在悬疑片中，侦探在黑漆漆、空荡荡的房子里搜索证据时总会突然听到咔嗒一声，这时，屏幕上会出现门把手缓缓转动的特写场景，紧张气氛扑面而来。

演示文稿的动画设计功能在数量和效果上都无法与专业电影软件相匹敌，但从上文的介绍中我们可以得出一条简单的动画设计总原则：**通过动作来传达信息，让动作辅助故事的叙述。动作可以反映或激发观众的情绪。**莎士比亚说过："动作要配合言辞，言辞要配合动作。"

PPT 中的动画设计

复杂的视觉效果已经变成商业世界中不可或缺的一部分。公司网站、产品广告、行业大会上的 PPT、展销会中的展示台甚至是常规的企业宣传资料等都会采用动态的视觉效果。这些视觉效果堪比黄金时段影视大片的特效。这些动画大多由专业平面设计师和技术人员借助复杂的软件制作完成。他们会对物体和图像进行渲染，制作大量逼真的动画效果和演示效果。对广大商业人士而言，演讲是日常工作的一部分。我们可以使用一些演示文稿制作软件来制作动画效果，例如苹果的 Keynote，谷歌的 Slides 以及大家最常用的微软的 PowerPoint。

制作动画是项艰巨的任务。许多演示文稿会把各种动画效果堆砌在一起，令人眼花缭乱，播放起来就像独立日庆祝活动一样热闹。这种过度堆砌动画效果的问题在美国军队中非常普遍。在见到太多 PPT 中的坦克动画和旋转的饼状图后，时任美国参谋长联席会议主席亨利·谢尔顿（Hugh Shelton）将军颁布指令，要求国防部成员所做的 PPT 演示必须简洁："我们不需要百叶窗效果或漂亮的背景，我们要的只是 PPT 上的信息。"

大家可能会认为，军人和商人一样，本质上都比较保守，所以他们才不认可华而不实的动画效果。但现实中，很多人把商业演示文稿设计得像音乐短片一样花哨，这种现象的普遍程度不亚于好莱坞电影里的撞车戏份，两者都让人恼火。

PPT 中的视觉效果本是演讲中的辅助，如果使用不当就会变成阻碍，毕竟任何东西都可能是双刃剑。只要精心设计且运用得当，动画可以帮助大家更好地传递信息。我们可以通过基本的文本、表格、数字和图像来解释概念，同样也可以通过动画来更生动地解释概念，强化概念的相关含义。为此，我又要再次强调：观众至上。

动画设计的基本方针

与演示文稿中的其他元素一样，动画也必须能帮助观众更轻松地理解演讲内容。在第 10 章中，我们介绍过两条 Suasive 元设计技巧。这两条 PPT 设计的基本原则同样是动画设计的基本方针：

- 一目了然。
- 标题 +X。

如果观众不能一眼捕捉到整张 PPT 中的重要信息，或演讲者不能借助"标题 +X"法用一个句子概括该 PPT，这时候动画就可以发挥作用了。图 15-1 中的 PPT 只讲述了一个主题，但由于内容太多，演讲者很难用一句话概括整张 PPT 的内容。

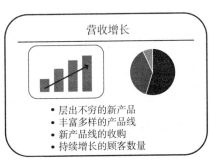

图 15-1　多要素单一主题 PPT

　　演讲者可以借助动画，像图 15-2 左边的 PPT，首先只显示标题和柱形图，同时采用"标题 +X"的方法概括 PPT 的内容："这是我公司过去 4 年的营收增长情况"。PPT 一目了然，观众一眼就捕捉到关键信息，并马上将视线转回演讲者身上，继续倾听演讲者对营收增长的分析。接着，演讲者可以点击播放动画，让 PPT 右边的饼状图出现，并且补充说："从这张饼状图可以看出各区域对营收增长的贡献值。"PPT 一目了然，观众一眼就捕捉到关键信息，此后又会马上将视线转回演讲者身上，继续倾听演讲者详细分析饼状图中每块区域的情况。

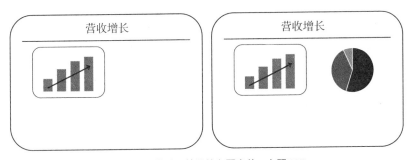

图 15-2　带动画效果的多要素单一主题 PPT

　　接下来，演讲者可以继续播放动画，在 PPT 下方的预期空间填入项目列表信息，并说："正是这 4 个因素推动公司创造了惊人的营收增长。"因为项目列表采用了平行语法结构，都用形容词开头，所以观众一眼就能捕捉到关键信息，此后马上就会将视线转回演讲者身上，继续倾听演讲者针对每个要点补充细节。Suasive 元设计技巧不仅可以帮助大家设计 PPT，同时也可作为动画设计的总原则。分步骤有条理地展示视觉元素，便于观众理解和消化信息。我在这里要再次强调：观众至上。

我在第 10 章中谈到，观众的眼睛和大脑受相互冲突的两股力量驱动，这两股力量分别是后天的习惯和先天的本能。后天的习惯促使我们从左往右看（见图 15-3）。

图 15-3　有着数世纪历史的从左往右看的习惯

人在观看动画时，从左往右看的习惯会表现得格外明显。演讲者要想给观众留下积极的印象，在制作动画时应该遵循目光从左往右移动的本能。如果演讲者想传递消极的信息，比如公司面临的竞争情况，就应该把动画移动方向设计成违背本能的从右至左的方向。我们在设计动画时还可以考虑其他心理感知因素。在演讲中，演讲者所展现的大部分内容应该都是介绍自己所在公司的，希望传递的也是积极的信息。所以，他们在设计 PPT 上的动画时应该默认将移动方向设计成从左往右的。

在使用约会软件时，用户手指的移动方向和其感受之间的关系最明显。用户在约会软件上寻找心仪的对象时，会接受或拒绝他人的约会申请。软件开发者会把向右滑动屏幕设置为表示接受申请，把向左滑动设置为表示拒绝（见图 15-4）。

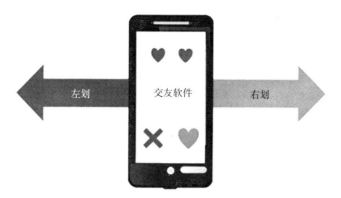

图 15-4　交友软件中手指方向的设置

除了受到习惯支配外，观众的眼睛同样会受到其敏感的视神经的支配，那是一种先天力量的支配。当屏幕上出现动画时，观众的眼睛会下意识地看向移动的图像。如果图像的运动方向与所传递的信息相悖，观众会感到困惑。如果图像的运动方向能佐证其所传递的信息，观众会更容易接受该信息。因此，演讲者要想传递积极的信号，需要确保动画的默认移动方向是从左往右的。让我们一起看看 PPT 动画中的一些主要功能选项。

PPT 的动画效果

演讲者在设计演示文稿软件的动画时可以选择方向、速度和动画持续时间。所有动画都可以被划分为两大类：

- PPT 切换：PPT 之间的切换过渡方式。
- PPT 内各元素的移动。

不同的演示文稿软件对这些功能的命名略有差别。为便于进行讨论，我会将它们分别称为"切换"和"动画"。

这两类功能又可以被细分为：

- 进入屏幕。
- 退出屏幕。
- 屏幕上的移动。
- 屏幕上的特殊效果。

在不同的演示文稿软件中，这些功能的名称也略有差别。为了便于讨论，我会简称它们为：

- 进入效果。
- 退出效果。
- 运动路径。
- 强调效果。

还有一项动画功能也值得大家特别注意，它是用来提高演示文稿连贯性的最佳功能。在不同软件中，它的名称也不同。在 PowerPoint 中，这项功能叫平滑切换（Morph），在 Keynote 里，它叫神奇移动（Magic Move）这项功能可以让图片在两张 PPT 之间移动，并且在转场时完成颜色、大小或位置等属性的渐变。

例如，我们可以使用第 14 章中介绍的索引或色标法，设置一张饼状图作为 PPT 的索引（见图 15-5）。随后，我们可以运用平滑切换或神奇移动功能，将这张饼状图缩小并移动到下一张 PPT 的右上角。整个动画可以在转场中流畅地完成。

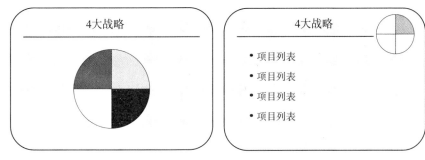

图 15-5　PPT 中对平滑切换或神奇移动功能的应用

微软对平滑切换功能的介绍如下：

> 若要有效地使用平滑切换功能，两张 PPT 中至少需要一个共同对象。最简单的方法就是复制 PPT，然后将第二张 PPT 上的对象移到其他位置；或者复制其中一张 PPT 中的对象，并将它粘贴到另一张 PPT 上。接着，对第二张 PPT 使用平滑切换功能，这样就可以查看该功能如何自动形成动画并移动对象。

所有演示文稿软件都提供了丰富多样的图片设计工具，帮助使用者让静态的演示文稿动起来。大家可以查看软件的工具栏了解相应功能。看到这么多工具，大家的第一反应可能是："太棒了！"第二反应则可能是："的确很棒，可是我什么时候才会用上这些功能呢？"凡事都有定期，天下万物都有定时。我们接下来看看那些最常用的功能究竟应该在什么时候发挥作用。

擦除动画效果

擦除动画的效果类似于拉开窗帘打开窗户，让外界的光透射进来。我们在使用这个动画效果时，就是让新信息显示在观众面前。**擦除动画效果应**

该是大家的基本选择，因为该效果遵循了将眼睛的扫视范围减少到最小的原则。

　　谢尔顿将军抗拒所有的动画效果。对他这类人而言，擦除动画效果应该是第一选择。因为这是一项非常基本的效果，很少有观众能感受到这一种动画效果的存在。在看到新 PPT 时，观众的本能和习惯会促使他们先将目光转移到 PPT 的左边，再从左往右进行阅读。所以擦除效果默认的方向应该是"自左侧"。从右至左进行擦除有悖于观众的本能，会传递出负面信息。我们可以使用"自右侧"的擦除动画效果来突显故事中的负面因素，比如竞品的缺点、公司曾经出现的问题或阻碍公司发展的主要市场力量。

　　在为演讲培训项目制作 PPT 时，我在介绍演讲中不该出现的行为时会使用自右侧擦除的动画效果。这一动画效果会让观众感觉不舒服，这种微妙的感觉会进一步强调我所传递的信息，让观众警惕那些不该出现的行为。在展示营收、市场份额和利润的增长时，演讲者可以使用自底部擦除的动画效果。自顶部擦除的动画效果则可以用于展示开支、错误率或员工流动率的减少。

飞入和浮入动画效果

　　飞入和浮入动画效果与擦除效果有些类似。请注意，飞入和浮入效果虽然和擦除效果一样，可以让文本和对象出现在屏幕上，但如果动画速度太快，会导致文本和对象在出现或消失的过程中变模糊。**如果要营造紧促感，飞出和浮入效果是很好的选择。**但如果演讲者希望观众能轻松自在地阅读文本或图片，请使用擦除效果。

出现动画效果

出现动画效果可以让新信息突然出现在屏幕上，相当于电影剪辑中的"切"（cut）。电影制片人会使用切这个功能将两个镜头并列。这个效果可在两幅画面之间营造强烈的对比效果，比如公司造型优美的新产品包装设计和竞品笨拙粗糙的包装设计可以构成对比效果。

在演讲过程中，演讲现场的网络带宽、上传与下载速度和网络延迟等因素对演示效果的影响较大，动画可能会不清楚、速度慢，或者看上去不连贯。为了减少对带宽的依赖，演讲者最好选择出现动画效果。

溶解、淡入和淡出动画效果

溶解、淡入和淡出动画效果是一种平滑的过渡效果。电影通常会使用这些特效来表示时间的流逝。溶解动画的效果展现的是前一个图像慢慢消失后，后一个图像会在同一位置慢慢显现。淡入和淡出效果动画呈现的是图像一瞬间变为黑色的效果。电影中会大量应用这些效果来表现昼夜更替、季节交替或年华流逝。溶解效果可用于表现相关概念的切换，比如，在展现产品更新迭代时可以使用这一效果，在表现新药物战胜癌细胞时也可以使用这一效果。

演讲者在使用这几种效果时要慎重，因为这些效果会给人带来破碎或分割之感。商业演示文稿中的每个主题都密切相关，演讲者会边演示边讲述故事，所以使用这些效果时必须慎之又慎。此外，不管怎么设置速度，播放这些效果所需的时间都会相比较长，因此会拖慢演讲的节奏。擦除效果可以更快速、流畅地表现 PPT 的连贯性和延续性。

形状动画效果

形状动画效果可以表达压缩或扩张的意思，其表达的含义取决于动画的方向是向内还是向外。演讲者在使用这一动画时可以尽量选择和动画对象形状相关的方向。比如，放大的圆形动画可以用来表现饼状图、球状物体和辐射状图形的膨胀效果。相应地，缩小的圆形动画可以用来表示市场或流程的压缩和合并。动画的方向取决于演讲者想要表达的信息。

轮子动画效果

轮子动画可以用来强调 PPT 中的单个词语、数字或其他对象，其效果就像是用彩笔在文字上画个圈。演讲者可以在自己想要特别强调的内容外添加一个椭圆形状，然后应用轮子动画效果（见图 15-6）。

观点	观点	观点	观点	观点
观点	观点	观点	观点	观点
观点	观点	观点	观点	观点
观点	观点	观点	观点	观点

图 15-6　用椭圆强调某个词并添加轮子动画效果

强调效果

演讲者可以采用多种方式强调文字或图片，比如改变字体大小、风格或颜色。如果你有需求，可以在具体的演示文稿软件中详细了解并练习使用强调效果。

缩放效果和运动路径

平滑切换和神奇移动功能可以让文字或图片在两张 PPT 之间移动，演讲者可以利用 PPT 的颜色和图文大小的渐变完成转场。借助缩放效果和运动路径，演讲者可以在 PPT 内实现平滑切换。

通过缩放动画效果，我们可以将动画对象放大或缩小，以便突出我们想要强调的显示对象。演讲者可以针对这一对象补充细节内容后再将其恢复到原有大小。

使用运动路径功能则可以让动画对象在屏幕上移动，以此来辅助展示演讲者阐述的内容：营收潜力提升、成本下降、战略方向发生转变、重新建立商业联盟或公司逐步发展。

百叶窗、随机线条和棋盘动画效果

百叶窗、随机线条和棋盘动画 3 种效果相当具有戏剧性。如果随意使用这些效果，可能会导致观众分心。

百叶窗动画效果和随机线条动画效果都是竖向的栅栏状结构，可以用于两个柱形图之间的平滑切换。同样，棋盘动画效果也有竖向和横向两种结构，可以用于表格之间的切换。

演讲者在使用这些效果时必须谨慎。如果观众对动画效果的反应是"嗯？"、"这是什么？"或"我不理解！"那么动画效果只会导致观众分心。只要你在选择动画效果时有所疑虑，你就可以先默认选择从左往右的擦除效果。

配合动画的演讲者

本书重点探讨了故事创作和 PPT 设计流程，并没有涉及演讲技巧，但我在本书的末尾有必要结合 PPT 动画简单谈谈演讲者的身体语言和声音语言。观众的视神经会让他们对光亮和动作下意识做出反应。演讲者一开始播放 PPT 动画，观众所有的注意力就会立即从演讲者身上转移到屏幕上。

人类的大脑难以同时处理多项信息，当输入大脑的信息是与自己不相关的声音和图像时尤甚。演讲者在播放动画时，观众需要投入较多精力处理动画中的信息，这时他们无暇顾及演讲者说什么，也不会去看演讲者在做什么。此外，演讲者在此时如果还继续说话或做动作，会给观众造成额外的感官刺激，这与播放动画的目的相冲突。

因此，演讲者必须停止说话和做动作，安静等待动画播放完毕。这项技能叫作 "PPT 同步技能"（Slide Synchronization^{SM}），大家可以通过《魏斯曼的演讲大师课 3：臻于完美的演讲》^① 对这项技能做进一步了解。**从演讲者的角度来说，身体语言和声音语言与 PPT 动画保持同步的关键在于学会暂停，这样观众才有时间去处理动画信息。这种暂停可以让观众和演讲者都保持头脑清醒。**

PPT 动画的存在是为了帮助演讲者传递信息。切记牛顿第三定律：相互作用的两个物体之间的作用力和反作用力总是大小相等，方向相反。动画的本质也是运动，演讲者在演讲时要注意动画对观众的反作用力。

总而言之，第 13 章和第 14 章分别介绍了如何用视觉手段讲述故事以

---

① 《魏斯曼的演讲大师课 3：臻于完美的演讲》为读者提供了精炼的表达技巧、应对挑战性问题的建议以及特殊的演讲训练，帮助读者打造臻于完美的演讲。该书中文简体字版已由湛庐引进，四川人民出版社出版。——编者注

及如何通过图片设计来保证 PPT 的连贯性。本章介绍了动画效果的应用。这 3 章为大家展示了多种视觉工具，让 PPT 的内容能真正辅助演讲者对故事的叙述。

魏斯曼
完美演讲

动画设计的基本方针

1. 一目了然。
2. 标题 +X。

PRESENTING TO WIN

THE ART OF TELLING YOUR STORY AND DESIGNING YOUR SLIDES

第 16 章

线上演讲的力量

沃森先生——快来呀——我需要你。

——亚历山大·格雷厄姆·贝尔

超越时空的线上演讲

1876 年 3 月 10 日，亚历山大·格雷厄姆·贝尔（Alexander Graham Bell）用第一台电话机和隔壁房间的助手打招呼。自那之后，人类一直想方设法让沟通超越距离。移动电话和互联网先后面世，这两项发明大幅提高了人类的远距离沟通效率。2020 年的新冠疫情更是推动了远距离沟通技术的飞速发展。我们或许可以借用海明威的话来形容这种发展历程："逐渐地，然后突然暴发。"

当居家办公成为常态，Zoom 很快就同舒洁（Kleenex）、施乐（Xerox）和谷歌一样，成为热门词语。"视频会议疲劳"（Zoom Fatigue）一词开始盛行。视频会议曾经只是一种辅助性媒介，突然之间就成了大部分人工作中不可或缺的工具。如何迅速接受这些变化呢？

人们需要这方面的指导。我在本书的第一版中甚至根本没有提到过线上演讲一词，由此可见，世界的变化非常迅速。近年来，电子商务经济增长强劲、移动技术跨步发展、商业快速全球化，演讲者的差旅成本和压力倍增，这些因素都促使线上演讲成为我们生活的一部分。

如何进行成功的线上演讲呢？我们首先来看看进行线上演讲要面临的 7 大挑战，然后探讨如何战胜每种挑战以及如何提高自己的影响力。

线上演讲的 7 大挑战

以下是演讲者在做线上演讲时要面临的 7 大挑战：

1. 演讲者与观众之间距离阻隔长。
2. 演讲者无法直视观众。
3. 演讲的连贯性难以维持。
4. 观众注意力持续时间短。
5. 演讲者穿着随意。
6. 演讲者背景的处理不到位。
7. 信号不稳定。

第一项挑战就与演讲的核心原则观众至上有关。

挑战 1：演讲者与观众之间距离阻隔长

近距离的接触可以创造交流的机会。心理学家、小说家、诗人、作曲家和艺术家都曾创作无数作品来描绘沟通场景。**人类交往的最佳途径就是面对面交流**。科学家也相当认同这个观点。萨尔茨堡应用科学大学的研究结论显示：

相比于线上交流，人们在现实生活中与人打交道时更富同理心。

直接交流成为人与人交流的黄金标准。很多词组也体现出近距离接触的好处："个人对个人"、"一对一"、"亲临现场"、"正装出席"、"现场交流"、"推心置腹"和"眼神交流"等。

人们在进行线上沟通时，音频和影像会降低交流的效率。凯特·墨菲（Kate Murphy）在《你都没在听》（*You're Not Listening*）一书中对人类的沟通方式进行了深入研究。她在《纽约时报》发表《Zoom 的恐怖之处》（*Why Zoom Is Terrible*）一文，分析了 Zoom 软件存在的失真问题：

> 人们的脸在屏幕上呈网格状排列，这让人想起游戏节目《好莱坞广场》（*Hollywood Squares*）……视频图像的数字编码与解码、修改与调整、补丁与合成的方式导致了各种伪象：信号阻塞、定格、模糊、抖动和音频不同步等。

大家在参加线上会议时是否常常遇到信号中断的情况，这时往往会听到与会者的叫声："信号断了！"、"图像卡住不动了！"或"我听不到声音了！"墨菲分析了线上会议技术的负面影响：

> 心理学家、计算机科学家和神经学家均表示，视频沟通中固有的失真和延迟问题可能会导致大家感到焦虑、感觉被孤立，甚至和同事脱节。

在进行重要演讲时，比如初创公司的创业者在向投资人进行融资演讲时，演讲者的焦虑感会更加强烈。圣迭戈天使会议（San Diego Angel Conference）为初创公司提供进行此类推销演讲的场所。会议发起人米斯蒂·拉斯克（Mysty Rusk）谈到这个难题时说：

演讲者在进行线上推销演讲时会面临一些特有的挑战。因为推销演讲要取得成功，必须有精彩的故事讲述，演讲者还要与观众建立起一定的情感联系。在线上演讲中，这些目标都很难达成。

线上会议改变了这个社会，也影响了我个人的生活和工作。我有时候也会开设线上课程，并探索相关网络平台中的多种工具。

我在参与"Zoom 鸡尾酒会"（Zoom Cocktail Hours）时就意识到，小群体的交流互动方式变为墨菲所说的"好莱坞广场"的交流形式。人在小群体中面对面的三维交流方式现在变成了一系列二维线上交流方式。在现实生活中，大家通常会你一言我一语地进行交谈，声音就像是环绕立体的。但线上会议中的交流却是单声道的，每次只能有一个人说话。就算是多年的老友，在进行线上交流时，互动也会受限。所以我在进行线上演讲辅导时会采用下面这些解决方案。

为了克服科技带来的延迟和失真问题，我们必须加强人与人之间的感情联系，而方法就是丰富自己的表达。我再次强调，故事第一。最有效的演讲技巧就是针对观众定制化设计演讲，以此拉近演讲者与观众之间的距离。可惜这条技巧总会被大家忽视。演讲者在进行线上演讲时，缩短与观众之间的心理距离变得尤为重要。为帮助大家做到这一点，我将会谈谈如何在线上拉近与观众之间的距离。

我为演讲者提供了几个在进行线上演讲时拉近自己与观众之间距离的方法：

- **直接点名法**。网络信息技术降低了直接点名法的实施难度。只要观众登陆会议，平台就会在他们的头像下方显示姓名（见图 16-1）。在和观众打招呼时，请直接称呼他们的名字。

图16-1　平台会显示所有参与者的姓名

- **巧借中间人法**。演讲者可以在演讲中提到与自己和观众都有关系的人、公司或组织。不管是做线上演讲还是线下演讲，寻找中间人都是必不可少的"家庭作业"。演讲者在准备阶段搜索自己和观众之间的共同关系人，并且在演讲中找机会提到这些关系，有助于和观众建立情感联系。

- **提问法**。演讲者可以直接向观众提问。大多数平台会提供投票功能，请观众回答多选题或是非题，进而提高观众的参与度。这一功能会通过汇总观众的答案，为演讲者提供信息。演讲者也能利用该功能评估观众对信息的接受情况，以便调整后续演讲的内容，确定是深入探讨某要点，还是继续讲其他内容。

- **引用时事新闻法**。演讲者可以讲述演讲当天发生的事件。有了互联网虚拟平台，演讲者所引用的新闻的时效性会大大增强。演讲者可以利用屏幕共享功能，轻松地让观众看到现场直播、最新的出版物或当天发布的博客。

- **本地化法**。演讲者可以提到演讲的场所。演讲者在进行线上演讲时，很难向观众展现自己具体的地理位置，观众可能会在公司或自己生活的地方聆听演讲。演讲者在准备阶段要搜索并了解这些地方，在与观众交流时要想办法展现自己对这些地方的了解。

● **领英法。**演讲者需要了解观众的职业发展道路，寻找自己和观众的共同点。与巧借中间人法一样，不管是做线上还是线下演讲，了解观众的职业发展道路是演讲者必做的"家庭作业"。演讲者可以引用自己与观众共同的关系人或共同的经历，与观众建立一定的感情联系。

● **量身定制开场 PPT 法。**演讲者可以制作一张包括观众、演讲场所和演讲日期等信息的 PPT，并将其作为演示文稿的第一张。在 PPT 上列出当前的日期，可以提升演讲与观众之间的关联度，增强观众的新鲜感。商界的"空中飞人"需要在线下不断重复进行相似的演讲，为了避免记错日期，他们会删掉 PPT 中的日期。其实，演讲者可以把 PPT 中的日期设置成自动更新模式，这样就能避免错误的出现。请切记，线上演讲的观众可能来自不同时区，演讲者提到日期时要考虑这一因素。

挑战 2：演讲者无法直视观众

大多数的演讲培训课程都会强调身体语言和声音语言的重要性，这是人们在传递信息时必须注意的要点。《魏斯曼的演讲大师课 3：臻于完美的演讲》一书针对这些要点进行了详细的探讨并提供了相应的练习，书中也对比分析了进行线下演讲和线上演讲时分别需要注意的事项。

眼神交流是人际交流中的重要组成一部分。可是演讲者在做线上演讲时很难与观众进行眼神交流。我们针对线上演讲了提出了眼神连通（EyeConnect®）的概念。**相比于眼神交流而言，眼神连通的持续时间更长，目标也更明确。**伦敦大学和帕多瓦大学的研究人员对未满周岁的婴儿进行研究发现：

眼神交流是人类进行沟通、建立情感纽带最强有力的方式。婴儿一出生就明白他人的眼部动作能传递重要的信息……研究证实，婴儿在早期对对视相当敏感，这种敏感度也是他们学习社交技能的重要基础。

但线上演讲者要面临一个矛盾的难题。插画家、设计师伊丽莎白·麦克奈尔（Elizabeth McNair）在《纽约客》上发表了一幅漫画，生动地展现了这个矛盾的难题。漫画中的一男一女正在打视频电话，漫画配文是"我不知道你究竟是在看我的眼睛，还是在盯着电子邮件"（见图 16-2）。

我不知道你究竟是在看我的眼睛，还是在盯着电子邮件。

m.e.mcnair

图 16-2　《纽约客》上刊发的麦克奈尔的漫画

同理心会促使人们在与他人讲话时下意识地盯着对方的眼睛。而在线上演讲中，演讲者会下意识地盯着屏幕上观众的头像或自己的头像。电脑的内置摄像头和外置摄像头一般都位于屏幕上方，所以在观众眼里，演讲者总是抬头或者低头，甚至扭头看向其他地方，就是没有盯着观众。这样，演讲者和观众之间的情感纽带就被切断了。

最理想的状况就是将摄像头放在屏幕的正中间，这样演讲者就可以让观众感觉到自己的注视。但这从实际操作来说是不可行的：观众的画面与摄像头不可能处于同一位置。

有位颇具创造力的电影制片人找到了这一难题的解决方法。有报道称，导演埃罗尔·莫里斯（Errol Morris）为其奥斯卡获奖纪录片《战争迷雾》（*The Fog of War*）自制了一套系统。该装置综合使用了两个摄像机和一个经过改进的提词器：

> 采访对象可以盯着采访者的面部，而非冷冰冰的摄像机镜头。采访者也可通过这一设备看到采访对象的面部。在采访过程中，每个人都可以观察对方的表情语言和肢体语言。最重要的一点在于，采访者和被采访者可以通过摄像机来进行直接的眼神交流。

另外，视频会议主要使用了远程通信技术。25 年前，我曾与一家开发视频会议软件的初创公司合作。这家公司的工程师非常清楚视频会议存在这种矛盾的难题。他们当时考虑开发一款反射玻璃板系统当镜子。但 25 年过去了，不管是这家公司还是其他视频会议公司都没能解决这个难题。

在英特尔新兴成长型企业与孵化部副总裁萨吉·本莫什（Sagi BenMoshe）的领导下，英特尔正在开发一项名为"眼神交流校正"（Eye Contact Correction）的技术。这项技术结合了人工智能技术，可以让用户在演讲时非常自然地与观众对视，而不是低头向下（见图 16-3）。在打开"眼神交流校正"功能后，发言者的瞳孔位置会被上调，这样发言者看上去就是在与观众对视（见图 16-4）。

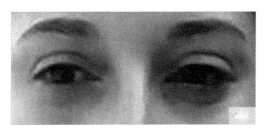

图 16-3　关闭"眼神交流校正"功能的效果

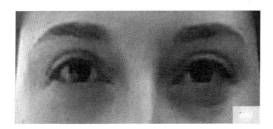

图 16-4　开启"眼神交流校正"功能的效果

CommonGround 的首席执行官阿米尔·巴森－埃斯凯纳齐（Amir Bassan-Eskenazi）正针对这个难题开发另一项技术。这项技术能通过捕捉发言者和观众的图像，使用 AI 和 3D 建模技术对用户的表情和动作进行解码（见图 16-5）。这项技术会将解码后收集的信息传输给虚拟房间，并进行合成和渲染（见图 16-6）。

图 16-5　CommonGround 的 3D 建模

图 16-6　CommonGround 的 3D 虚拟房间

　　所有参与者的 3D 影像都会被上传到虚拟房间里，这些影像可以进行眼神交流，与会者可以控制自己的影像发表观点。人工智能能够创造出沉浸式的开会体验，这解决了演讲者与观众无法进行眼神交流的难题。

　　在英特尔、CommonGround 或其他公司的技术尚未发展成熟时，我们可以使用摄像头连通（CamConnect）技术。**和眼神连通技术一样，摄像头连通技术的核心理念是为交流双方创造更高效的交流体验。**摄像头连通技术意味着大家只能对着网络摄像头进行交谈。这样的交流方式会让人感觉非常不自在，因为大家的眼睛会自然地盯着观众看。更让人不自在的是，大家在盯着摄像头看的时候，只能用余光去看屏幕上的观众。但观众会感觉很自然，因为他们可以感受到演讲者正注视着他们。**观众的感受重于演讲者自身的感受。**

　　为了能做到观众至上，也为了避免只盯着自己的头像说话，演讲者可以隐藏自己的头像。大多数平台都提供了这项功能。打开这项功能后，演讲者的屏幕将不再显示自己的头像，但观众的屏幕仍会正常显示。演讲者可以通过这种方式来保证自己与观众之间的交流质量。在使用摄像头连通技术时，一定要遵循两条重要的指导原则：

　　● 演讲者在说话时目光要保持在与网络摄像头水平的高度，否则观众就会感觉演讲者在抬头或低头看。在电视摄像中，摄像头的位置高于拍摄对象的镜头叫作俯拍，摄像头位置低于拍摄对象则是仰拍。俯拍和仰拍的镜头会传递出不同的情绪信息。约翰·苏勒尔（John Suler）在《摄影心理学》（Photographic Psychology）一书中分析了这种情况。俯拍会让拍摄对象看上去处于弱势，让观众处于更强势的位置，而仰拍则会让观众感觉拍摄对象高大、有力、有权威性、强势、高人一等或凶恶。演讲者只希望观众能感受到自己的同理心，所以在对着摄像头说话时目光要与摄像头保持在同一水平线。如果要使用笔记本电脑的内置摄像头，请在电脑下放置支架或垫上小箱子和书本，以抬高电脑的高度。如果你要使用外接的网络摄像头，请将摄像头安装在三脚架上，保证摄像头与眼睛的高度一致。

● **不要一直盯着网络摄像头看，演讲者可以时不时地将目光从网络摄像头上挪开，不然观众会感觉演讲者在紧紧盯着自己。**斯坦福大学虚拟环境人类互动实验室的创始人、主任杰里米·拜伦森（Jeremy Bailenson）在研究中发现，这种通过摄像头进行的虚拟交流需要不时被打断。他在《华尔街日报》上发文解释说，他和同事们研究了在虚拟教室里进行"持续注视"的后果，学生说整堂课都被盯着看让他们感觉非常不自在。大家在 Zoom 上可能会有类似的感受。演讲者可以对着网络摄像头发言，但要时不时将目光移开。他们可以偶尔看一下屏幕上的观众或自己的 PPT 和笔记。当然，如果演讲者在制作 PPT 和笔记时遵循了寓繁于简的原则，内容均采用标题形式，那么他们就可以一眼捕捉到相应的提示信息，再迅速将目光移回网络摄像头。

挑战 3：演讲的连贯性难以维持

在这个超级互联时代，所有人都成了手机和计算机的"受害者"。线上演讲的观众通常独自在一个地方收看演讲，体验不到线下演讲的氛围，周围也没有其他同伴，他们会更容易分心。演讲者的宠物和孩子会突然闯入镜头，观众可能会一边听演讲一边吃午饭或发信息，人们在开会时也会偶尔听到远处传来汽车喇叭声或落叶清扫机工作的声音，这些干扰因素都会影响观众的注意力。

在进行线上演讲时，观众的注意力集中时间比平常短，演讲者要如何解决这个难题呢？演讲者要进一步提高故事和 PPT 的连贯性。

增强故事的连贯性

与第一个挑战一样，演讲者要充实自己对故事的叙述，遵循故事第一的原则，利用连贯性让观众时刻保持注意力集中。

我们可以运用本书前文介绍的 Suasive 故事创作 10 步法来设计可靠的叙事结构。我要特别强调的是第十步：内容衔接。下列叙述技巧可以帮助观众跟上演讲者的思路：

- 引用叙事结构法。
- 逻辑过渡法。
- 前后照应法。
- 设问法。
- 重复开场白法。
- 首尾呼应法。

- 反复句。
- 阶段性小结法。
- 枚举法。
- 算术法。
- 强调 B 点法。
- 说出公司名称法。

大多数演示文稿软件提供了演示者视图的功能。**演讲者可以使用演示者视图，**同时展示当前 PPT 和下一张 PPT 的预览图，以此来提高故事的连贯性。图 16-7 是我在演讲辅导课程中使用的两张 PPT。

图 16-7　演讲辅导课程演示文稿中的演示者视图

左边较大的图片是 Suasive 建构框架，是我当前正在演示的 PPT。右边较小的图片是头脑风暴 PPT，是我接下来要演示的 PPT。

在演讲中使用演示者视图需要两台显示器：一台用于展示当前的 PPT，另一台用于显示演示者视图。演讲者可以把网络摄像头安装在显示演示者视图的显视器上，便于自己直接看着观众说话。将一切布置妥当后，演讲者可以面对同事进行一次试讲，确保他们只能看到当前 PPT。演讲者在将目光从摄像头上短暂挪到下一张 PPT 的预览图时，只需移动很短的距离。

演示者视图可用于各种类型的演讲，但我建议不要在线下演讲中使用。在做线下演讲时，演讲者必须与观众进行眼神交流，当演讲者把视线从观众身上移动到自己电脑上时，眼睛的移动距离要比线上演讲时长很多。在线下演讲时，演讲者视线的大幅度移动会导致整个演讲出现"大崩盘"，演讲者看上去像在偷偷摸摸地搜索接下来要讲的内容。

演示者视图不仅具有提醒功能，还便于演讲者在叙述过程中进行过渡，让演讲更加连贯。如何进行过渡呢？假设演讲者正在介绍公司的产品，将要播放的下一张 PPT 的内容是介绍公司客户的。演讲者在看到下一张 PPT 的预览图后可以说："现在，让我们来看看购买我司产品的重要客户有哪些……"
接着，他会展示下一张 PPT。通过这句承上启下的话，演讲者可以实现两
张 PPT 的平滑过渡，观众的注意力依然在演讲者身上。这种承上启下的效
果要远远好于"现在，让我们来看看公司的重要客户"这种表述方式。因为
后者没有点明前后两张 PPT 之间的关联。

在做线下演讲时，演讲者要注意使用这种承上启下的过渡方式。这是
因为做线下演讲时，演讲者要对自己即将展示的 PPT 烂熟于心，而熟记所
有 PPT 还是有很大难度的。现场紧张的气氛有可能导致演讲者忘记 PPT 的
顺序。演讲者即使做 101 次相同的演讲，还是有可能遇到这种尴尬时刻。
演讲者可能在演讲开始前才拿到演示文稿，也可能因为多次重复相同的演讲
而进入"自动驾驶"的机械状态。不管遇到哪种情况，演讲者都可能在进行
内容衔接时错误地说："让我们来看看我公司出色的产品如何创造惊人的营
收。"但当他转向屏幕时，却看到屏幕上展示的是客户名单。这时候，演示
者的心会一下子收紧，用一连串咳嗽掩饰慌张之后，就开始含糊地嘟哝："但
首先还是来看看我公司的重要客户！"

在做线下演讲时，使用承上启下的内容衔接方式具有很大的难度；但
在做线上演讲时，这种方式是提高故事连贯性的宝贵工具，能帮助演讲者降
低演讲难度。

提高 PPT 的连贯性

在第 14 章中，我们探讨了一系列提高 PPT 图片连贯性的方法，便于
观众跟上故事的节奏。这些方法包括：

- 设置缓冲页。
- 使用索引或色标。

- 运用图标。
- 设置基准项。
- 留出预期空间。

这些方法能在演讲中起到重要作用，便于观众跟上演讲者的思路。我想再次强调缓冲页的重要性。缓冲页不仅能提高图形设计的连贯性，同时也能延长观众的注意力。

挑战 4：观众注意力持续时间短

演讲者讲述的时间过长会使观众变得没有耐心，没法长时间集中注意力。

线上演讲存在一些固有的障碍，比如 Zoom 疲劳、距离阻隔和种种潜在的干扰等。在这些因素的影响下，观众的注意力很难长时间保持集中。

让观众集中注意力的关键在于要让他们不断参与演讲。让观众参与演讲的方式有 4 种：打开聊天讨论功能、严格把控时间、使用线上工具箱以及依据观众的反应调整演讲内容。

打开聊天讨论功能

演讲者在线下做演讲时可以在每部分内容结束时使用缓冲页做短暂休息。在缓冲页的页面正中间，演讲者可以只放置单行标题，然后过渡到下一部分（见图 16-8）。

同样，在做线上演讲时使用缓冲页，也可以给演讲者一个喘息的机会。演讲者可以在播放到缓冲页时打开聊天功能，让观众参与进来，可以提问，可以反馈意见，也可以讨论。

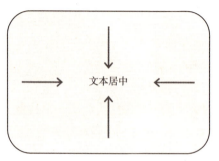

图 16-8　使用居中文本作为缓冲页

严格把控时间

演讲者要像空中交通管制员一样严格把控时间。在线上演讲开始前和开始时，演讲者要告知观众演讲所需的时长。**在整个演讲过程中，演讲者要时不时提醒观众演讲所需时长，并且告知他们剩余时间。**尽管演讲者和观众都能在电脑屏幕上看到时间，演讲者依然要在演讲过程中对时间进行追踪。

演讲者至少每过 90 分钟要设置一个休息环节，并在休息开始时宣布休息时长。线上演讲的观众来自不同时区，所以休息时长的计时单位应该是分钟，例如，"我们休息 15 分钟后再继续"。任何线上演讲或课程都不应超过 5 小时。演讲者可以请制作人或同事负责计时，也可以使用线上会议中的聊天、投票和视频等工具进行时间管理。

使用线上工具箱

所有线上平台都提供多种多样的工具，演讲者可以邀请观众参与演讲，提高大家的互动性。我列举了各平台的多种工具：

- **虚拟白板**。打开虚拟白板，请观众参与头脑风暴，用文字和图片来分享自己的想法。

- **屏幕共享**。分享文档、PPT、电子表格或图片，便于观众查看。
- **注释**。使用注释工具可以让演讲者和观众在共享的图像上用亮色标注特定的词语、数字或对象。
- **投票**。使用投票功能，了解观众的看法和对知识点的掌握情况。以表格形式展现投票结果，以便演讲者进一步组织互动讨论。
- **在线聊天**。邀请观众给演讲者、制作人或演讲者的同事发私信提问，可私下发给个人，也可以在群聊中提问。
- **分组讨论室**。将观众分为多个小组，并让他们进入不同的分组讨论室。演讲者可以自由进出分组讨论室和大家互动。当大家都回到主会议室时，演讲者可以请观众分享和评论小组讨论情况，进一步推进互动。
- **观众的出席情况和反应**。有些平台允许观众用图标表达自己的感受，例如使用跷起大拇指或举手的图标。演讲者应观察观众的反应，并相应地调整自己的演讲内容。

依据观众的反应调整演讲内容

我在《魏斯曼的演讲大师课 3：臻于完美的演讲》中介绍了许多重要的演讲技巧，有一条是"了解观众的反应并相应地调整内容"。我用了一章来详细解释这一技巧。在这里，我只简单地总结一下：

> 观众不会用语言表达自己的所有反应，演讲者要注意非语言线索，多花时间观察观众，看他们是否理解演讲内容。如果观众理解了内容，就会点头；如果没有理解，就会皱眉或者疑惑地看着演讲者……演讲者则要用语言去回应这些非语言反应。

在演讲者的屏幕上，观众的头像只有邮票大小，但演讲者依然要去观察观众的反应。演讲者要不时将目光从摄像头处挪开，利用这个间隙去看看观众的面部表情，了解他们的非语言反应，然后相应地调整演讲内容。演讲者可以这么说：

- "奈尔斯，我注意到你刚刚笑了。你自己能看到吗？"
- "安，你有问题要问吗？"
- "休，你刚刚翻了个白眼。你之前来过这里吗？"
- "汉斯，你想说什么呢？"

演讲者的这些提问是在等待这几位观众回答，并邀请他们进行对话。在他们回答之后，演讲者可以针对回复内容进行进一步互动。在线上面对数量庞大的观众群进行主旨演讲时，演讲者很难进行这类交流，但他们仍然可以观察观众的非语言反应，并相应调整演讲内容。

挑战 5：演讲者穿着随意

新冠疫情迫使很多企业完全采用远程办公的形式，人们在居家演讲时越来越不在乎自己的着装。很多人上半身穿正装，下半身只穿一条卫裤。这种风格非常流行，知名男性时尚杂志《GQ》甚至宣称："卫裤已经替代牛仔裤，成为美国人的标准着装。"随着疫情的持续，人们不仅仅下半身穿着随意，甚至开始穿休闲风格的上衣了。再加上许多理发店和美容院纷纷关门歇业，演讲者的着装看起来越来越像是在参加睡衣派对了。

不管演讲的主题是什么，演讲者只要出现在观众面前，都要展现出权威的形象。莎士比亚曾说过："以衣识人。"休闲风格的着装只会破坏演讲者的权威性。

品位无关对错，我从不对时尚或服装风格发表言论。但当有客户请我就着装提建议时，我唯一的建议就是：遵循着装正式程度"加一原则"（Plus One）。**"加一原则"是指演讲者需要先确定观众的着装风格，然后在此基础上穿比观众的着装正式程度高一级的服饰。**比如，演讲者打算在线上行业展销会上发表演说，观众都身着牛仔裤和 T 恤，那么演讲者可以选择商业休闲风，比如衬衣加夹克衫。如果线上行业大会的观众都穿商业休闲风的服饰，那么演讲者的穿着要更为正式：男性打领带，女性着套装。如果演讲者无法提前确定活动参与者的着装风格，就请直接选择正装。"加一原则"适用于所有演讲。

演讲者穿着正式也能提升演讲效果。在《华尔街日报》刊载的《Zoom居家办公着装背后的科学》（*The Science Behind WFH Dressing for Zoom*）一文中，雷·史密斯（Ray A. Smith）引用了两项科学研究。一份研究显示，穿着特定的、有象征意义的服装可以吸引观众的注意力；另一份研究则发现，人在工作中穿着越正式，越能像高层人士一样更抽象、更全面地看问题。请用着装来彰显自己的权威性和影响力。

挑战 6：演讲者背景的处理不到位

推特上的人气用户"会议室点评"（Room Rater）会用 1 到 10 分为线上会议的背景打分。克劳德·泰勒（Claude Taylor）和杰西·巴瑞（Jessie Bahrey）是该账号背后的点评人。他们会从颜色选择、花卉布置等方面给线上会议室打分，还会加上几句犀利的评语。比如，当电缆线暴露在外时，他们会说"电线违规"；当会议室没有任何背景时，他们会讽刺"适合绑架人质"。该账号的关注者超过 50 万，其中甚至包括《漂亮家居》（*House Beautiful*）杂志等权威刊物。要知道，《漂亮家居》杂志在室内设计领域从业者眼里堪称行业"圣经"。

线上的观众不但能看到演讲者，还可以看到摄像头取景框里其他的一切。如果观众看到演讲者身后有奇怪的物品、明亮的灯光、吊扇、从窗户投射进来的阳光或其他与此类似的东西，他们的注意力就会受到干扰。

为了消除干扰因素，演讲者可以选择一个素净的背景，例如窗帘或门，这样观众的关注点自然会放在演讲者身上。有些演讲者会仔细布置演讲背景，比如选择挂着照片或艺术品的墙为背景或者选择书架当背景。作家和专家尤其喜欢选择书架为背景，他们会将自己的作品封面朝前，摆放在书架最显眼的位置。

有些演讲者会使用虚拟背景。专业的广播公司会使用绿屏或色度键等技术，但虚拟会议室的虚拟背景达不到这种专业技术标准，背景常常会"渗透"到前景中，尤其是演讲者在使用城市街景或月球表面等背景图片时。最安全的做法是选择"模糊"效果。这时即使背景会渗色，这种渗色相比于其他背景图片来说也不会太明显，不至于干扰到观众。不管使用哪种背景，演讲者都必须在正式使用前先进行测试。不论何时，观众的目光只能放在演讲者身上。

印象笔记（Evernote）是一款热门的笔记应用程序，其开发人菲尔·利宾（Phil Libin）创立了一家新公司，公司的名字非常有特色，叫mmhmm。公司官网的简介上说："我们让视频会议不再枯燥。"利宾在展示其产品功能时说："演讲者可以在自己身后的屏幕上插入 PPT、照片和视频，并调整这些元素的大小和位置。"利宾形容这款应用为"《周六夜现场》（*Saturday Night Live*）中'周末新闻播报'的线上即时版"。

演讲者的形象必须在屏幕的中心位置，但演讲者也要留意自己身后肩部以上的背景部分，确保背景能达到"会议室点评"的满分标准。

挑战 7：信号不稳定

在前文中，墨菲指出了线上演讲存在视频和音频信号不稳定的问题，这些问题一直困扰着线上演讲者。墨菲定律说：

> 凡是可能出错的事情必会出错。

随着虚拟通信技术的应用与普及，观众对线上会议设备的要求越来越高，我们必须对现有设备进行优化。我们应该学习航空业的失效安全策略：提高计算机、摄像头、麦克风和网线等线上会议设备的性能。这不是本书讨论的重点内容，大家可以按照预算在网站上找到适合自己的方案。

在本章中，我们探讨了做线上演讲时可能会遇到的独特问题。我将在结语中总结这些问题的解决方案。

魏斯曼
完美演讲

做线上演讲时要克服的 7 大挑战

1. 演讲者与观众之间距离阻隔长。
2. 演讲者无法直视观众。
3. 演讲的连贯性难以维持。
4. 观众注意力持续时间短。
5. 演讲者穿着随意。
6. 演讲者背景的处理不到位。
7. 信号不稳定。

PRESENTING TO WIN

THE ART OF TELLING YOUR STORY AND DESIGNING YOUR SLIDES

结　语

打造一场完美的演讲

以终为始。

——史蒂芬·柯维，《高效能人士的七个习惯》

在本书即将结束时，让我们再回忆一下本书开篇的内容。在开篇中，我回忆了自己在班加罗尔参加的一次行业活动。一位年轻的创业者问我："据您观察，自您进入商界多年以来，商业演讲有哪些变化？您在这个过程中曾经不得不做出哪些改变？"当时我回答他："这本是个古老的故事……"现在，我依然会这样回答。

演讲从故事创作开始

要说服观众，首先要能讲出一个精彩、简练、切题且条理清楚的故事。这个故事要目标（B点）明确，有实现目标的清晰路线图。为此，我们必须对故事的核心要素进行提炼，按照一定的逻辑顺序加以组织，再用具有权威性的语言来传递信息。观众的维惠是其中必不可少的要素。演讲者还必须使用寓繁于简的 PPT 来辅助自己的演讲，简洁明了地传递信息。如果演讲者在准备阶段就能做到精益求精，演讲技术肯定会随之提升。在对故事熟稔于心后，演讲者的自信心也会随之高涨，能泰然自若、优雅流畅地完成演讲并说服观众。

精心打造的故事和精美的 PPT 就像是先进的通信卫星，而演讲者则是卫星运载火箭。美国国家宇航局投入了成千上万的资金和大量的时间来打造火箭。如果火箭发射失败，卫星就无法到达预定轨道。同理，演讲者如果不能精心准备演讲，就无法传递自己想要传递的信息。

如果演讲者在还没开始构思故事和 PPT 时就想着树立演讲风格，最终只会什么也干不好。正因为如此，本书只探讨了故事创作的技巧，并未涉及演讲的实战技巧，对这两种技巧的交集只是略微提及。演讲的实战技巧是《魏斯曼的演讲大师课 3：臻于完美的演讲》一书的重点。PPT 同步技能是两者的交集之一，我们在第 15 章中提到过。PPT 同步技能是指演讲者要同时整合身体语言、声音语言、PPT 设计和 PPT 动画。演讲者应该做到以终为始。

掌握颠覆性演讲技巧

从宏观来看，演讲者必须用一条明晰的故事线来贯穿整个演讲；从微观的角度来说，每张 PPT 也必须展现演讲者明晰的思路。Suasive 3 步叙述法可以帮助大家整合故事和 PPT（见图 17-1）。

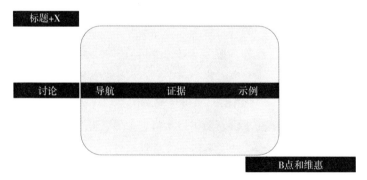

图 17-1　Suasive 3 步叙述法

1. **运用"标题 +X"方法概括 PPT。**用一句话简洁地介绍 PPT，这句话中包括标题和其他要素。

2. **针对 PPT 进行探讨。**在用"标题 +X"方法概括 PPT 后，补充 PPT 中没有的内容。演讲者要引导观众看向 PPT 中相应的位置。比如，"在 PPT 的顶部……"、"右边的这张图片……"或"绿色的柱子代表……"此外，演讲者可以进一步补充相关素材，提供证据，比如重要的事实或统计数字；也可以针对 PPT 补充例子，以便体现产品和服务的实际使用效果或公司的实际业绩，例如顾客使用案例。

3. **强调 B 点或顾客的维惠。**在演讲结束时号召观众采取行动，强调他们的维惠。

我们将用图 17-2 来说明如何在典型的饼状图上运用 Suasive 3 步叙述法。

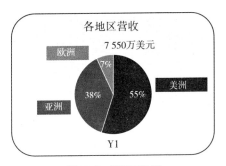

图 17-2　饼状图示例

1. **运用"标题 +X"方法概括 PPT。**

这张饼状图反映了我公司 3 个销售区域对公司总营收增长的贡献情况。

2. 针对 PPT 进行讨论。

两年前，我们同时进军北美和亚洲市场，并在最近进入欧洲市场。

导航： 因此，黑色代表的美洲地区对营收贡献最大，达到55%。接下来按顺时针方向可以看到代表亚洲的深灰色区域达到38%。浅灰区域代表欧洲市场，由于我们才刚刚进入这个市场，所以它的贡献率只占到 7%。

证据或示例： 我在此很高兴地告知各位，产品在欧洲上市之后不久，我们与法国最大的经销商建立了合作。

3. 强调 B 点或顾客的维惠。

我希望在他们的努力下，欧洲市场业绩的增长速度会大幅提升。我们这个月将在全球推出新产品线。有了新的合作伙伴和新产品线，我相信大家在下一次报告中能看到各区域更加强劲的营收增长。

Suasive 3 步叙述法的另一种表述方法是：

- 告诉观众他们看到的内容。
- 告诉观众他们看不到的内容。
- 告诉观众 PPT 所展示的内容值得他们多加考虑。

本书有很大的篇幅在强调演讲者必须在故事中找机会多次阐述 B 点和维惠。我将两项阐述技能综合在了一起，便于大家圆满结束自己的演讲。这项综合技能有了新的名字：上旋球（Topspin®）。上旋球的说法源于网球，指球员在用力一击后球快速旋转上升，在此意指给自己的故事再加把力。**演**

讲者可以在演讲结束时来个上旋球，带领观众得出自己预想的结论，这就是说服。

我们也可以在给出问题答案时来个上旋球。《魏斯曼的演讲大师课②：答的艺术（第3版）》对上旋球方法有详尽的介绍。

再回到本书开篇的内容，我在本书中展示的大部分技巧都源于我在哥伦比亚广播公司的工作经历，只是广播公司的环境与商界截然不同。我真心希望大家能发现这些技巧的宝贵之处，并感受到它们的颠覆性。说这些技巧是颠覆性的，是因为30余年的演讲指导经历让我发现，大多数商业人士仍然默认先从PPT设计着手准备演讲。就算这些技巧是颠覆性的，我也真心希望大家可以轻松地使用这些技巧来有效地说服他人。

抓住每一次演讲机会

本书中出现的很多概念都有IPO路演的实例来辅助理解。IPO路演是最重要的演讲，堪比太空飞行中的领航者或奥运会中的金牌得主。希望我能通过这些IPO路演的案例清楚说明Suasive技巧。更重要的一点在于，我希望大家能认识到这些技巧可以用于各种演讲和展示。Suasive技巧的基本原理源自亚里士多德。林肯、丘吉尔、肯尼迪和马丁·路德·金都曾运用这些技巧发表经典演说。因此，大家也可以做到。

有些读者可能已经在商海沉浮多年，事业有成，但从未有机会做IPO路演。不管是做何种演讲，不管是在哪里演讲，也不管是面对谁演讲，演讲者都希望自己面对观众所做的这15至30分钟演说能有震撼力和说服力。做好演讲和说服高管团队支持新商业计划一样重要，和支持慈善事业一样意义深远，和在地方选举中赢得邻居的支持一样日常，和在家长日当天激发学生的参与兴趣一样同每个人息息相关。不管是何种演讲，演讲效果都和演讲者的声誉紧密相关。

我在书中一再引用资深演讲稿撰写专家萨菲尔的话。他在《历史上伟大的演说》（*Lend Me Your Ears: Great Speeches in History*）一书中提出，所有演讲的目的都是：

激励、鼓舞、引导、召集和领导观众。

我们可能没有能力走上奥运赛场，但我们会为每次演讲的成功而全力拼搏，为金牌而战！请提升自己的说服力，让观众听到我们的故事。

考虑到环保的因素，也为了节省纸张、降低图书定价，本书编辑制作了电子版的参考文献。请扫描下方二维码，直达图书详情页，点击"阅读资料包"获取。

请扫描上方二维码，直达图书详情页，
点击"阅读资料包"获取。

未来，属于终身学习者

我们正在亲历前所未有的变革——互联网改变了信息传递的方式，指数级技术快速发展并颠覆商业世界，人工智能正在侵占越来越多的人类领地。

面对这些变化，我们需要问自己：未来需要什么样的人才？

答案是，成为终身学习者。终身学习意味着永不停歇地追求全面的知识结构、强大的逻辑思考能力和敏锐的感知力。这是一种能够在不断变化中随时重建、更新认知体系的能力。阅读，无疑是帮助我们提高这种能力的最佳途径。

在充满不确定性的时代，答案并不总是简单地出现在书本之中。"读万卷书"不仅要亲自阅读、广泛阅读，也需要我们深入探索好书的内部世界，让知识不再局限于书本之中。

湛庐阅读 App: 与最聪明的人共同进化

我们现在推出全新的湛庐阅读 App，它将成为您在书本之外，践行终身学习的场所。

- 不用考虑"读什么"。这里汇集了湛庐所有纸质书、电子书、有声书和各种阅读服务。
- 可以学习"怎么读"。我们提供包括课程、精读班和讲书在内的全方位阅读解决方案。
- 谁来领读？您能最先了解到作者、译者、专家等大咖的前沿洞见，他们是高质量思想的源泉。
- 与谁共读？您将加入优秀的读者和终身学习者的行列，他们对阅读和学习具有持久的热情和源源不断的动力。

在湛庐阅读 App 首页，编辑为您精选了经典书目和优质音视频内容，每天早、中、晚更新，满足您不间断的阅读需求。

【特别专题】【主题书单】【人物特写】等原创专栏，提供专业、深度的解读和选书参考，回应社会议题，是您了解湛庐近千位重要作者思想的独家渠道。

在每本图书的详情页，您将通过深度导读栏目【专家视点】【深度访谈】和【书评】读懂、读透一本好书。

通过这个不设限的学习平台，您在任何时间、任何地点都能获得有价值的思想，并通过阅读实现终身学习。我们邀您共建一个与最聪明的人共同进化的社区，使其成为先进思想交汇的聚集地，这正是我们的使命和价值所在。

CHEERS

湛庐阅读 App
使用指南

读什么

· 纸质书
· 电子书
· 有声书

与谁共读

· 主题书单
· 特别专题
· 人物特写
· 日更专栏
· 编辑推荐

怎么读

· 课程
· 精读班
· 讲书
· 测一测
· 参考文献
· 图片资料

谁来领读

· 专家视点
· 深度访谈
· 书评
· 精彩视频

HERE COMES EVERYBODY

下载湛庐阅读 App
一站获取阅读服务

图书在版编目（CIP）数据

魏斯曼的演讲大师课. ①，说的艺术 ／（美）杰瑞·魏斯曼（Jerry Weissman）著；粟之敦译. -- 3 版. -- 杭州：浙江教育出版社，2024. 6. -- ISBN 978-7-5722-8000-9

Ⅰ. H019

中国国家版本馆CIP数据核字第2024U6L667号

浙江省版权局
著作权合同登记号
图字:11-2024-233号

上架指导：演讲 / 商务沟通

魏斯曼的演讲大师课①：说的艺术（第3版）
WEISIMAN DE YANJIANG DASHIKE ①：SHUO DE YISHU （DI 3 BAN）

［美］杰瑞·魏斯曼（Jerry Weissman）　著

粟之敦　译

责任编辑： 刘姗姗

美术编辑： 韩　波

责任校对： 陈　煜

责任印务： 陈　沁

封面设计： 湛庐文化

出版发行： 浙江教育出版社（杭州市环城北路 177 号）

印　　刷： 石家庄继文印刷有限公司

开　　本： 720mm ×965mm 1/16

插　　页： 1

印　　张： 22.75

字　　数： 294 千字

版　　次： 2024 年 6 月第 1 版

印　　次： 2024 年 6 月第 1 次印刷

书　　号： ISBN 978-7-5722-8000-9

定　　价： 109.90 元